U0467598

乡村旅游规划
理论与实践

主　编 ◎ 王耀斌　　副主编 ◎ 周　婧　王耀华

中国旅游出版社

前 言

我国广大的乡村地区拥有丰富的人文历史资源和生态自然资源，乡村旅游具有巨大的开发潜力和市场。随着乡村经济的发展以及游客需求的变化，乡村旅游也正在从初级的观光、游览向休闲、参与、度假的综合方向发展。乡村旅游规划以乡村为空间载体，依托乡村的自然、历史和人文等资源，开展各类旅游活动。它不仅涉及旅游设施、旅游业态和旅游产品的规划，还涵盖乡村产业、空间结构和风情风貌的规划等。本书系统梳理了乡村旅游规划与编制中应该明确的概念、目标、原则、内容，并辅以经典的规划案例，对其规划路径与特色模式进行了详细的分析与解读，旨在为乡村旅游的具体规划发展与乡村振兴战略的实施提供一定的参考。

本书共分11章，第一章主要讲述了乡村的概念、发展历史、资源、类型、要素及特点；第二章主要讲述了乡村旅游的概念、发展历史、独特性和核心吸引物、开发类型与模式；第三章主要讲述了乡村旅游规划的概念、发展历史、规划的目标及原则、规划分类及模式和乡村旅游规划的基本步骤；第四章至第十章分别阐述了乡村旅游空间规划、乡村旅游景观规划、乡村旅游形象规划、乡村旅游设施规划、乡村旅游生态环境保护规划、乡村旅游交通规划、乡村旅游土地利用规划；第十一章主要讲述了旅游规划研究与乡村旅游规划经典案例。

其中，周婧博士负责第一章至第五章的统稿、编排；王耀华博士负责第六章至第十一章的统稿、编排；硕士研究生赵瑞涛、姚蓉、李颖、闫腾、李汶霖、吴若雪等负责资料收集、文字校对等具体工作，最后由王耀斌负责统稿、定稿工作。由于作者水平有限，本书可能还存在诸多不足之处，希望读者不吝赐教。

本书受国家自然科学基金"粗糙集与模糊集结合的民族地区乡村旅游扶贫精准识别研究"（41661107）、西北师范大学2023年度研究生培养质量提升项目资助出版。

王耀斌

2024年8月

目 录

第一章 乡 村 1

第一节　乡村的概念　　1
第二节　乡村的发展历史　　1
第三节　乡村的资源、类型、要素　　3
第四节　乡村的特点　　10

第二章 乡村旅游 12

第一节　乡村旅游的概念　　12
第二节　乡村旅游的发展历史　　14
第三节　乡村旅游的独特性和核心吸引物　　15
第四节　乡村旅游的开发类型与模式　　18

第三章 乡村旅游规划概述 23

第一节　乡村旅游规划的概念　　23
第二节　乡村旅游规划的发展历史　　24
第三节　乡村旅游规划的目标及原则　　34
第四节　乡村旅游规划分类及模式　　40
第五节　乡村旅游规划的基本步骤　　44

第四章　乡村旅游空间规划　47

  第一节　乡村旅游空间规划的概念　47

  第二节　乡村旅游空间规划的目标与原则　49

  第三节　乡村旅游空间规划的内容　57

  第四节　乡村旅游空间规划的类型　59

  第五节　乡村旅游空间规划的理论基础与策略　63

  第六节　乡村旅游空间规划典型案例　66

第五章　乡村旅游景观规划　70

  第一节　乡村旅游景观规划的概念　70

  第二节　乡村旅游景观规划的目标与原则　71

  第三节　乡村旅游景观规划的内容　74

  第四节　乡村旅游景观规划的理论基础与策略　80

  第五节　乡村旅游景观规划典型案例　84

第六章　乡村旅游形象规划　87

  第一节　乡村旅游形象概述　87

  第二节　乡村旅游形象规划的目标与原则　90

  第三节　乡村旅游形象规划的内容　93

  第四节　乡村旅游形象规划的理论基础与策略　95

  第五节　乡村旅游形象规划典型案例　98

第七章　乡村旅游设施规划　116

  第一节　乡村旅游设施概述　116

  第二节　乡村旅游基础设施规划的目标与原则　117

  第三节　乡村旅游基础设施规划的内容　118

  第四节　乡村旅游配套设施规划的基础理论与策略　123

  第五节　乡村旅游设施规划典型案例　127

第八章　乡村旅游生态环境保护规划　　131

第一节　乡村旅游生态环境保护概述　　131

第二节　乡村旅游生态环境规划的目标与原则　　132

第三节　乡村旅游生态环境保护规划的内容　　133

第四节　乡村旅游生态环境保护规划的基础理论与策略　　135

第五节　乡村旅游生态环境保护规划典型案例　　139

第九章　乡村旅游交通规划　　145

第一节　乡村旅游交通规划概述　　145

第二节　乡村旅游交通规划的目标与原则　　148

第三节　乡村旅游交通规划的内容　　150

第四节　乡村旅游交通规划的基础理论与策略　　155

第五节　乡村旅游交通规划典型案例　　159

第十章　乡村旅游土地利用规划　　163

第一节　乡村旅游土地利用概述　　163

第二节　乡村旅游土地利用规划的目标与原则　　166

第三节　乡村旅游土地利用规划的内容　　172

第四节　乡村旅游土地利用规划的基础理论与策略　　175

第五节　乡村旅游土地利用规划典型案例　　179

第十一章　旅游规划研究与乡村旅游规划经典案例研究　　187

第一节　旅游规划研究　　187

第二节　乡村旅游规划经典案例研究　　199

参考文献　　221

第一章 乡村

第一节 乡村的概念

按现代地理学辞典解释，乡村即非城市化地区，指社会生产力发展到一定阶段而产生的，相对独立的，具有特定经济、社会和自然景观特点的地域综合体。国内外学术界对乡村概念的理解和划分标准不尽相同，一般认为乡村相对于城市人口密度低、聚居规模小，以农业生产为主要经济基础，社会结构相对较简单，生活方式及景观与城市有明显差别等。在我国，乡村地域范围是指国家行政建制设市城市、建制镇建成区以外的广大区域，包括城市郊区、乡镇及其他农村地区。

第二节 乡村的发展历史

一、第一阶段：国民经济恢复时期

中国在中华人民共和国成立初期面临国内与国际双重压力，主要任务是巩固新政权与恢复国民经济。在恢复国民经济方面主要体现在以下两点：一是实行土地改革与发展农业生产互助组，在一定程度上解放了农村农业生产力；二是恢复国内工业生产，这是国民经济恢复时期城市工作的重点内容。但是，城市工业的发展占用了大量的人力、物力与财力，资源要素的有限性致使工业产值增速与农业发展速度极不匹配。截至 1952 年年底，国内工业总产值增长 145%，农业总产值增长 48.5%，工业总产值的增加值是农业总产值增加值的近 3 倍。

二、第二阶段：城乡二元体制全面形成时期

中国政府于 1953 年推行粮食统购统销制度，农产品完全由国家掌控，旨在缓和粮食供求矛盾；同时，通过控制农产品形成工农业产品价格剪刀差，但违背了市场发展规律、抑制了农民生产积极性，阻碍了农村发展。另外，1958 年中国政府建立户籍制度，进一步奠定了城乡二元体制格局。城乡二元结构致使城市产业集群程度显著高于乡村，不合理的资源要素配置结构也使得农业的分工效益被工业吸纳；同时也助长了地缘群体和地方保护意识，阻碍了社会整合与良性运行。

三、第三阶段：改革开放初期

1982 年中央 1 号文件指出包产到户、包干到户都是社会主义生产责任制；1983 年中央 1 号文件进一步明确家庭联产承包责任制是马克思主义理论与中国国情相结合的新发展。另外，1982—1986 年中央连续 5 年发布以农业农村农民为中心的 1 号文件，对农业农村农民问题高度重视。家庭联产承包责任制分离土地所有权与经营权，充分调动了农民生产积极性，提高了农业生产效率，为农业农村发展奠定了坚实的基础。

四、第四阶段：民工潮时期

家庭联产承包责任制提高了农业生产力，从而出现农业富余劳动力，并逐步向城市与工业部门转移。1989 年中国出现第一次"民工潮"，并以乡镇企业为主；1992 年邓小平南方谈话后，农村富余劳动力逐步进城务工，但受到户

籍、教育、生活习惯等限制，导致其地位较低；20世纪末，国际制造业的转移又催生了新生代农民工，大量农村青壮年外出从事非农职业。

五、第五阶段：统筹城乡发展时期

党的十六大报告提出统筹城乡发展，旨在强调农业的基础性地位。党的十七大报告指出推进农业现代化，建立以工促农、以城带乡长效机制，促进城乡一体化发展。此阶段农村农业发展取得了显著成就，但依旧存在诸多问题，如基础设施建设相对落后、城乡二元体制难以破除、城乡收入差距逐步扩大等。

六、第六阶段：乡村振兴战略阶段

党的十八大报告提出加快完善城乡发展一体化建设，促进城乡要素的平等交换和公共资源均衡配置，形成以工促农、以城带乡、工农互惠、城乡一体的新型工农、城乡关系。但城乡发展不平衡、不协调这一结构性矛盾尚未解决，制约农业农村进一步发展、致使城市发展动力不足。因此，党的十九大报告提出乡村振兴战略，坚持农业农村优先发展，按照产业兴旺、生态宜居、乡风文明、治理有效、生活富裕的总要求，加快推进农业农村现代化。这是从时间、空间和思想维度上综合推进乡村发展的新思路，实现了由城乡统筹发展向城乡融合发展的战略转变。

第三节　乡村的资源、类型、要素

一、乡村的资源

乡村资源要素指自然资源、乡村集体经济组织依法投资或投劳形成的设施等。

一是依法归乡村集体所有的土地、森林、草原、荒地、滩涂、水面等自然资源。

二是乡村集体经济组织依法投资、投劳形成的建（构）筑物、机电设备、乡田水利设施、旅游设施、乡村道路、产役畜、林木和教育、科学、文化、广播、电视、卫生、体育等设施。

三是乡村集体经济组织出资兴办或购买、兼并的企业资产。

四是乡村集体经济组织在各类企业以及与有关单位或个人共同出资形成的资产中占有的份额。

在全面推进实施乡村振兴战略中，土地、房屋、森林、草原、河道、滩涂等资源是乡村拥有的主要资源，激活这些资源的活力，关系到经济社会的长久发展、关系到国家的兴衰、关系到中华民族伟大复兴，意义重大。而目前，乡村土地等资源类要素活力不够，主要受交通、水电等基础设施影响，大多处于低端、粗放的利用状态，其作用未得到进一步发挥，不利于提高劳动生产率。

二、乡村的类型

改革开放40多年来的工业化城镇化进程中，传统的"乡土中国"转型为"城乡中国"。在"城乡中国"的格局下，我们面对的不再是一个整齐划一的乡村社会。未来，一部分村庄将转型为城市，一部分村庄需要活化和复兴，更多的村庄将走向消亡，这可能才是我们要面对的真实局面。推进乡村振兴首先要准确定位乡村类型，近几年有不少学者在做这方面的工作，目前比较具有代表性的分类方案有三种。

一是根据治理关系和治理模式进行分类。比较有代表性的有冯兴元提出的组织主导模式分类方案，他将村庄分为正式行政组织主导型村庄、正式经济组织主导型村庄和非正式组织主导型村庄。其中，非正式组织主导型又可细分为宗族主导型、能人主导型、村霸主导型和自组织社会网络型组织主导型四个子类。二是根据历史特征和经济发展进行分类。比较有代表性的有鲁西奇的集村与散村论、徐勇的南方村庄与北方村庄论等。贺雪峰在此基础上进一步扩充，认为从村庄结构上来看，以历史文化维度划分，可以体现为南中北的差异，而以经济发展水平维度划分则主要体现为东中西的差异。在这一分类中，按照南

第一章 乡 村

中北划分,南方地区村庄多为团结型村庄,北方地区多为分裂型村庄,中部地区多为分散型村庄。按照东中西划分,将村庄分为东部沿海发达地区村庄和中西部一般农业区村庄。三是根据人口布局和发展趋势进行分类。比较有代表性的是《乡村振兴战略规划(2018—2022年)》当中的分类。其中提出,顺应村庄发展规律和演变趋势,根据不同村庄的发展现状、区位条件、资源禀赋等,分类推进乡村振兴。具体而言,把现有村庄分为集聚提升类、城郊融合类、特色保护类和拆迁撤并类四类。

综观上述三种分类方案,前两种是为了乡村治理研究中不同方面的需要提出的,对于认识和理解村庄的社会结构、农民的行为方式是有意义的;后面一种则直接服务于国家乡村振兴战略规划的实施,具有非常强的工作指导性。但目前三种分类方案存在的一个共同问题是无法直接服务于乡村振兴战略实施中的战略布局和政策瞄准。

为了更好适应乡村振兴战略的一些中观层面的政策调整思路,需要一套更为合理的乡村分类方案。这一方案应当具备以下特征:(1)能够对我国不同特点的村庄有一个全局性的整体反映,同时又能触及乡村的本质规定性;(2)能够直接用于乡村振兴战略实施中观层面的政策制定,而不仅仅是抽象的理想类型或者是具体的操作划分;(3)类型划分要尽量简便,必要时大胆运用"奥卡姆剃刀"做降维处理。据此,笔者认为可以将目前中国的乡村分为三类:一是城中村、城郊村和经济发达村;二是典型农区乡村;三是中西部生态脆弱区乡村。

城中村、城郊村顾名思义是指在空间上已经在城市内部或者城市周边,但在行政区划或者组织形态上还保留了部分乡村特征的村庄。经济发达村,主要是指那些以"超级村庄"为代表的通过发展乡村工商业逐步成长起来的发达村庄、富裕村庄。典型农区是指耕地规模大、生产条件好,以粮食生产为主的农业区域,这里是乡村振兴的主战场。原农业部曾经公布过一个13个省的粮食主产区名单,笔者结合近5年承包地流转情况进行分析后认为,当前典型农区主要分布在江苏、黑龙江、安徽、湖北、湖南、河南、内蒙古、辽宁、四川、吉林10个省份。生态脆弱区乡村主要分布在"胡焕庸线"以西的广袤土地上。这一类乡村又可划分为两类区域:一类是人口稀少、不适合人类生产居住的地区,划为生态保护功能区；还有一类是人口数量仍然较大、具备一定生产基础和条件的地区，可以划为生态建设区。这一分类是讨论我国乡村未来发展趋势的一个前提。

三、乡村的要素

乡村和城市是人类聚落空间的不同形式。相对而言，城市空间多为高密度聚落空间，是人们主要聚集的区域，建筑、道路等各类设施多经人工建设与改造而成；而乡村空间则不仅包含村庄和集镇等人们聚集的区域，还包括作为农业等生产要素的耕地、菜地、园地，以及作为区域生态涵养、防护功能的河流、水库、林地、山体等自然保留的区域。在学术界一般笼统地把乡村空间分为生活空间、生产空间和生态空间，但在乡村规划、建设、管理的实践中，很少按生活、生产与生态三个方面进行分类。

空间形态是各种空间理念及各种活动所引起的空间发展的外在表现，是各种要素共同作用下的外在表象，是在特定的地理环境和一定的社会经济发展阶段各种要素综合作用的结果。在乡村振兴战略背景下，必须认识到乡村空间不仅仅由物质要素组成，还应该包含非物质要素，即乡村空间应该是由物质空间和非物质空间综合构成的。具体而言，乡村物质空间可由村庄（乡村聚落空间）、乡村生态空间、乡村基础设施网络空间和乡村社会服务空间、乡村公共活动空间共同组成，乡村非物质空间主要由乡村产业与经济空间、乡村社会组织空间、乡村文化空间构成。

就乡村空间来看，村庄及生态空间、经济空间是乡村空间的主要构成部分，其他设施或空间大部分融入了村庄及村庄外围空间，并没有构成界线清晰的空间场所，如村委会、卫生室、幼儿园、图书室，以及净水池、排水管、变压器、广场、村内古树、池塘、水渠等均与村庄融为一体。随着乡村旅游、乡村电商等新业态进入乡村地区，一、二、三产业在乡村地区逐步融合发展，经济空间不再像传统农业型村庄一样具有明显的范围界线，村民的日常生活居住和经济生产在空间上高度融合。大体而言，乡村空间的构成要素如下。

（一）乡村聚落空间

乡村聚落空间一般指村庄，多为村民的居住空间。由于我国地域广，经济发展水平等差异较大，各地的乡村环境具有丰富多样的形态及特征，按照其形态肌理模式一般可分为以下几种类型。

1. 散点式村庄

散点式村庄是一种常见的村庄分布形式，其布局形态体现了人与自然和谐共生的特点，是我国传统哲学在百姓日常生活中的直接体现。

散点式村庄自然分布于高低起伏的乡村聚居地，多见于山区及半山区。这种村庄模式体现了村民对自然的合理利用，不用大规模平整土地，仅仅是对地形进行稍微的修整，不强求规整和一致。表面看来缺乏规划，随意性强，但是不难发现，这些村庄的建筑布局虽散点分布、看似凌乱，却又凝聚于某个中心，住宅往往是围绕着晒谷场、池塘等开敞空间展开，于稳定统一中体现着开放与多元，体现了人和自然环境相互融合的理念，是天人合一理念的具体表现。但是由于房屋间距较大，每家前后都有庭院等户外的空间，所以显得较为浪费土地，而这种布局形式的村庄往往与周围自然环境融为一体，有一种不拘一格、自然随机的肌理美。

2. 街巷式村庄

街巷式村庄形态也是一种常见的村庄空间布局形态，多分布于地势较平坦的地方，并常为较大规模的村庄。

街巷式村庄一般根据建筑与地形、道路的不同组合关系，呈树枝状或鱼骨状展开，形成了统一又有变化的村庄形态特征。这种村庄的主街和次巷的脉络往往比较清晰，常常形成一街多巷或多街多巷的空间格局，这类村庄内聚性强，又易于村庄沿路及街巷进行拓展延伸，能够保持较好的村庄形态。一般而言，街巷内部空间较为封闭，街巷在村庄中不仅承担着交通联系的作用，还起到组织村民生活的公共空间的作用，街巷在实际中往往成为公共和半公共的线性交往空间和交通联系通道，在南方的一些水乡村庄，还常有河、路并行的水街水巷。

街巷式村庄形态丰富，民居等建筑是界定街巷空间的形式、大小、尺度的主要因素，一些村庄在主街出入口处还设有门楼、牌坊等设施，既用于安全防卫又便于管理。街巷式布局的村庄一般从空间上看，显得有秩序，领域感、归属感比较强；从用地上看，建筑基本上一栋挨着一栋，相互间空置地少，同时受制于左右邻居及现有道路等，每户建成后，也不能随意扩建，人均建筑面积及占地往往会相对集约。

3. 组团式村庄

组团式村庄常见于地形较复杂且人口较多的地区。由于地势变化比较大，河、湖、塘等水系穿插其中，受河流水系及地形高差分割，形成两个以上彼此相对独立的组团，村庄之间由道路、水系、植被等连接，各村庄既相对独立又联系密切。

组团式村庄是顺应自然的一种做法，这种布局模式在丘陵地区表现得更为明显，数个农田或山丘紧密结合的分散组团（或住宅群）构成一个村落。组团式村庄往往具有一定的人口规模，其功能也相对完善。那些规模较大的村庄，各种设施比较齐全，具备相对完善的生产、生活等配套设施，传统村落中多以家族集聚为主。组团式村庄可以看作散点式村庄的升级，但没有散点式村庄布局分散、土地利用率低的现象，同时基础设施配套也更为便利。相对而言，组团式村庄是一种比较适应现代社会经济发展的村庄建设模式。

4. 条纹式村庄

条纹式村庄常见于地形高差较大的山地。在传统的农业社会，人们对自然环境改造的能力有限，不能集中或投入大量的人力、物力对场地进行改造，加之先民们崇尚自然、敬畏自然、尊重自然，因而在丘陵山地等坡度较大的地区生存的村民，受山地自然环境因素制约，村民建房选址时自然而然地顺应地势、因地制宜进行建设。经过年复一年的建设，最终形成由几个不同高差的台地条状伸展布局为特点的条纹式村庄形态肌理。在空间上虽然分成几个台地，但对场地的平整要求不高，建设适宜性强，对用地紧张的山地村庄而言是一种较适宜的布局方式。

5. 图案式村庄

图案式村庄一般受地形地貌或中国传统的风水理念等影响，建成后形成具有某种象征意义的特殊图案肌理，如八卦形、半月形、扇形、鱼形、牛形等。

这类村庄的形态肌理模式比较特别，大部分是历史久远、村庄格局保存较好的村庄。在村庄建设之初，先民们就十分重视村址的选择和整体布局的谋划，以期最大限度地体现出某种文化及宗教的理念并使其得以实施。这类村庄一般聚族而居，多为一个家族或以一个家族为主形成的村庄。整个村庄不仅在空间及文化布局上体现了人与自然的和谐，还体现了宗族式布局的封闭性、内向性、防御性及等级尊卑观念。

（二）乡村生态空间

乡村生态空间的环境要素通常不包括生产用的耕地及养殖水面等空间环境要素，而是指为改善地区局部小气候、涵养地方水土而通过人工参与改造或预留的呈斑块状或廊道状的自然空间环境要素，如农业防风林、非灌溉用的人工或者天然的河流湖泊、供欣赏游玩用的山石景观等。

（三）乡村经济空间

随着生产力的发展、区域性的产业分工，乡村的经济空间也出现多样性及系统性的变化。乡村经济空间环境要素不仅包括了种植与养殖空间为主的农业生产空间要素，还包括了农业技术推广的生产服务性空间以及在生产地周边产生的大规模的就地农产品销售活动空间。另外，部分乡村工业比较发达，经过多年的发展，已经由分散化转向集聚，形成了各种工业园区、乡镇企业集聚区等，这些也属于乡村经济空间。

（四）乡村社会服务空间

乡村社会服务空间主要包括政府、村委等行政管理空间，中小学、幼儿园等基础文教设施空间，卫生所、私人诊所等医疗卫生空间，图书馆等公共事业空间，以及商业环境空间。商业环境空间主要是指社区居民在自家开的销售日常用品的小型超市，销售家电、服装的小型商场，销售化肥、种子、农药、农机等的供销社及店铺，具有指定地点的在特定时间进行的集市空间（可能是一片场地，也可能是某条道路），以及供农户储蓄存款的银行等。

（五）乡村公共娱乐活动空间

乡村公共娱乐活动空间是可供村民进行日常娱乐活动的空间，这部分空间包括可供村民茶余饭后娱乐并带有一定设施的小广场、礼堂，也包括乡村模仿大城市出现的娱乐场所，如小型网吧、歌舞厅、文体活动中心、图书室、老年活动中心等现代化的公共设施；有条件的乡村还可能拥有小型电影院等。

（六）乡村文化空间

乡村文化空间是乡村社区的内里，展示地方异同，构成一地文脉。构成乡村文化空间的环境要素不仅包括居民寄情乡里的标志性要素，如社区入口的雕塑、进村可见的古树、经年累月的老井以及废弃的标志性建筑或构筑物等；还包括整个社区居民共同的精神文化要素，如祭祀祖先的祠堂、共同参拜的寺庙、信奉朝贡的图腾等。

第四节 乡村的特点

一、经济特点

一是农业占比高。中国农村以农业为主，农业经济占据着农村经济的主要地位。据统计，2019 年中国农村地区农业总产值达到 6.3 万亿元人民币，占全国农业总产值的 57.2%。

二是收入低。相对于城市居民，中国农村居民收入水平普遍较低。2019年，全国农村居民人均可支配收入为 16021 元，而城镇居民为 42359 元。

三是投资不足。由于农村地区经济发展滞后，投资不足是普遍存在的问题。政府和企业对农村地区的投资比例较低，导致农村地区的基础设施、公共服务等方面的发展滞后。

二、社会特点

一是人口老龄化严重。随着城市化进程的加快，许多年轻人选择离开农村进入城市工作和生活，导致农村地区的老龄化问题日益严重。据统计，2019年中国65岁及以上的老年人口占总人口的11.9%，而农村地区的老年人口比例更高。

二是教育水平普遍较低。由于历史原因和经济发展不平衡，中国农村的教育水平普遍较低。许多农村学校师资力量和教学设施都比较薄弱，导致了教育资源的不均衡。

三是社会保障体系不完善。相对于城市居民，中国农村居民的社会保障体系相对薄弱，农村地区的基本养老保险、医疗保险和失业保险等社会保障制度仍有待完善。

三、文化特点

一是传统文化底蕴深厚。中国农村地区的传统文化底蕴深厚，尤其是在宗教信仰、民间艺术、节庆习俗等方面具有独特的魅力。

二是城乡差异明显。由于历史和地理等原因，中国农村和城市之间的文化差异较大，农村地区的宗教信仰、风俗习惯等方面与城市有很大的不同。

三是文化产业发展滞后。相对于城市地区，中国农村地区的文化产业发展滞后，民间艺术、手工艺品等传统文化产品的保护和传承面临着许多困难。

第二章

乡村旅游

第一节 乡村旅游的概念

乡村旅游作为旅游市场中的一项重要产品，在国外的发展已具有相当规模，国内也有二十多年的发展历程，因其具有的独特魅力和广阔的社会发展前景，引起了国内外学者的广泛关注。

一、国外相关研究

国外学者相当重视对乡村旅游概念的研究，认为这涉及乡村旅游理论体系的构建，但目前对概念的界定尚未取得一致意见。

Gilbertand 和 Tun 提出乡村旅游是乡村居民为游客提供住宿、饮食、交通等有偿服务，让游客在农场、牧场等典型乡村环境中进行各种休闲娱乐活动的一种旅游形式。这个提法对于乡村旅游的定义来说相对笼统，只是单纯指出人物和地点，对于具体的事件没有明确描述和定义。

英国学者 Gannon 认为乡村旅游是指农民或乡村居民出于经济目的，为吸引旅游者前来旅游而提供的广泛的活动、服务和令人愉快的事物的统称。

英国学者 Bramwell 和 Lane 认为乡村旅游不仅是基于农业的旅游活动，而且是一种多层面的旅游活动，它除了包括基于农业假日旅游外，还包括特殊兴趣的自然旅游、生态旅游，步行、登山和骑马等活动，探险、运动和健康旅游，打猎和钓鱼，教育性的旅游，文化与传统旅游以及一些区域的民俗旅游活动。

欧洲联盟（EU）和世界经济合作与发展组织（OECD，1994）将乡村旅游（rural tourism）定义为发生在乡村的旅游活动，其中尤其强调"乡村性"（rurality）是乡村旅游的基本要求和核心。

1996 年，芬兰乡村发展委员会提出乡村旅游是通过对乡村资源的开发与利用，创造能够生产产品的途径和工具，再加上运用提高产品数量和质量的方法，为增加芬兰乡村就业和经济增长提供源动力。这是乡村旅游概念首次从社会经济角度出发，强调乡村旅游通过自身的资源利用，从而拉动社会、经济发展的重要性。

1999 年，以色列的 Reichel、Lowengart 和美国的 Milman 提出乡村旅游就是在乡村区域开展旅游开发，具有乡村本土的地域特征，旅游项目规模小，具有可持续发展的旅游活动。这是乡村旅游首次被赋予地域性和可持续发展的特性，使乡村旅游的概念定位更加有深度。

世界旅游组织旅游规划顾问、旅游开发规划师 Edward Inskeep 提出，乡村旅游是一项依托传统乡村的旅游类型。游客通过乡村旅游，可以充分了解并学习乡村的生活方式、民俗文化以及地域特色，同时乡村居民也能从乡村旅游项目的开发中获得回报。这种提法侧重于强调乡村旅游对于游客与当地居民之间的互利关系，同时概括了乡村旅游在地域性、乡村性、精神性以及经济性方面的作用。

二、国内相关研究

国内学者也从不同角度对乡村旅游进行了一些界定，其中比较典型的如下。

王兵（1999）提出，所谓"乡村旅游"，即以农业文化景观、农业生态环境、农事生产活动以及传统的民族习俗为资源，融观赏、考察、学习、参与、娱乐、购物、度假于一体的旅游活动。旅游者到乡村旅游是对大自然的追求，对融入自然并与之和谐共存的人文环境和人类活动的追求，并把这种追求视为人类对自然的一种回归。

吴必虎（2004）认为乡村旅游就是发生在乡村和自然环境中的旅游活动的总和。

何景明和李立华（2002）认为狭义的乡村旅游是指在乡村地区，以具有乡村性的自然和人文客体为旅游吸引物的旅游活动。

唐代剑和池静（2005）认为乡村旅游是一种凭借城市周边以及比较偏远地带的自然资源和人文资源，面向城市居民开发的集参与性、娱乐性、享受性、科技性于一体的休闲旅游产品，它的本质特性是乡土性。

刘德谦（2006）通过对乡村旅游、农业旅游和民俗旅游几个概念的辨析，认为乡村旅游的核心内容应该是乡村风情（乡村的风土人情）。乡村旅游就是以乡村地域及农事相关的风土、风物、风俗、风景组合而成的乡村风情为吸引物，吸引旅游者前往休息、观光、体验及学习等的旅游活动。

由此可以看出，由于乡村旅游概念的复杂性和复合性，学者们对乡村旅游概念的界定不完全一致，但基本上都认同乡村性是吸引旅游者进行乡村旅游的基础，是界定乡村旅游的最重要标志。综上所述，乡村旅游的概念包含了两个方面：一是发生在乡村地区，二是以乡村性作为旅游吸引物，二者缺一不可。

第二节　乡村旅游的发展历史

乡村旅游最早起源于欧洲的法国沿海地区和德国山区，经历了19世纪30年代的萌芽期、20世纪中期的发展期、20世纪80年代的成熟期之后，逐渐走上了快速发展的轨道，并扩散至全球。改革开放后，中国的乡村旅游开始起步；1999年，国家旅游局将当年的旅游主题确定为"生态环境旅游年"；2006年，又首次确定为"乡村旅游年"，积极推动乡村旅游开发与生态环境保护相结合。随后，中国乡村旅游的发展足迹遍及大江南北。据国家旅游局统计，目前70%以上的全国城市居民选择在周边的乡村旅游点进行周末休闲和节假日出游，乡村旅游已经成为国内旅游消费市场的"主阵地"。

一般认为，乡村旅游发展周期可划分为初级阶段、发展阶段、成熟阶段。

在初级阶段,以农户自发形成的"农家乐"为主,农业的弱质性和旅游业的新兴性主要依靠政府推动,产业经营粗放,点状分散分布,劳动力就业转移能力较弱;到了发展阶段,出现"协会+农户""公司+农户"等新形式,专业分工细化,行业标准建立,乡村旅游协会成立,初步形成产业链和完善的服务体系,直接就业和间接就业人数快速增加;到了成熟阶段,起步较早的区域率先实现升级,市场机制占主导,旅游集团参与乡村旅游的深度开发,资本、土地、劳动力、科技、知识等生产要素投入增加,旅游市场竞争日益激烈,就业门槛提高。目前,我国乡村旅游基本完成初级阶段,处于发展阶段,离成熟阶段尚有距离,因此,整体呈现出爆炸性的"指数式"增长,就业优势尚未达到最佳状态。

第三节 乡村旅游的独特性和核心吸引物

一、乡村旅游的独特性

一是独特的活动对象。我国乡村地域广大辽阔,多数地区仍保持自然风貌,拥有风格各异的风土人情、乡风民俗,乡村旅游活动对象上具有独特性特点。古朴的村庄作坊,传统的劳作形态,真实的民风民俗,本土的农副产品。这种在特定地域上形成的"古、始、真、土",具有明显拟贴近自然的优势,为游客回归自然、返璞归真提供了优越条件。

二是分散的时空结构。中国的乡村旅游资源,十里不同风,百里不同俗,大多以自然风貌、劳作形态、农家生活和传统习俗为主,受季节和气候的影响较大,因此乡村旅游时间上的可变性、分布的分散性可以满足游客多方面的需求。

三是客源市场的定势性。乡村旅游是以农业为载体,为旅游者提供休闲、娱乐等旅游功能,这就决定了它的客源市场重点定位于有别于乡村的城市,特别是高度商业化的大都市,因为乡村旅游对居住在具有城乡一体化的中小城市居民难以产生足够的吸引力,它的客源是那些生活在城市、对农村及农村景观不太了解的城市居民。

四是参与的主体行为。乡村旅游不仅包括单一的观光游览项目和活动，还包括观光、娱乐、康疗、科学考察等在内的多功能旅游活动。乡村旅游的多样性使得游客在行为上具有很大程度的参与性，如垂钓、划船、捕捞、娱乐、参与劳作活动等。乡村旅游重在体验，能够体验乡村的民风民俗、农家生活和劳作形式，还可购得满意的农副产品和民间工艺品。

五是高品位的文化内涵。乡村文化属于民间文化，我国乡村绚丽多彩的民间文化具有悠久历史和丰富内涵，使得乡村旅游在文化层面上具有高品位特点。乡村的各种民俗节庆、工艺美术、民间建筑、民间文艺、婚俗禁忌、趣事传说等，都赋予乡村旅游深厚的文化底蕴。民间文化具有的淳朴性等特征，对于城市游客来说，具有极大的诱惑力和吸引力。

二、乡村旅游的核心吸引物

（一）丰富多彩的乡村风俗民情

我国民族众多，各地自然条件差异显著，各地乡村的生产活动、生活方式、民情风俗、宗教信仰、经济状况各不相同。就民族而言，我国有多个少数民族，这些少数民族，或能歌善舞、或热情奔放、或含蓄内在，或以种植为主、或以游牧为生、或过着原始的渔猎采集生活，或以独特的生活习惯世代繁衍生存。这些为旅游者深入领略中华风情、探索人类社会的进化历程提供了极其丰富的资源。再以盛行于我国乡村传统的节日为例，汉族有春节、元宵节、清明节、端午节、中秋节、重阳节，藏族有浴佛节、雪顿节，苗族有"赶秋"，彝族有火把节，壮族有歌圩节，傣族有泼水节等，五彩纷呈，令人神往。传统的云南大理白族三月街、丽江的龙王庙会、贵阳苗族四月八、内蒙古蒙古族的"那达慕"等都是深受中外游客喜爱的乡村风俗民情旅游资源。另外，盛行于我国农村的游春踏青、龙舟竞渡、摔跤、赛马、射箭、斗牛、荡秋千、赶歌、阿细跳月等各种民俗活动都具有较高的旅游开发价值。

(二)各具特色的乡村自然风光

由于乡村所处地理位置及自然地理环境的不同,我国的乡村具有丰富多彩的自然风光:山乡云雾缭绕、梯田重叠,山清水秀林美;水乡平畴沃野、水网交错,棉海稻浪菜花飘香;海乡依陆临海、海阔天空,阳光海浪沙滩迷人;内蒙古草原的牧乡,地势坦荡,羊群如云;大小兴安岭的林乡,莽莽林海、茫茫雪原,气魄宏大……另外,我国南北气候差异显著,在乡村自然景观展现上也更加丰富,如广西、广东的蔗乡,山东半岛及辽东半岛的果乡,长江中下游的竹乡,江、浙、皖、闽的茶乡,华北平原的棉乡,新疆吐鲁番的瓜果之乡等无不以其乡村风光的独特魅力吸引着中外游人。

(三)充满情趣的乡土文化艺术

我国的乡土文化艺术古老、朴实、独特,深受中外游人的欢迎。如盛行于我国乡村的舞龙灯、舞狮子,陕北农村的大秧歌,东北的二人转,西南的芦笙盛会,广西的"唱哈"会,里下河水乡的"荡湖船"等。我国广大乡村出产的各种民间工艺品备受游客的青睐,如天津乡间的杨柳青年画、潍坊年画,贵州的蜡染,南通的扎染,常熟的花边,以及各种刺绣、草编、竹编、木雕、石雕、泥人、面人等,无不因其浓郁的乡土特色而深受游人欢迎。我国乡村自古以来流传有各种史诗、神话、传说、故事、轶闻等,引人入胜,耐人回味,如流传于云南民间的阿诗玛、壮乡的刘三姐、内蒙古草原上的江格尔、青藏高原的格萨尔、苏南水乡的沈七哥等。另外,乡村烹食风味独特。四川的麻婆豆腐以辣闻名,湖南的臭豆腐以臭著称,内蒙古草原上的涮羊肉味美肉嫩,新疆的羊肉串香气扑鼻,这些乡村烹饪文化对广大的外国旅游者尤其具有强烈的吸引力。

(四)风格迥异的乡村民居建筑

乡村民居建筑,不但能给游人以奇趣,而且还可为游客提供憩息的场所。不同风格的民居,给游客以不同的精神感受。由于受地形、气候、建筑材料、历史、文化、社会、经济等诸多因素的影响,我国乡村民居可谓千姿百态,风格迥异。青藏高原上的碉房,内蒙古草原上的毡包,喀什乡村的"阿以旺",云南农村的"干阑",苗乡的"吊脚楼",纳西族的"井干",黄土高原的窑洞,东北林区的板屋等都以其独特的建筑形式使游客耳目一新。另外,我国乡村中还有众多古代民居与建筑,如安徽黟县西递村有清代民居120多幢,深宅大院,栋宇鳞次,布局精巧,砖石木雕琳琅满目,堪称乡村古代民居之宝库,具有很高的旅游开发价值。我国农村还有许多古代工程、古老庄院、桥梁古道、古代河道等,如纵贯苏北江淮之间的古邗沟为吴王夫差所开,沿河阡陌纵横、风车摇转、相映成趣;四川秦汉时所辟的蜀道,穿行于川北山乡崇岭,广植松柏,壮观而幽美;广西侗乡有一座风雨桥,桥上建亭,形态奇特,也是乡民贸易聚会之所,富有民族特色,为侗乡胜景。这些民居与乡村建筑等体现了当地的文化艺术特点,乡韵无穷,令人叫绝。

(五)富有特色的乡村传统劳作

乡村传统劳作是乡村人文景观中精彩的一笔,尤其是在边远偏僻的乡村,仍保留有古老的耕作、劳动方式,有些地区甚至还处于原始劳作阶段。正因为如此,它们会使当今现代文明影响下的旅游者产生新奇感,并为之吸引。这些劳作诸如水车灌溉、驴马拉磨、老牛碾谷、木机织布、手推小车、石臼舂米、摘新茶、采菱藕、做豆腐、捉螃蟹、赶鸭群、牧牛羊等,充满了生活气息,富有诗情画意,使人陶醉流连。

第四节 乡村旅游的开发类型与模式

一、乡村旅游的开发类型

乡村旅游包含的类型众多,学者们认为,可以从不同的角度,利用不同的标准对乡村旅游进行类型划分。国内对乡村旅游的分类已经不局限于一级分类,有学者对其进行了细化研究。如卢云亭(2006)在对传统和现代乡村旅游分类的基础上,以传统乡村旅游体现出的特点作为依据,将其细分为8类:乡村民俗类、乡村传统农业类、古村古镇类、乡村风水或风土类、乡村土特产类、乡村休闲娱乐类、乡村名胜类和乡村红色旅游类。以现代乡村旅游提供的旅游景观和产品内容作为分类依据，可将其细分为6类：现代新农村类、乡村农业高新科技类、乡村生态环境类、乡村园林旅游类、乡村康体疗养类和乡村自我发展类。还有学者如王云才（2006）对新时期替代传统乡村旅游产品的新形态和新模式进行了研究，他认为主要有7个方面：主题农园与农庄发展模式、传承地方性遗产之乡村主题博物馆发展模式、乡村民俗体验与主题文化村落发展模式、乡村旅游基地化之乡村俱乐部模式、现代商务度假与企业庄园模式、农业产业化与产业庄园发展模式、区域景观整体与乡村意境梦幻体验模式。我国乡村旅游的开发类型主要有以下几种。

（1）观光型乡村旅游。观光型乡村旅游是以一切乡村景象为载体，以绿色景观和田园风光为主题，主要包括三种类型：一是以单纯自然的农业风光为吸引物，这种类型的农业风光开发需要有较大的体量，如江西婺源的油菜花田；二是以自然风景为依托，加之对乡村风貌的参观，如古村落旅游、农村新貌游等；三是农业观光园，包括各种花卉、果品、稀有植物等，相当于观光类的主题农业公园。

（2）教育型乡村旅游。乡村旅游应当集学习知识、考察、娱乐于一体，对游客起到拓宽视野和增长见识的作用，尤其对于青少年学生，教育型乡村旅游为游客提供了一种深入了解农村、农业和农民的途径。教育型乡村旅游可以农业教育基地、农业科普示范园、农具陈列馆、农业博物馆为载体，开展以农业科普为主的休闲娱乐活动，在轻松愉快的氛围中让游客的求知欲得到满足。

（3）民俗文化型乡村旅游。这种乡村旅游目的地是将原始的自然生态、秀丽的自然山水与人文生态景观、特色的历史文化和原始的民俗风情有机地结合在一起，带有极强的文化与生态色彩，突出了乡村旅游的地域性和民族性，如广西桂林的阳朔、云南的丽江等。民俗文化型的乡村旅游开发一般集中在少数民族聚集的地区，在这里游客可以看到许多特色民居群和传统的民俗风情，参与文化韵味甚浓的各种节庆活动。中国地大物博，56个民族在历史发展的长河中形成的独特性文化、风情和习俗，都是开发乡村旅游的无价之宝。

（4）参与型乡村旅游。21世纪是体验经济时代，游客更注重在消费过程中的参与和体验。参与型乡村旅游就是强调游客在旅游过程中的体验感知，通过开发主题活动的方式来满足游客的体验要求,如采摘果品、品尝美食、参与农事活动、购买土特产品等。通过这些活动,使游客感受到已融入乡村的环境和氛围中,对那些寻觅淳朴乡情的游客具有无限的吸引力。

(5)康乐型乡村旅游。康乐型乡村旅游在我国的发展并不理想,其实国外发展最早、最成熟的乡村旅游产品就是康乐型乡村旅游。康乐型乡村旅游以康体疗养和健身娱乐为主题,通过乡村休闲运动的开发,如林中远足、采蘑菇、挖竹笋、采茶、山地野营、森林滑草、森林滑雪、游泳、漂流、森林探险、徒步、攀岩等,实现游客强身健体的目的。在自然资源丰富的地方,还可以开发森林游、温泉游等乡村旅游产品。

二、乡村旅游的开发模式

(一)"公司+农户"模式

在发展乡村经济的实践中,高科技种养业成功地推出了"公司+农户"的发展模式,因其充分地考虑了农户利益,在社区全方位的参与中带动了乡村经济的发展。在参与式乡村旅游的开发中,这种模式依然适用,并可演化成"公司+农户"和"公司+社区+农户"两种模式。

"公司+农户"模式通过吸纳社区农户参与乡村旅游的开发,充分利用了社区农户闲置的资产、富余的劳动力、丰富的农事活动,增加了农户的收入,丰富了旅游活动,向游客展示了真实的乡村文化。同时,通过引进旅游公司的管理,对农户的接待服务进行规范,避免不良竞争损害游客的利益。

在"公司+社区+农户"的模式中,公司先与当地社区(如村委会)进行合作,通过村委会组织农户参与乡村旅游,公司一般不与农户直接合作,但农户接待服务、参与旅游开发则要经过公司的专业培训,并制定相关规定,以规范农户的行为,保证接待服务水平,保障公司、农户和游客的利益。湖南浏阳市于2001年成立了"浏阳中源农家旅游公司",负责规划、招徕、营销、宣传和培训;村委会成立专门的协调办,负责选拔农户、安排接待、定期检查、处理事故等;农户负责维修自家民居,按规定进行接待和导游服务、打扫环境卫生。现在全村 53 户农民中有 40 家参与旅游接待服务，保证了公司、农户、游客的利益，同时村级经济实力也得到了较大的提高，并改善了村里公路，增加了公共设施。

（二）"政府 + 公司 + 农村旅游协会 + 旅行社"模式

这一模式的特点是发挥旅游产业链中各环节的优势，通过合理分享利益，避免了乡村旅游开发过度商业化，保护了本土文化，增强了当地居民的自豪感，从而为旅游可持续发展奠定了基础。例如，贵州平坝天龙镇在发展乡村旅游时就采用了这种模式（杨胜明，2003）。具体的做法是政府负责乡村旅游的规划和基础设施建设，优化发展环境；乡村旅游公司负责经营管理和商业运作；农民旅游协会负责组织村民参与地方戏的表演、工艺品的制作、提供住宿餐饮等，并负责维护和修缮各自的传统民居，协调公司与农民的利益；旅行社负责开拓市场，组织客源。天龙镇从 2001 年 9 月开发乡村旅游，到 2002 年参与旅游开发的农户人均收入提高了 50%，同时推进了农村产业结构的调整，在参与旅游的农户中有 42% 的劳动力从事服务业，并为农村弱势群体（妇女、老人）提供了旅游从业机会，最大限度地保存了当地文化的真实性，使当地的文化呈现出勃勃生机。

（三）股份制模式

为了合理地开发旅游资源，保护乡村旅游的生态环境，可以根据资源的产权将乡村旅游资源界定为国家产权、乡村集体产权、村民小组产权和农户个人产权 4 种产权主体。在开发乡村旅游时，可采取国家、集体和农户个体合作，把旅游资源、特殊技术、劳动力转化成股本，收益按股分红与按劳分红相结合，进行股份合作制经营。企业通过公积金的积累完成扩大再生产和乡村生态保护与恢复，以及相应旅游设施的建设与维护。通过公益金的形式投入乡村的公益事业（如导游培训、旅行社经营和乡村旅游管理），以及维持社区居民参与机制的运行等。同时，通过股金分红支付股东的股利分配。这样，国家、集体和个人可在乡村旅游开发中按照自己的股份获得相应的收益，实现社区参与的深层次转变（刘岩等，2002）。通过"股份制"的乡村旅游开发，把社区居民的责

（任）、权（利）、利（益）有机结合起来，引导居民自觉参与他们赖以生存的生态资源的保护，从而保证乡村旅游的良性发展。

（四）"农户+农户"模式

在远离市场的乡村，农民对企业介入乡村旅游开发有一定的顾虑，大多农户不愿把资金或土地交给公司来经营，他们更信任那些"示范户"。在这些山村里，通常是"开拓户"首先开发乡村旅游并获得了成功，在他们的示范带动下，农户们纷纷加入旅游接待的行列，并跟随示范户学习经验和技术，在短暂的磨合后，就形成了"农户+农户"的乡村旅游开发模式。这种模式通常投入较少，接待量有限，但乡村文化保留最真实，游客花费少，还能体验本地习俗和文化，是较受欢迎的乡村旅游形式之一。但受管理水平和资金投入的影响，通常旅游的带动效应有限。在湖南汉寿县的"鹿溪农家"，从2001年7月起开发乡村旅游，最初只有两户村民参与，在不到一年的旅游接待中，"开拓户"获纯利8000元，产生了巨大的示范效应，到2003年全村30多户中有14户条件较好的农户参与旅游接待服务，还有不少农户提供特种家禽、绿色蔬菜、山里野菜、生态河鱼等农产品和参与民俗表演，逐渐形成了"家禽养殖户""绿色蔬菜户""水产养殖户""民俗表演队"等专业户和旅游服务组织，吸纳了大量富余劳动力，形成了"一户一特色"的规模化产业。通过乡村旅游的开发，顺利调整了农村产业结构，实现了农村经济的良性发展。

（五）个体农庄模式

个体农庄模式是以规模农业个体户发展起来的，以"旅游个体户"的形式出现，通过对自己经营的农牧果场进行改造和旅游项目建设，使之成为一个完整意义的旅游景区，能完成旅游接待和服务工作。通过个体农庄的发展，吸纳附近闲散劳动力，通过手工艺、表演、服务、生产等形式加入服务业中，形成以点带面的发展模式。如湖南益阳赫山区的"花乡农家"和内蒙古乌拉特中旗的"瑙干塔拉"，通过旅游个体户自身的发展带动了同村的农牧民参与乡村旅游的开发，走上共同致富的道路。

第三章
乡村旅游规划概述

第一节 乡村旅游规划的概念

乡村旅游规划是旅游规划的一种。从资源的角度而言，是以村落、郊野、田园等环境为依托，通过对资源的分析、对比，形成一种具有特色的发展方向。近期，乡村旅游往往和新农村建设联系在一起。乡村旅游发展是乡村创新经济学理论下的一个成功实践。在我国广大的乡村地区存在着丰富的人文历史资源和生态自然资源，乡村旅游开发和发展存在着巨大的潜力和市场。根据乡村创新经济学理论，因地制宜地依据特有的旅游资源发展乡村旅游业是乡村发展的有效模式之一。

刘聪等（2005）提出应该从特色观念、市场观念、人际交往观念和产品观念四个方面对乡村旅游开发进行科学改进，使其走上健康的发展道路。

唐代剑、池静（2005）认为乡村旅游规划就是根据某一乡村地区的旅游发展规律和具体市场特点而制定目标，以及为实现这一目标而进行的各项旅游要素的统筹部署和具体安排。

王云才（2006）提出乡村旅游规划是根据某一乡村地区的旅游发展规律和具体市场特点而制定目标，以及为实现这一目标而进行的各项旅游要素的统筹部署和具体安排。

乡村旅游作为一种特殊的旅游形式，其规划应该顺其自然、顺应潮流，做到既能持续地吸引游客，又能使乡村地区在保持原来的生活方式的基础上逐步发展，并能使当地居民从该项活动中获得效益（王德刚等，2007）。

何光暐（2001）提出，在理解乡村旅游规划的含义时，需要注意以下几点。

乡村旅游规划不仅是一项技术过程，而且是一项决策过程。它不仅是一种科学规划，而且也是一种实用可行的规划，二者必须同时兼顾，才能规避"规划失灵"。

乡村旅游规划不仅是一种政府行为，而且是一种社会行为，还是一种经济行为，不仅要求政府参与，而且规划工作还一定要有经营管理人员参与，并与当地群众、投资方相结合，避免规划的"技术失灵"。为此，应建立"开放式"规划体系，允许多重决策权（专家、官方、企业、群众）的协调参与，避免规划者单纯根据领导的意图编制蓝图。此外，为了更好地服务社会，还应建立一种机制，使规划者有能力在各部门的决策者之间进行协调，最终产生一个好规划。

乡村旅游规划不是静态的和物质形态的蓝图式描述，而是一个过程，一个不断反馈、调整的动态过程，规划文本仅仅是这个过程的一个初始阶段。面对未来的种种不确定性，乡村旅游规划必须采取弹性的思想和方法。它同时也应该是一个"全程规划"的概念，应包含"一条龙"服务的思想在内。

第二节 乡村旅游规划的发展历史

一、国内外乡村旅游规划理论发展历史

（一）起步阶段（1990—2005 年）

20 世纪 50 年代，随着乡村旅游的发展，国外对于乡村旅游规划的研究也逐渐多了起来。伴随我国乡村旅游的发展，国内学者对此也做了大量研究工作。但由于我国乡村旅游起步较晚，相应的理论研究与发展探讨比国外要晚，研究内容也相对狭窄。从研究时间来看，主要集中于 20 世纪 90 年代。研究内容上

可分为两大部分：第一部分主要对乡村旅游的基础理论进行研究；第二部分为实证或个案研究。国内学者和专家对乡村旅游的基础理论研究主要集中在以下方面：①概念界定；②发展动因研究；③乡村旅游的经济性分析；④乡村旅游的发展策略研究；⑤乡村旅游的属性特征分析；⑥乡村旅游的规划与开发探讨。随着乡村旅游逐渐成为中国旅游业的热点，各地纷纷兴起了乡村旅游开发的热潮，乡村旅游规划因此受到政府、开发商、当地居民等各类利益相关者的重视。国内关于乡村旅游的研究起步于20世纪90年代中期，21世纪随着乡村旅游发展速度加快，乡村旅游规划研究逐渐发展起来。

起步阶段，根据乡村旅游规划的特殊性，国内外相关理论研究主要集中于逆城市化理论、城乡一体化理论、系统论、生命周期理论。

（1）逆城市化理论。城市化是随着工业化的发展而产生的一种在空间地域上人口由农村向城市迁移的过程。逆城市化现象出现最根本的原因是城市过度膨胀出现"城市病"，人口密集、就业困难、环境恶化、生活成本提高、生活舒适度下降，导致人们向往乡村原生态的生活环境。而乡村地区良好的生态环境、慢节奏的生活、低密度的人口都为逆城市化提供了合适的解决方案。逆城市化现象的出现，也为乡村旅游的进一步发展起到了有力的推动作用。

（2）城乡一体化理论。城乡一体化，关键是要做到城乡统筹发展，促进城乡之间的良性互动和协调发展。通过统筹城乡发展，大力推动城乡一体化，逐步建立起良性互动、优势互补、互惠共赢、协调发展的新型城乡关系。在区域中，农村地区往往占据很大的地理空间，但其经济基础较为薄弱，因此，消除城乡二元结构，关键在农村。乡村旅游是推动城乡一体化发展的有效途径，随着乡村旅游的不断发展，农业很可能从传统农业向观光农业转变，农村很可能从传统的聚落向新型乡村旅游目的地转变，农民很可能从传统的农民向乡村旅游从业人员转变，从而使乡村地区在诸多方面都向着城市的方向不断转化，最终实现城乡一体化。

（3）系统论。乡村旅游是乡村目的地系统的一部分，随着旅游业的发展，乡村旅游发展将演变成为乡村大系统当中一个重要部分。同时，乡村旅游的各个要素构成一个完整的系统，乡村的旅游资源、发展条件甚至包括旅游者都是乡村旅游系统的组成部分，这些要素为乡村旅游提供条件，组合成乡村旅游产品，它们综合起来形成的旅游氛围和功能又是各个单独要素所不具备的，因此乡村旅游系统是一个复杂的巨系统。乡村旅游发展规划涉及乡村旅游的方方面面，应做到各个环节的相互关联、有序结合，最终确保乡村旅游朝着正确的方向发展，因此乡村旅游发展规划过程中也应该融入系统论的观点。

（4）生命周期理论。旅游地的发展过程一般包括探查、参与、发展、巩固、停滞和衰落（复苏）6个阶段。在乡村旅游发展中，要抓住影响不同发展阶段的主要因素，考虑影响乡村旅游地发展内因的同时注意外部条件的影响，最终达到促使乡村旅游地保持吸引力、延长发展稳定期、防止衰弱期的到来的目的。

（二）探索阶段（2006—2015年）

21世纪之后，国外乡村旅游规划的研究以乡村旅游与农村社会经济发展关系，乡村旅游的运营、管理和营销方式，乡村旅游规划可持续发展，乡村旅游中的地方居民等方面为主。认为乡村旅游规划应更注重资源的保护和典型活动的组织，提出让游客了解乡村生活方式，感受不同于城市的生活体验。2000年开始，国内学术界对乡村旅游规划的研究逐步展开，研究乡村旅游规划的文献数量呈缓慢增长趋势。这一阶段，国内外相关理论主要集中于可持续发展理论、反规划理论、新农村建设理论、社区参与理论、利益相关者理论、RMP（资源—市场—产品）理论。

（1）可持续发展理论。乡村旅游的可持续发展在能推动旅游业向前发展的同时，可以维持乡村旅游资源的合理、永续利用，保护和改善乡村生态平衡；乡村旅游的可持续发展还能增加农民收入，改变农村贫穷落后的状况，为今后农村经济的持续增长打下基础。所以在推进乡村旅游的可持续发展的过程中，必须从前期规划开始深入探讨乡村旅游可持续发展的方法与措施，确保乡村生态环境、乡村文化与乡村经济的可持续发展。

（2）反规划理论。传统的旅游规划思路过分追求经济效益，忽视了旅游地的生态环境，而且没有突出各旅游地的特色，带来是千篇一律的旅游模式，不利于旅游地的发展。对于乡村旅游来说，首要任务就是保护旅游地的乡村生态景观，因此，应将反规划思想融入乡村旅游发展规划的过程中，优先考虑乡村的生态景观保护措施，建立安全的乡村景观生态格局，保护农村耕地和农村生活环境，实现旅游地乡村旅游的可持续的发展。

（3）新农村建设理论。社会主义新农村建设的最新要求是在党的十六届五中全会上提出的，要求促进农村经济、社会、文化、政治等方面的建设，实现将农村建设成为经济繁荣、环境优美、设施完善、文明和谐的目标。乡村旅游与新农村建设有共同的目标，乡村旅游的健康发展将促进旅游地的经济收入的增长、旅游设施和基础设施的完善、乡村环境的改善、乡村社会的文明进步。而乡村旅游发展规划是乡村旅游健康发展的有力保障，因此在对乡村旅游地进行规划的过程中，要融入新农村建设理念，确保二者目标的有效统一和早日实现。

（4）社区参与理论。旅游学中的社区参与理论主要是指旅游地社区居民参与当地旅游的发展。在乡村旅游发展规划中，不但要反映居民的想法和对乡村旅游的态度，还应该采取主动的方式吸引当地居民参与到当地乡村旅游的发展中，让当地社区居民成为乡村旅游的受益者，同时增强当地居民保护乡村旅游资源的责任感，让社区居民主动地参与到乡村旅游的发展中。

（5）利益相关者理论。我国目前乡村旅游地普遍存在着当地居民与外来投资者主体利益的矛盾冲突、乡村性与旅游城市化、旅游者趣味变化与旅游产品同质化、旅游发展与环境保护等问题，所以利益相关者的理论应融入乡村旅游发展规划中，从根源上尽量避免利益相关者之间的冲突，促进各利益方和谐共处，确保旅游地乡村旅游的可持续发展。

（6）RMP（资源—市场—产品）理论。吴必虎首先提出了RMP（Resource指资源，Market指市场，Product指产品）模式，用来指导区域旅游开发规划。资源—市场—产品是三位一体的，资源是打造产品的重要前提和基础，市场是将资源转化成产品的重要目标，产品是实现资源市场价值的重要载体。规划地在进行乡村旅游发展规划时，必须遵循RMP理论，梳理具有特色的乡村旅游资源，开发具有潜力的市场，打造既具有当地特色又具有市场前景的乡村旅游产品。

（三）成熟阶段（2016年至今）

2015年后，以乡村旅游规划为主题的文献显著增多，呈现迅速发展趋势，涌现出许多内容丰富、主题新颖的优秀文章，各专家学者结合不同学科背景对乡村旅游规划进行了更深入的研究。这一阶段，国内外相关理论主要集中在旅游规划三元论、环城游憩带发展理论、品牌打造理论、产业协同发展理论、竞争合作理论、原乡理论。

（1）旅游规划三元论。旅游规划追求的基本核心和最终目标是为旅游者创造时间与空间的差异、文化与历史的新奇、生理心理上的满足，其中均蕴含着三个层面不同的需求：关于人们行为活动以及与之相应的经营运作的规划需求；关于景观时空布局的规划需求；生态环境大地景观的规划需求。与需求对应，现代旅游规划的内容同样包含三元：以"旅游"为核心的群体行为心理规划和项目经营；以"景观"规划为核心的优美的旅游景观环境形象创造；以"生态"为核心的旅游环境生态保护。

（2）环城游憩带发展理论。环城游憩带理论在乡村旅游的开发与管理中具有重要的理论意义。由于乡村旅游游客出游半径较短，且多以休闲娱乐为目的，因此环城游憩带在大城市周边普遍存在。在对旅游地进行乡村旅游发展规划时，应分析旅游地类型与空间特征之间的关系，以城市核心区为客源市场中心，以城郊乡村田园风光和乡野文化为核心吸引物，规划构建围绕城市周边发展乡村旅游的环城游憩带。

（3）品牌打造理论。旅游地又被称为旅游目的地，目的地的形成源于美好的印象而产生向往，这种美好印象就是品牌形象，承载着旅游地的优势而展现在消费者眼前，因此对旅游产品比一般商品更需要进行品牌规划。只有对好的旅游目的地进行合理的品牌规划，才能更好地体现出旅游地的品牌价值，带给游客更直接的旅游感受。大尺度范围乡村旅游地的旅游品牌打造应构建系统的品牌，单一的乡村旅游点品牌已难以形成对游客的吸引力，必须构建当地乡村旅游发展的品牌体系，以多个子品牌来支撑共有的核心乡村旅游品牌，打造具有较强吸引力、完善的乡村旅游品牌体系。

（4）产业协同发展理论。乡村旅游业是多种产业融合的产物，最直接的是第一产业中的农业与第三产业中的旅游业融合，随着乡村旅游的发展又会带动第二产业中的乡村旅游商品加工业、建筑业，第三产业中的服务业、信息产业、房地产业、商贸服务业、文化产业、养老产业、体育产业等的发展，促进乡村旅游地的产业结构调整和升级。而乡村旅游发展规划的核心内容是对乡村旅游地的旅游产业及相关产业的发展做出安排，因此产业协同发展理论在乡村旅游发展规划中占有重要地位。

（5）竞争合作理论。由于大尺度空间乡村旅游地内包含众多乡村旅游区，每个乡村旅游区之间都存在着竞争的关系，而由于乡村旅游区与普通的旅游区相比一般规模较小，因此乡村旅游区一般呈现集中布局的态势，以便形成规模效益。大尺度的乡村旅游发展规划中也应体现出竞争合作的理论，无论是在各子类品牌之间，还是乡村旅游发展重点项目之间，或者不同类型的乡村旅游产品之间，都应该形成竞争合作的关系。

（6）原乡理论。原乡规划的原理是指在规划中保持景区、乡村的本色，或者在城市规划中加入自然、乡村本色的成分，做到人地和谐、天人合一。原乡规划注重对地域文化的保护、传承和挖掘，力图通过规划唤醒当地居民的文化意识，并在开发建设和区域发展中，使当地居民产生文化自觉。所以，原乡规划旨在积极主动地担负起文化传承的历史使命。在现实的规划中，我们往往会犯这样的错误：或对当地文化不做深入的挖掘，或毫无依据地植入外地文化，或大张旗鼓地改造当地文化，或干脆毁掉当地文化，这些都是不可取的。

二、国内外乡村旅游规划实践发展历史

（一）起步阶段（1990—2005 年）

随着乡村旅游规划理论的逐步兴起，在起步阶段，乡村旅游规划的实践主要涉及发展背景与环境分析、乡村旅游发展问题诊断、乡村旅游资源研究、乡村旅游市场分析。

（1）发展背景与环境分析。在乡村旅游发展规划进行编制时，必须对规划地的旅游发展背景进行了解和分析。主要是从宏观的角度对规划地的规划背景、区域环境、业界环境现状等层面的内容进行分析；综合国内外对乡村旅游发展阶段的研究界定规划地乡村旅游发展的阶段；分析当地乡村旅游发展规划与上位文件、上位规划、平行规划的联系，做到对上位文件的充分解读，各规划之间相互体现、相互印证；对国内外成功的乡村旅游地进行解读，深入分析其发

展经验和教训，以便为规划地乡村旅游的发展提供更广阔的思路。

（2）乡村旅游发展问题诊断。国内乡村旅游在经历了快速发展阶段之后遇到了发展的瓶颈，针对乡村旅游地发展中存在的问题进行深入剖析，以便为乡村旅游的发展提供更具有针对性的规划和更好的对策建议。包括对乡村旅游产业问题、乡村旅游基础与配套设施建设问题、乡村旅游服务与经营管理问题、乡村旅游产品开发问题等进行诊断研究。

（3）乡村旅游资源研究。乡村旅游资源是指在乡村地域范围内产生旅游吸引力，并满足旅游需求的乡村活动、乡村文化、乡村民俗、口头传说、民间艺术等资源。乡村旅游资源的数量、类型、品位、地方性等构成乡村旅游资源的主要特征，对乡村旅游资源进行评价是为了确定乡村旅游资源的开发价值与开发顺序等。

（4）乡村旅游市场分析。主要包括：①乡村旅游市场现状分析，指利用调查统计等分析方法对国内外的乡村旅游市场相关信息（如经济发展状况、社会发展状况、乡村旅游市场偏好、出行方式、出行时间等）进行调查和分析，为规划地乡村旅游的发展提供参考，形成对规划地乡村旅游发展外部环境准确的认识。通过对规划地乡村旅游市场现状的分析，了解当地乡村旅游市场的优势旅游产品与较匮乏的旅游产品及其他乡村旅游市场信息，总结规划地乡村旅游市场未来的发展需求。②乡村旅游市场发展趋势分析，规划地要想使当地的乡村旅游产品有一个较长的生命周期，以便获得良好的经济效益，就必须认真研究乡村旅游市场的发展趋势。在总结乡村旅游市场的发展趋势时，应该在借鉴国内外乡村旅游发展先进地区的市场特征的同时，结合当地乡村旅游市场特征及游客喜好，总结出当地的乡村旅游市场发展趋势。③乡村旅游未来市场规模分析，乡村旅游市场规模通常指乡村旅游目的地在某一年度所接待的游客人数或经济消费总量。对乡村旅游客源人数进行较为准确的预测，可以确定区域乡村旅游开发与规划的规模，对各种基础设施和配套设施的完善与协调发展具有重要的指导意义。

（二）探索阶段（2006—2015年）

这一阶段，乡村旅游规划的实践主要涉及了发展战略与定位、乡村旅游发展重点工程规划、乡村资源环境保护、乡村旅游发展的社区参与、乡村旅游发展支撑保障。

（1）发展战略与定位。发展战略包括确定：①指导思想。指导思想是指导规划地乡村旅游发展的提纲挈领的内容，是规划地达到一定时段内区域乡村旅游发展总目标的一种宏观的路径设想。乡村旅游发展规划中的指导思想应以市场经济战略思想为依据，融入可持续发展思想、生态发展思想和动态发展思想，制定既符合规划地乡村旅游健康、可持续发展，又适合广大乡村旅游者的旅游需求的战略思想。②基本原则。乡村旅游发展规划是一项具有较强科学技术含量的对较大尺度地域范围的乡村旅游未来发展的研究，乡村旅游发展规划的基本原则更多的是从偏宏观的视角、比指导思想略低的角度探讨乡村旅游的发展方向。因此，乡村旅游发展规划必须在一定的原则指导下，开展充分的论证并进行科学的规划设计。规划地乡村旅游发展的基本原则也应该按照当地乡村旅游发展的具体情况，经过规划编制人员分析得出最适合规划地乡村旅游发展的基本原则。③乡村旅游发展目标。在为规划地的乡村旅游发展设定发展目标的时候，首先需要将规划地乡村旅游发展的最终目标搞清楚，也就是区域乡村旅游发展的总目标是什么。乡村旅游发展的总目标应该是在总结规划地乡村旅游特征的基础上，分析当地乡村旅游的文化脉络和自然脉络，提炼出规划地乡村旅游发展较为宏观的发展总体目标。为了达到总体目标，同时为了吸引更多的游客，规划地乡村旅游发展过程中也应该多争取国家设定的一些与乡村旅游相关的称号和工程，以便获得更多的政策和资金支持。④乡村旅游发展战略。规划者在开展规划的过程中，要尽可能地考虑规划地的乡村旅游发展实情和乡村实情，实事求是地指出有科学依据、能真正发挥作用的战略途径。乡村旅游发展总体战略应综合考虑政府是规划地乡村旅游发展的主导因素、文化是乡村旅游发展的内涵要素、示范是乡村旅游发展的推动要素、互动是区域乡村旅游发展的必备要素、产业是乡村旅游发展的核心要素，因此应从政府引导、文化统领、精品示范、区域互动、产业共生等方面探讨乡村旅游的总体发展战略。定位主要包括：①乡村旅游客源市场定位，乡村旅游客源市场定位主要是在经过调查和分析当地现有乡村旅游客源的基础上，进行系统性和预测性分析，为之后的乡村旅游市场营销工作的开展做好准备。②乡村旅游形象定位，主要包括主体形象设计及宣传口号设计。

（2）乡村旅游发展重点工程规划。为了更好地促进规划地乡村旅游的科学发展，更彰显规划地乡村旅游发展特色，应找出制约乡村旅游发展的如示范不足、标准混乱、信息化滞后等外部因素。对制约乡村旅游发展的外部因素进行深入分析后，有针对性地开展乡村旅游发展重点工程建设，对每一项制约乡村旅游发展的外部因素设置一项解决该因素的重点工程，确保规划地乡村旅游的科学发展。

（3）乡村资源环境保护。乡村旅游资源环境保护分为自然环境保护和乡村文化保护。自然环境的保护也可以看作生态环境的保护，主要保护对象是规划地的青山绿水、蓝天丽日、肥沃耕地等大的生态环境。乡村文化的保护主要是对乡村文化氛围的培育和乡村遗产的保护，主要包括：①人居环境保护；②耕地保护；③乡村文化保护；④古镇村落与乡村建筑风貌保护。

（4）乡村旅游发展的社区参与。社区居民是乡村旅游地乡村文化的继承者、乡村景观的最初建造者，乡村旅游发展的最终目的也是发展当地经济，提高当地社区居民收入水平，所以说社区居民在乡村旅游的发展中具有不可替代的作用。乡村旅游发展的社区参与应更多考虑的是社区居民如何作为当地乡村旅游发展的主体，参与到当地乡村旅游的发展道路的制定中，并且不只是获得从事乡村旅游相关就业方面的利益，而是能够获得更多的收益。

（5）乡村旅游发展支撑保障。乡村旅游业作为一种综合性很强的产业，需要协调各方面的关系，需要各个部门的支持和帮助，只有建立起完善的支撑保障体系，实现各部门的协调、配合，才能促进规划地乡村旅游业的良性发展。主要包括：①乡村旅游配套设施规划；②政策保障机制；③人力资源保障机制；④利益相关者的协调机制；⑤危机应对机制。

（三）成熟阶段（2016年至今）

随着人们对发展规划认识的不断深入，旅游发展规划的内容也在不断更新。乡村旅游发展规划应在遵循旅游规划通则中对旅游发展规划要求的基础上，融入乡村旅游特殊内涵和要求，创新思路，建立乡村旅游发展规划独特的规划内容体系。这一阶段随着理论的指导，主要实践内容包括乡村旅游市场营销策略规划、乡村旅游发展品牌体系规划、乡村旅游产品体系与游线规划、乡村旅游与相关产业融合。

（1）乡村旅游市场营销策略规划。规划者要改变原有市场营销编制的旧有套路，应根据规划地实际情况，挖掘乡村旅游市场最新需求，找出乡村旅游市场营销存在的症结，开出药到病除的方子，提出科学合理的市场营销措施。一个规划中好的乡村旅游市场营销策略应在充分考虑乡村旅游产品特征的前提下，综合开展分级市场营销、分产品类型营销、社区营销、新兴网络媒体营销、选秀造势营销等策略。

（2）乡村旅游发展品牌体系规划。在乡村旅游快速发展的今天，很多乡村旅游目的地存在着不少品牌意识薄弱、品牌形象匮乏、品牌开发混乱、品牌营销滞后的现象，这些现象严重制约着当地乡村旅游的发展。规划地的乡村旅游发展品牌体系的构建首先应从整体、区域、局部三个层面来深入挖掘当地的乡村旅游资源特色，融入乡村文化内涵，结合市场需求和营销需求，选择出规划地乡村旅游发展的整体品牌、区域品牌和局部品牌。构建以整体品牌为统领、区域品牌为支撑、局部品牌为基础的三级乡村旅游发展品牌体系。要积极结合优势品牌区域的成功经验，在发展模式、项目设计和产品开发上深挖自身潜在优势，提高品牌识别度，做大、做响品牌，从而以更广泛的市场号召力引领规划地乡村旅游走向规范化、特色化。

（3）乡村旅游产品体系与游线规划。乡村旅游产品体系的构建应坚持以下原则：①区域性原则。乡村旅游产品受地域乡村环境的各地理要素制约，反映区域自然环境特色，不同的乡村旅游产品体现不同的乡村旅游区域环境特色。②系列化原则。乡村旅游产品种类的缺乏将制约乡村旅游地的丰富体验性，区域乡村旅游的发展需要系列化的乡村旅游产品来支撑规划地乡村旅游的特色和优势。③提升原则。应深入挖掘乡村旅游资源，提升乡村旅游产品的层次，优化乡村旅游产品结构。④精品化原则。乡村旅游精品是乡村旅游产品体系的标志产品和重点开发产品，是最能代表规划地乡村旅游的产品，在乡村旅游产品体系中占有重要的地位。在坚持以上原则的基础上，相对旅游产品体系的构建应综合考虑规划地乡村旅游资源特征、乡村旅游发展重点项目以及未来乡村旅游产品的发展趋势，构建包括乡村观光型、乡土民俗文化体验型、乡村休闲度假型、乡村节庆型、乡村户外运动型旅游产品等在内的乡村旅游产品体系。乡村旅游发展规划中的乡村旅游线路设计，由于规划尺度范围较大，因此乡村旅游线路设计不可能面面俱到，涉及每一个乡村旅游项目，只能重点选择部分具有代表性的乡村旅游项目纳入乡村旅游线路规划中。乡村旅游线路设计应遵循以下条件：①旅游线路的多样化；②满足游客对"乡村味"的追求；③旅游线路组合以短途为主；④线路主题要突出不同旅游产品的特色；⑤确保游客的可进入性；⑥不同季节设计不同的旅游主题；⑦打造精品线路；⑧尽量构成乡村旅游线路网。乡村旅游线路设计时应包括以下线路：①区域乡村旅游精品线路；②四季乡村旅游线路；③不同主题乡村旅游线路等。

（4）乡村旅游与相关产业融合。乡村旅游产业融合是指乡村旅游业与国民经济中的第一产业、第二产业、第三产业进行相互渗透、相互交叉，产业融合的发展将会更加有效地带动各相关产业的协调发展。①与第一产业的融合研究。第一产业主要是指农业，包括了农、林、牧、渔四个方面。可以用旅游的开发模式来经营农业，用旅游景观的概念来开发农业。②与第二产业的融合研究。第二产业主要是指制造业、采矿业和建筑业。乡村旅游与第二产业的融合主要体现在乡村旅游商品的制造加工、乡村工业参观旅游等方面。③与第三产业的融合研究。第三产业行业门类异常多样，乡村旅游产业本身属于第三产业服务业，属于高端生产性服务业，与此同时，乡村旅游产业与第三产业中的其他行业也存在着较多的联系。除去旅游六大要素所涉及的相关行业领域，围绕乡村旅游业的产业链上下游，与乡村旅游业的关联行业也非常多，如地产业、信息业、文化业、养老业、体育业等。

第三节　乡村旅游规划的目标及原则

一、乡村旅游规划的目标

乡村旅游规划的目标旨在开发和打造一个具有独特魅力和特色的乡村旅游目的地，吸引游客前来体验乡村生活、感受自然环境，并带动当地农民增收和乡村经济发展。

（一）开发和保护自然资源，提升乡村旅游的品质

保护本地区的自然景观，开展生态游览项目，提供游客与自然亲密接触的机会。乡村有许多自然资源，包括植物、田地、动物、水流、森林、小山等资源。要注重生态资源保护，合理开发乡村资源，发挥乡村自然环境的优势。在发挥自然环境优势的前提下，充分利用可再生资源，如太阳能、风能等，推动乡村可持续发展。

在开发乡村的过程中，要了解乡村原本的人口规模、地形特征，发挥乡村原有的资源优势，避免城市建筑破坏乡村建筑原本的特色。在保护乡村发展潜力的基础上激发乡村的活力，促进乡村发展。可以利用乡村原本具有的元素强化乡村整体的美感，如增加景观绿地面积，完善乡村配套基础设施和公共服务设施，改善乡村面貌，为乡村健康发展提供重要支撑，提高乡村生活水平。

（二）弘扬和传承乡村文化，增加乡村旅游的竞争力和吸引力

乡村文化存在的形式丰富多样，"日出而作，日落而息"的辛勤耕作方式，自然生态的乡村美食，乡土气息浓郁的民俗风情，这些乡村场景传递着迥异于城市的恬静意境，散发着乡村旅游的独特魅力，令都市人在新奇的同时又为之神往。随着乡村旅游模式的日益成熟和多样化，人们从单纯的观光欣赏到追求深度的体验，在参与生产劳作等的活动中习得农耕文化知识和乡土生活经历。正是在体验乡村生活和乡村文化的一系列过程中，人们对乡村再次形成一种认同感和归属感。

乡村生活方式传承和延续了传统文化的血脉精髓，这种延续也成为乡村旅游兴盛开展的先决条件。脱离乡村文化，则乡村旅游业的可持续性发展将无从谈起。因此，文化是乡村旅游发展的核心竞争力，是可持续发展的源泉和驱动力。

（三）吸引更多游客前来乡村旅游，推动乡村经济发展

通过乡村旅游的发展，带动当地农村经济的多元化发展。我国乡村旅游资源丰富，目前已开发或正在开发的乡村旅游景点众多，其中有许多旅游资源自然景观优美、文化底蕴深厚、基础设施和公共服务较完善、区位交通便利，如我国西北地区的乡村旅游资源非常丰富，资源类型多样，主要包括沙漠、草原、绿洲、高山、森林等自然景观；石窟、古建筑等历史文化遗产；民俗风情和特色农产品等人文景观。近年来，随着人民生活水平的提高和对美好生活的向往，我国乡村旅游发展迅速，特别是近几年来，各地高度重视乡村旅游发展，出台了一系列支持政策，我国乡村旅游规模持续扩大，质量明显提升，功能不断拓展。

乡村旅游的发展，能有效缓解工作压力，增进人与自然、人与社会、人与人之间的交流沟通，带动农村风貌和农民生活质量的改善，促进城乡区域间的协调发展，并积极引导城乡居民生活方式的共同转变。总之，乡村旅游对建立社会主义和谐社会的作用不仅在于它对社会各阶层收入具有二次分配的经济意义，还在于它带来的各地域、各阶层人们的生活方式、文化理念及价值观方面等的交流和沟通。

（四）提升旅游设施和服务水平

在全域旅游的发展架构下，旅游交通网络是空间整合非常重要的一环，是政府推进全域旅游的重要抓手。旅游道路包括风景道、自驾道、运动道、休闲道、文化道、赛道等，其核心结构为"大尺度的景观节点＋服务节点＋休闲度假点＋软性活动"。

信息技术的飞速发展与广泛应用加速了旅游设施的信息化元素渗透，信息化设施对旅游业而言逐渐成为核心支撑和重要组成部分。加快乡村旅游信息化的建设，既是适应信息化时代的必然选择，又是满足大众旅游时代游客需求的内在要求，更是全域旅游发展的客观要求。信息化设施的建设不仅仅是硬件，最重要的是要依托硬件形成智慧化监测、监控，实现数据应用和智慧管理，形成面向游客的智慧化旅游服务和面向运营商的智慧化管理。

旅游集散中心正逐渐向市场化运营的旅游公共服务中心转变，既要满足游客的多样需求，又要兼顾旅游集散中心的营利性。不仅要满足游客集散、目的地宣传、导游服务、公共管理等功能，还要满足游客体验、商业服务等综合功能。服务节点，包括从游客集散中心到多样化服务平台构建的道路服务体系；休闲度假点，包括依托于交通的休闲营地、民俗村落等；特色活动组织是定期举办的休闲赛事、节庆活动等。旅游交通网络建设应在服务理念创新的前提下，遵循"道路是硬件，节点是重点"的原则，针对市场进行节点与服务模式的产品化设计，形成度假村、营地、服务站点、驿站、户外活动区等多样化的产品。

（五）培育乡村旅游新业态，拓宽农民收入来源

随着游客对品质、特色、体验等的日益重视，单纯的采摘、观光游逐渐式微，来得了还得住得下、住得好，成为不少游客奔赴乡村的新追求，这也为提升乡村旅游附加值明确了方向。在依托绿水青山、乡土文化等资源发展田园养生、研学科普等休闲农业新业态的同时，乡村民宿也需在提升硬件、优化服务品质等方面狠下功夫，并进一步丰富内涵、规范发展、创新经营模式，以增强其增收致富功能。

乡村新产业、新业态是进一步繁荣农村经济、促进农民增收的重要抓手，也是乡村极具潜力的发展动能，更是乡村全面振兴的重要助力。新产业、新业态，重在"新"字，要在"实"字。只要是立足乡村实际、源自乡土特色、聚焦乡村振兴的产业和业态，都值得探索和尝试。既要对新产业、新业态寄予厚望，又不能忽视对乡村传统产业的提档升级。只有两相并进，乡村产业、业态助力乡村振兴的动能作用才能越发强劲。

二、乡村旅游规划的原则

乡村旅游规划不同于一般性区域规划，它更多表现为项目的具体策划，更注重产品的可行性和营销的有效性，即规划的可操作性。因此，乡村旅游规划必须遵循以下原则。

（一）自然保护原则

在全球性的生态化思潮的影响下，乡村旅游规划作为一种技术产品，也应该具备生态化特征，强调对原生环境和本土意境的保护，承担起保护生态及文化多样性的重任。具体来说，即在规划设计中，运用系统论和景观生态学的相关原理对旅游环境诸方面的生态平衡和协调发展予以保护。

自然保护原则是指乡村旅游规划设计要因地制宜，尽量保留自然特色，若无绝对必要就不改变原貌或增加建筑物。许多经营者以为乡村旅游就是普通的观光旅游，因而不顾原先遗存的自然资源和乡村特色，大兴土木，甚至改变土地用途，建园造景。这种做法既破坏了乡村原有的良好自然生态环境，浪费了宝贵的农业资源，又扭曲了发展乡村旅游的本质和目的。

（二）乡土特色原则

"特色就是生命"，这已成为旅游开发者的共识。有特色才有吸引力，才有竞争力。五千年的历史造就了中华文化的璀璨，同时，由于地球自然演化过程中的差异性，使得每一处旅游资源都往往具有景观上的独特性和不可替代性。所谓特色保护，就是在对该景区的自然和文化景观内涵进行深度挖掘的基础上，对自然和文化环境内涵与特色的保护，避免在规划和开发过程中自然和文化特色的丧失。

乡土特色原则是指在设计构思上有别于城市公园绿化，体现野趣天成、返璞归真；在植物配置上注重多样性和稳定性；所展示的也应该是当地的农耕文化和民俗文化。

（三）和谐生态原则

从美学的角度来看，大自然造就的景观特征的完整性越是彻底、明显、强烈，对观察者的感官冲击就越大，而且景观地段不同要素的和谐程度"不仅是获得快感的量度，也是美的量度"。因此在设计自然景观和历史文化景观时，要运用整体论的观点，保护和加强内在的景观质量、剔除不应该保留的要素，甚至是引进要素以加强自然特征，尽量地保持景区的原始性、完整性、统一性、和谐性。

乡村旅游是农业与旅游业结合的产物，既要考虑经济效益，更要强调生态效益及社会效益。要用生态学原理来指导乡村旅游的建设，建立良性循环的生态系统，产生好的生态效益。生态性主要指两个方面：一方面是生态平衡，另一方面是生态美学，即从审美角度体现出生命力、和谐和健康的特征。生命力主要体现在规划设计的旅游区应具有良好的生态循环再生能力。和谐则要求人工构筑物与自然环境互惠共生、相得益彰，即人工构筑物与生态环境形成一种和谐美。健康是指在争取人与自然和谐的前提下，创造出无污染、无危害，使人生理、心理得到满足的健康旅游环境。

（四）良性互动原则

良性互动原则主要是针对乡村旅游与人居环境之间的关系而言的。众所周知，人居环境的改善，有利于发展旅游，发展旅游又能促进人居环境的改善。

乡村旅游区规划建设的好坏以人的需要为评价基础，在尊重自然的前提下，充分思考人的活动需求和心理需求是建设乡村旅游区的出发点和归宿。人的需求可以归纳为两类：其一是当地村居民居住、生产、生活的需求，其二是游客游憩活动的需求。乡村旅游规划设计应该对两方面同时思考，基于投资回报的考虑，游客的游憩活动又具有主导性，要把最大限度地满足游客游憩活动的舒适性作为重点。乡村作为村民最重要的聚居环境，改善他们的住房条件，建设好他们的家园，则是基础性的民心工程，是当今各级政府和设计者的历史使命。村民兼有主人和游客的双重身份，乡村旅游地的建设，应该发动公众参与，让村民为自己的生存空间环境的改善而建言献策。

（五）社区参与原则

乡村旅游能否可持续发展，关键在于当地居民是否能够真正认识自己文化的价值，能否成为当地文化的主动传承者和保护者。社区全面参与是乡村旅游发展的内在动力，也是避免出现权力支配和利益分配不合理等现象的重要保证。因此，要遵循社区参与原则。

社区居民参与旅游发展必须渗透到各个层面，从个别参与到群体参与、组织参与，逐步实现社区的全面参与。一方面，居民要参与旅游经济决策和实践、旅游规划和实施等；另一方面，居民不应局限在谋求经济发展的层面，同时应重视环境保护与社会传统文化的维护与继承，参与森林资源的管理、参与规划和决策的制定过程。乡村社区的参与要能在规划中反映居民的想法和对旅游的态度，以便规划实施后，减少居民对发展旅游业的反感情绪和冲突，从而达到发展乡村社区旅游的主要目的，即要有效地进行经济发展和资源保护；在社区内建立公平的利益分配体系；增强当地居民保护资源的责任感，使其自觉地参与到旅游中来。

第四节　乡村旅游规划分类及模式

一、乡村旅游规划的分类

乡村旅游规划是旅游规划的一种特殊类型，因此，可将乡村旅游规划划分为乡村旅游空间规划、乡村旅游景观规划、乡村旅游形象规划、乡村旅游设施规划、乡村旅游生态环境规划、乡村旅游交通规划、乡村旅游土地利用规划等。

（一）乡村旅游空间规划

乡村旅游空间规划是规划师们和设计师们通过对乡村元素、环境的分析、推导，从区域经济学、景观生态学、环境心理学等角度规划设计乡村旅游空间情境，使旅游者与乡村环境进行空间对话，从而逐渐明晰乡村环境意象的过程。乡村旅游规划应根据经济形势发展的需求，从全局出发，站在乡镇甚至更高的层次综合部署，统筹安排。所以其规划涉及的物质空间就会更加复杂，不同类型的空间之间会出现相互渗透、交融的情况。要解决多层次、多类型的空间之间的矛盾，就必须遵循空间的分布秩序与规律，使乡村旅游和新农村建设、生产与生活相得益彰、各得其所。

（二）乡村旅游景观规划

乡村旅游景观的规划设计是一门涉及规划学、景观学、社会学、生态学、经济学等多学科知识的综合性交叉学科，是在乡村生产、生活、生态基础上，以旅游为导向，对乡村空间景观进行结构调整与优化，明确乡村景观空间层次、表达形式，注重乡村旅游资源的开发，调整优化乡村产业结构，推动乡村产业的转型升级，促进乡村社会、经济、环境可持续发展的一种综合性规划，是一个复杂的"巨系统"。乡村旅游景观规划将乡村的旅游资源进行整合，包括自然景观资源和人文景观资源，对这些旅游资源进行合理的开发，带动乡村旅游业与生态产业的发展，并围绕乡村旅游进行产业配套，发展乡村产业集群，走出一条适合乡村的发展模式。

（三）乡村旅游形象规划

乡村旅游形象规划是通过服务、实物和宣传，在公众心目中树立起来的关于乡村旅游独特的形象风格和吸引特质。

（四）乡村旅游设施规划

乡村旅游设施规划包括乡村旅游基础设施规划和乡村旅游服务设施规划。其中乡村旅游基础设施包含交通设施、给排水设施、电力通信系统、供暖与空调系统以及卫生设施；乡村旅游服务设施包含乡村旅游住宿设施、商业与餐饮设施、游憩与娱乐设施以及旅游辅助设施。

（五）乡村旅游生态环境规划

乡村旅游生态环境是支撑乡村旅游活动所依托的自然、文化和经济复合系统，优良的生态环境不仅是乡村旅游的核心吸引物，同时也是支撑乡村旅游可持续发展的重要基石。然而在乡村旅游项目开发中，保护意识薄弱、掠夺式开发和粗放式管理等原因造成生态环境系统失调和环境污染等问题。

（六）乡村旅游交通规划

乡村旅游交通规划是指旅游者利用某种手段和途径，实现从一个地点到达另外一个地点的空间转移过程的规划。从市域层面看，各种旅游交通方式在旅游客源地与目的地间（中心城与郊区县之间、郊区内部、景区之间及景区内部之间）的衔接，构成通达有序的旅游交通网络。

（七）乡村旅游土地利用规划

乡村旅游土地利用是在乡村旅游发展过程中，具有游憩功能，可以被乡村旅游业所合法利用的土地。

二、乡村旅游规划的模式

曹国新（2008）提出从象征的角度看，乡村旅游规划的实质就是将乡村生活从原有的环境、功能和意义中剥离出来，转换到旅游文化的环境之中，并赋予旅游经济的功能和意义的过程。基于上述观点，我国旅游规划界先后形成了下列三种乡村旅游规划模式。

（一）风格模式

这种规划模式认为，乡村生活的旅游资源价值取决于它的风格。风格是一种意象，存在于旅游者的审美理想之中。风格派的乡村旅游规划就是要发掘和纯化乡村生活的风格，为此，不仅要去掉与风格不符的部分，还应重建和新建按照风格的完美性所应该具有的东西。

风格模式的理论基础是旅游市场学，它有三个基石：首先是市场形象第一的原则。该原则认为，旅游规划的目的是构建市场形象，为了市场形象的"整体性"，可以根据市场调查，对固有的乡村生活进行增删。其次是旅游资源可调整的原则。该原则认为，由于旅游资源的价值产生于旅游者，因此，可以根据旅游者的需求对乡村生活进行分类、定义、区划和重新布置。最后是规划物的"不可见"原则。该原则认为，为了实现规划风格的纯正和完美，应该使规划新建物与增删之后的原生物融为一体，达到难以区分的效果。

强调风格的规划模式在我国出现最早，也是当前乡村旅游规划实践中的主流。典型案例如江南六镇拆毁现代建筑、婺源江湾重建萧江大宗祠、绍兴鲁镇居民穿着古装、周庄旅游设施做仿古处理等。这些建置有效促进了当地乡村旅游的发展，但也遭到激烈的批评。

（二）趣味模式

趣味的规划模式强调反对风格派。他们认为，风格派规划出来的风格统一、符合整体性的乡村，破坏了乡村生活历史传承的真实性，太浅薄了，没有趣味。他们崇尚"原生态"的乡村生活。原生态的乡村生活并不具备整一性，它是破碎的，保留了各个时代的痕迹。不同时代的痕迹叠加在当下的乡村生活之上，形成乡村生活趣味盎然的表现形式。趣味不是乡村生活本身具有的，而是穿越时间的整体环境创造的美，这种美是不可简约的，它能够予人以诗情画意。强调趣味的规划模式主张保持乡村生活的原状，尽量维护乡村生活的原生环境。为此，他们还提出了"不建设就是最好的建设"的口号。

趣味模式的理论基础是文化遗产学，也有三个基石：首先是原生环境第一的原则。该原则认为，旅游规划的目的就是要隔离旅游文化对乡村生活的渗透，尽量延缓旅游经济造成的商业化。其次是旅游资源不可移动的原则。该原则认为，"移动就是摧毁"，如果离开了原生环境，乡村生活就会失去固有的和谐与意义，因而是不可容忍的。最后是规划新建物的可见性原则。该原则认为，规划新建物应该建在村外，如果不得不建在村内，也应该尽可能靠边，并与村中原有的建设有所区别，以表现新产生的历史纵深。

（三）综合模式

综合的规划模式强调超越极性思维，讲求多元互动，形成了我国最新出现的理论流派。他们认为，既然乡村生活无法回避旅游的影响，那么好的乡村旅游规划应该综合考虑风格与趣味的诉求，经过深刻的权衡，最终做出选择，在两极之间的广阔空间中为乡村旅游规划找到恰如其分的位置。强调综合的规划模式将自己视作乡村生活自然演化的组成部分，因而，既要尊重乡村生活的历史传承，又要通过旅游规划重建乡村生活的现代意义。

综合模式的理论基础是旅游人类学，也有三个基石：首先是重新整合的原则。该原则认为，在乡村中，村民的日常生活和旅游者的旅游活动是可以并行不悖的，规划者应该将生活资源和旅游资源的价值整合在同一件规划物上，并由此实现乡村经济与旅游经济的整合。其次是规划新建物的可替代原则。该原则认为，规划新建物应该是功能性的，并且应该是可以被去除的。最后是开放规划的原则。该原则认为，乡村旅游规划应该保留开放性，使任何规划都可以在未来重新规划。

第五节　乡村旅游规划的基本步骤

方增福（2000）提出旅游规划是一个循环系统，是一个预测—实施—出现偏差—纠正偏差—再预测—实施—出现偏差—纠正偏差的一种不断修正提高的过程，每个循环包括8个阶段：准备工作；确定开发目标；可行性分析；制订方案；方案的评价与比较选择；实施规划；监控与反馈；调整策略。在制定乡村旅游规划时，依此基本步骤与方法进行。

一、准备工作

首先要召集不同领域的专家学者和管理人员组成一个工作小组，共同研究乡村旅游规划的经济、社会、环境、工程、建筑等问题。根据初步调查研究的具体情况，确定工作小组的人员，可以是市场与财务分析家、旅游行政管理者、旅行社管理者、饭店管理者、乡村管理者、社会学家、生态与环境专家、工程师、建筑师、地理学家、律师、园林学家等。同时吸收普通的市民和村民参与，有利于使规划成为更切实可行的方案，而不仅仅是专家的"课题"。

其次进行实地考察、市场调查、收集资料。这是一项非常重要的工作，必须认真完成。在以后的工作过程中，还要反复进行这项工作。

最后初步确定乡村旅游项目建设的主体形象、特色、旅游开发的规模、主要的基础设施和旅游设施等。

二、确定开发目标

要确定某一乡村进行旅游开发后，这个乡村以及周围地区的经济目标、社会目标、环境目标。这三个目标总的来说都要兼顾，但不同的乡村要有所侧重。同时，必须以满足旅游者的需求为实现开发目标的前提。例如，某一乡村是贫困村，现进行乡村旅游开发，其开发目标首先是社会目标（脱贫、扶贫），其次才是经济目标（致富、增加收入）。当然，不能以牺牲环境为代价而要兼顾环境，同时必须能满足旅游者的需求。确定开发目标还必须把经济目标、社会目标、环境目标进行细分，以便在规划中制定措施，保证开发目标的实现。

三、可行性分析

主要包括乡村旅游资源调查与评价、乡村基础设施调查与评价、乡村社会经济发展调查与评价、市场预测分析、成本效益估算、承载力分析。可以采取定性分析与定量分析相结合的方法进行分析研究。进行乡村旅游资源调查与评价、乡村基础设施调查与评价、乡村社会经济发展调查与评价时，必须做详细的普查，获取第一手材料，收集并总结已有的各种材料。在市场调查的基础上进行市场预测分析，要调查客源市场的各种情况以及潜在旅游者的特征、消费行为、消费水平等，从而发现并确定目标市场。成本效益估算中，要对项目进行财务分析，对投资风险与不确定性进行分析，决定乡村旅游项目的盈利能力、负债清偿能力、投资回收期、社会效益、环境效益。承载力分析包含经济、社会、环境的承载力分析。

四、制订方案

乡村旅游规划的方案应包括政策与操作规程两个方面。政策主要是经济政策、环境政策、投资政策、开发阶段等，操作规程主要是土地使用规划、各种设施建设规划、市场营销计划、人力资源配置与人才培养等。现行的规划方案必须包含以下几个部分：可行性研究报告、文化软件策划书、规划说明书、环境影响评价报告。同时，应有几个不同方案。

五、方案的评价与比较选择

可以采用本益分析、目标实现矩阵、AHP、专家会议法等方法进行评价，从中选择最满意（而非最优）的方案。无论何种评价法，都要考虑实现目标的能力、乡村旅游开发与政策的一致性、成本效益比、社会文化与环境效益、对其他产业的关联作用、对社会文化的消极影响等。

六、实施规划

实施即实质性开发工作，一般分为四个阶段：基础设施建设、旅游设施建设、经营、调整。

七、监控与反馈

含三个方面的工作：投入—产出统计、偏差评价与原因分析。在监控反馈中，同时要注意村民态度的变化情况，确保村民的积极性。

八、调整策略

对实施结果与预定目标进行对比分析，找出偏差的原因，调整目标或实施方案，修改规划，使之更趋向合理。

第四章
乡村旅游空间规划

第一节 乡村旅游空间规划的概念

一、旅游空间规划

空间规划的概念最早于 20 世纪 80 年代由欧盟提出并付诸实践。旅游空间规划是旅游各层面规划中的核心内容，具有指导区域战略定位、划分旅游功能区、进行整体组织结构搭建等重要作用。旅游发展与其自然空间、人文空间、权力空间和流动空间息息相关，毛焱等指出区域旅游空间规划是一门关于区域旅游功能定位和配置的学问，其实质是区域空间基于旅游路径的重新分配，是对区域旅游空间、空间关系以及空间中的旅游者行为和旅游活动予以规划的过程。旅游空间规划受旅游流、旅游吸引物、旅游行为、可达性等因素影响。在具体的旅游规划实践中，旅游空间规划常常表现为旅游功能分区和空间结构规划。旅游功能分区，即根据目的地各空间的旅游功能对其进行划分，按照旅游功能将其科学地组织联系在一起，如游览区、游客服务区、娱乐活动区。旅游空间结构规划，是旅游资源的分布、旅游产品的组合、旅游项目与旅游线路、旅游发展轴线等在空间上的投影，合理的空间结构规划有利于促进旅游区的发展。

二、乡村旅游空间规划

乡村旅游空间规划是在综合评价乡村旅游发展潜能的基础上，通过对乡村旅游优先开发的地域确定、旅游生产要素的配置和旅游接待网络的策划，实现乡村旅游空间结构合理及布局优化，主要包括土地利用规划、乡村空间布局和功能分区的规划、道路交通系统规划、公共服务配套规划、特色项目规划和基础设施规划等方面的内容。

乡村旅游空间规划是乡村空间基于旅游路径的重新分配。乡村空间指乡村各种不同类型土地的空间分布，包括生活空间、生产空间、生态空间等，是一定区域内乡村所有的要素所代表的空间形式，具有自然特性、领域性和功能复合性。我国幅员辽阔，由乡村空间和城市空间共同构成。乡村空间由乡村聚落空间和乡村区域内所有自然环境组成，即乡村、集镇和用于农业生产的园地、耕地以及林地、水体等。在乡村旅游发展背景下，传统的生活空间将逐步融合旅游功能，成为兼具生活与生产空间性质的旅游配套服务区。考虑到旅游业态的融入，在村民住宅用地规划基础上，以"镶嵌"方式布局旅游产业用地，形成土地复合利用；传统"自住型"农房可通过空间改造，转变为兼营餐馆、茶室、客栈等业态的"多功能住宅"，鼓励农宅多样化使用。在生产空间上，为适应乡村旅游发展，应转变低效的家庭式生产模式，对农地集约整理后用于发展旅游农业，实现农业产业化、景观化。在生态空间上，应遵循自然生态规律和景观生态学原理，以生态网络和绿色基础设施建设为目标，通过对"空心村""撂荒地""工矿地"进行土地整治，整合破碎斑块，缝补生态"破洞"，提升生态质量和生态服务功能，构建良好的乡村生态空间格局。

第二节 乡村旅游空间规划的目标与原则

一、乡村旅游空间规划的目标

乡村旅游空间规划是国土空间规划的重要组成部分，首先要在乡村振兴大背景下兼顾生态文明要求。譬如《生态文明体制改革总体方案》要求，构建以空间规划为基础、以用途管制为主要手段的国土空间开发保护制度，着力解决因无序开发、过度开发、分散开发导致的优质耕地和生态空间占用过多、生态破坏、环境污染等问题。构建以空间治理和空间结构优化为主要内容，全国统一相互衔接、分级管理的空间规划体系，着力解决规划重叠、部门职责交叉重复、地方规划朝令夕改等问题。"三区三线"划定是国土空间规划的核心内容之一，目的在于以确保主体功能区战略精准落地为基础，划定"三线"（城市开发边界、永久基本农田红线和生态保护红线），形成合理的"三区"（城镇空间、农业空间、生态空间）布局，构建国土空间精准管控的基本框架。"三区三线"的划定在空间上对乡村振兴规划起到了指导与限制的作用，尤其是永久基本农田红线和农业空间的划定，在后续的乡村功能单元规划和村庄规划中应当严格遵循。

其次，乡村旅游空间规划格局要大、谋划要远，绝不能画地为牢，仅仅囿于农民的需求。乡村振兴既然要城乡融合，今后的乡村肯定要有城里人生活的空间。过去和现在是年轻人进城，今后可能是城里的人才、资金和技术下乡，会形成一个流动和循环。城市是城里人的，也应该是农民的，事实上，不少乡村子弟早已在城市落地生根、安家立业，农民工的子女也已经在城市读书上学，只是政策上还没有给予相应的扶持；反之，乡村是农民的，也应该是城里人的，政府已经在鼓励回乡创业。在乡村振兴大背景下，城里人除了回乡创业，乡村旅居也是城乡融合的一个关键点，乡村旅居是城市人的现实需求，旅居可以为创业者带来机遇，也可以给农民带来收入，反过来又可以为旅居者提供舒适的条件。城乡一体化是大势所趋，城市和乡村都需要共享，乡村也许会成为一个崭新的未来社区和城乡人共同的家园。随着社会的进步、经济的发展，以及农民收入的提高，其对良好的生活居住、生产工作、游憩休闲等环境的追求也日益增长。因此，对于乡村空间，要做到科学合理地规划和引导，让村民切实享受到社会经济发展带来的成果，让农村成为安居乐业的美丽家园。

（一）聚落空间宜居宜业

改革开放以来，我国社会、经济等各方面均发生了翻天覆地的变化，农村经济也有了长足的发展，随着经济水平的提高及人口的增长，乡村的各项建设，尤其是住宅建设的规模在近二三十年间增长巨大，超过历史上任何时期。

大部分村庄在一定程度上向外扩张了一定的规模，同时村庄内部也发生着解体和重构。随着越来越多的农村劳动力进城务工，享受到现代化的城市生活环境，农民回归农村后，其对美好生活的追求并没有消失，越来越多的现代化家具家电等进入农家。

对于乡村而言，村庄是农民主要的聚集区，主要包括民宅、聚落及周围环境等。就农村的民宅而言，其功能特点与城市住宅明显不同，城市住宅属于消费型的商品，是住户通过商业手段（大部分是购买形式）得到用于居住的场所，而农村住宅则具有居住与劳作的双重属性。

首先，农民在得到住宅的途径上，往往是自己参与建设的全过程；其次，从功能上讲，农村住宅不仅要满足包括起居饮食在内的生活居住功能，同时也为农民的生产经营提供便利，因而农宅往往具有较大的储藏空间、院落、晒台等配套空间；最后，从生活方式上讲，由于农村的经济水平有限，社会提供的各类综合服务不完善。当前，随着部分农村经济水平向城市接近，以及村镇的城市化和农民生活方式的改变，一部分农宅开始向消费型过渡，这些现象在城市近郊区比较突出。那么，在进行乡村规划的时候，要从乡村的特点出发，设计符合农民生活生产要求的建筑，营造宜居宜业的空间，同时要考虑房屋建造的经济性、非商业性和可变性。建造住宅对于农民而言，是一个相当巨大的经济负担，农村住宅的造价水平直接依赖于农民个体家庭的经济收入情况。尽管近年来农村经济有了飞速发展，但由于起点低，低造价依然是农宅建造的一个广泛前提，面积、材料、工艺都要受到造价的约束。由于受到社会环境和住房政策的影响及限制，农宅建造具有很大的非商业性。农村宅基地是作为一项国家福利，由政府批给村民的，而土地使用权的转让一般只允许在本村的小范围内进行。由此，农民通常会自己动手建房，雇用少量本地的劳力，基本上全程参与到住宅的建设过程中。住宅建成后为农民自用，很少出现转卖现象；随着一户一宅等政策的实施，农村住宅买卖现象将更少发生。由于农民住宅一经建成，之后十几年甚至几十年都是该家庭的居住之所，所以农宅必须具有足够的可变性来适应家庭结构的变化，农宅通常运用最单纯的空间结构来适应不同的使用。

（二）生态空间绿色自然

2018年中央一号文件第四章的标题是"推进乡村绿色发展，打造人与自然和谐共生发展新格局"，并提出：乡村振兴，生态宜居是关键，良好生态环境是农村的最大优势和宝贵财富。

农业农村生态环境保护是新时代生态环境保护的重要内容，我国农业发展不仅要杜绝生态环境欠新账，而且要逐步还旧账，通过打好农业源污染治理攻坚战，推进农业绿色发展，建设绿色自然的乡村生态空间。

乡村的良好生态环境是乡村振兴的重要基础，可以想象，如果乡村生态环境恶劣，基础设施及公共服务设施又无法和城镇相比，如何能够留住村民、吸引人才，如果人口大量进城，尤其是青壮年外出务工并定居城市，乡村的建设、管理等各项事业也就无从谈起，乡村振兴也只能是一句空话。

而青山绿水得以保留，生态环境宜人，同时产业兴旺，能够为村民提供丰富的就业岗位或渠道，必将吸引人才回归，共创美好乡村，实现乡村振兴。

（三）基础设施安全可靠

据第三次全国农业普查数据：十年来，我国乡村基础设施建设力度持续加强，农村人居环境改善比较明显，基本的社会服务不断向乡村地区延伸，乡镇多类基本社会服务近乎实现全覆盖。

到2016年年末，几乎所有乡镇都建有现代的交通和能源通信等基础设施，其中部分基础设施正在提档升级，所有乡镇人居环境均有明显改善，乡镇公路基本实现"镇镇通"。

农村交通条件改善，基本实现与外界互联互通，农民出行更加便捷，这些为乡村振兴奠定了重要物质基础。通过多年的农村电网改造，几乎所有农村都通上了电。通宽带互联网的村占比约九成，即便是西部地区，通宽带互联网的村占比也近八成。

但与城市相比，与农民对美好生活的期待相比，我国乡村有些基础设施仍然十分薄弱，区域间差距仍然较大，仍然是全面建成小康社会和新时代中国特色社会主义现代化的突出短板。生活污水集中处理覆盖的村还比较少，2016年年末生活污水集中处理的村占比不足两成，其中中部和西部地区约一成，而东北地区不足一成。

我国实施乡村振兴战略，在农村环境整治中，垃圾、水体治理和村容村貌提升是主攻方向之一。展望未来10年，需要优先打造城乡一体和相互融合的基础设施和社会基本服务格局，基本消除农村地区间基础设施的差距，使乡村更加生态、更加美丽宜居。

（四）服务设施完善便利

根据相关部门的调查显示，农民最关心、最急需、最直接和最现实的基本公共服务，包括基本医疗卫生、义务教育、公共基础设施、最低生活保障、农技支持、就业服务、生态环境保护、社会治安、金融支持等，其中对公共医疗卫生、义务教育最为关注。

农民自身的诉求也非常强烈，大量调研结果表明，村镇公共服务设施亟待改善，在部分村庄，对公共服务设施的需求大大超出了对给排水、采暖等基础设施的需求。

相对而言，乡村的公共服务设施在数量上、质量上都普遍存在不足，滞后于社会经济发展水平及村民的实际需要。许多公共服务设施在部分农村地区相当缺乏，一些偏远的村庄甚至根本没有设置基本的、必要的公共服务设施，部分村庄内的公共服务设施用地、用房等得不到落实，存在租用民宅或和其他设施混用的现象，这些都给村民的生活造成很多不便。

随着村民素质及意识等各方面的提高，对公共服务设施的需求和渴望程度也逐步提高，普遍希望享受到和城市居民一样完善便利的公共服务设施。

（五）公共空间功能复合

农村的公共空间是一个社会的有机整体，是农民从事农业生产、集会、休闲等的主要场所，其功能相对于城市的广场、公园等，更为复合多元。

乡村公共空间一般为人们可以自由进入并进行各种思想交流的公共场所。例如，位于村庄中的寺庙、戏台、祠堂、集市等场所能够满足村民组织集会、办红白喜事等活动。

随着社会的发展，乡村公共空间的功能将更加复合化，从发展历史及现代化的使用要求来看，主要有乡村信仰、乡村生活、乡村娱乐、乡村政治等方面的使用要求。乡村信仰公共空间多指农民从事祖先祭拜、民间信仰、宗教信仰等活动的空间及场所，如祠堂、寺庙等。尤其是在家族聚集的乡村，祠堂是从事信仰活动的主要场所，主要涉及孝道等伦理道德文化，对于规范代际关系、凝聚宗族力量具有重要作用。不仅如此，祠堂还具有团结宗亲、维系社会秩序的实际功能，在调解村民纠纷、救济贫困、维护社会治安、邻里生产互助等方面发挥着重要作用。另外，民间信仰活动是一种具有地域性、自发性、草根性的非制度化信仰，一般指植根于乡村传统文化，经过历史长河积淀并延续至今的有关英雄、历史人物等的信奉，主要信仰空间有土地庙、关公庙、观音庙、山神庙、龙王庙、财神庙等场所。这些空间以及以此开展的相关活动潜移默化、润物无声地影响着农民的道德伦理、行为规范。

农民有交往、表达、参与、分享的需要，各种聊天场合就为他们提供了相互交流、沟通感情的平台空间，农民在闲暇时间一起在村头、树下、河边、商店门口等公共场所聊天。另外，公共空间是婚丧嫁娶、生老病死、建房、考上大学、过寿等人情事件过程中发生的各种仪式、举办酒席、礼物交换的空间载体。随着农业科技的进步和农村生产力水平的提高，农民物质生活水平也日益提高，开始拥有越来越多的闲暇时间，他们需要更多的精神享受和文化娱乐。

公共空间可以为农民提供文化需要，在没有增加农民货币支出的情况下增加农民的幸福快乐，是一种"低消费、高福利"的文化生活方式。娱乐性文化活动为农民在农忙之余提供了相互交往、相互联系的公共空间，娱乐的同时也成为农民的一种健康文化生活方式。

（六）经济空间体系清晰

传统乡村以农业为主，其主要经济活动为农业种植、家禽家畜养殖。一般而言，村庄外围多为耕地菜地、养殖水塘等空间，同时家家户户的住宅还附带猪圈、牛棚、鸡窝等家禽家畜的养殖设施，形成自给自足的生活模式。

改革开放初期，我国开始实行了家庭联产承包责任制，导致了现在农村的整体经济格局仍以分散的小农经济为主，农民的劳作仍处于整个社会生产链条的最低端，缺乏附加值。

国务院《关于实施乡村振兴战略的意见》中明确提出：乡村经济要多元化发展，要培育一批家庭工场、手工作坊、乡村车间，鼓励在乡村地区兴办环境友好型企业，实现乡村经济多元化，提供更多就业岗位，满足村民就地工作需要。

在市场经济条件下，生产要素必然遵循普遍的经济规律和效率优先的原则；打破地域和所有制界限，投向效率和效益更高的地域和产业，自主追求资源的优化配置；开放的农村，已经打破过去社区型集体经济组织一统天下的局面，存在着多种经济组织；乡村经济实体之间的联合与合作、外来生产要素的涌进，将使过去固有的以村集体经济组织为主体的经管体制快速分化、异化。

（七）社会组织服务高效

随着工业化和城镇化的快速推进，农村综合改革逐步深化，各项支农、惠农政策不断完善加强，我国农村社会发展水平及服务水平不断提高。同时，由于农村社会结构、农业经营体系以及农民思想观念等的变化，对乡村治理及社会服务提出了更高的要求。乡村社会组织的高效服务能力，对于确保农村社会和谐稳定、农民群众安居乐业、城乡协调发展具有重要的意义。

随着城乡一体化进程的不断深入，城乡统筹发展步伐的加快，农村封闭保守的社会格局已经打破，城乡间的人口流动速度加快，农村的生活生产方式、农民的思想价值观念逐步转变，群众的民主法治意识也明显增强，利益需求日益多元化，各种利益诉求不断出现。

为此，各级政府及社会阶层需要从群众的切身利益出发，通过构建预防和化解社会矛盾的体系，积极拓宽农民利益表达渠道，积极提升农村社会治理服务水平，推进农村社会治理主体多元化。在强化党组织和政府自身建设的同时，发挥社会组织的协同作用，使各种社会服务能够高效地提供。

（八）本土文化独特活跃

乡村文化是在乡村这种特定环境下形成的特有文化，它的主体是村民，千百年来在他们中间不断发展、传播。乡村文化是指与当地的生产生活方式能够紧密关联在一起，并且能够适应本地区村民的物质精神两方面需要的文化。

我国的乡村文化是建立在传统农耕经济基础之上的农业文化形态，广大农民是乡村文化的主体，他们在长期的生活实践中创造并不断发展着乡村文化。另外，农民特定的生活方式是对乡村文化产生影响的最主要元素，农村现有的生产力发展水平和生产关系特点使乡村文化深受影响。此外，农村承担着乡村文化传播和发展的重任，是乡村文化的载体和依托。

我国新型乡村文化建设的过程，就是使乡村文化由传统型向现代型转变的过程，意味着数亿农民生存方式和价值观念的根本性变革，意味着乡村文化主体的农民形象的再塑造。

改革开放以来的新农村建设视域中的乡村文化建设，是在广大农村建设和谐、生态、文明、科学、现代的乡村文化和乡村文化状态，以满足广大农民多样化的文化需求和保障农民的文化利益，缔造新的乡村精神和乡村理想。其中既包含乡村生产生活方式的现代化、农民观念和乡村精神的重塑，也包含乡村文化机制获得创新与多元发展，以及乡村文化活力的激发和乡村文化生态的改善等。

二、乡村旅游空间规划的原则

规划是手段，空间是载体，任何规划理念最终都要落实到空间这个载体上才得以实施。乡村旅游规划应根据经济形势发展的需求，从全局出发，综合部署，统筹安排。

（一）环境共赢

乡村旅游环境由区域生态环境和微观人居环境两个部分组成。生态环境是乡村旅游发展的基础，乡村旅游发展能否持续，主要依靠乡村生态环境与农村人居环境的整合与提升，在空间组织上就表现为自然环境和人居环境的和谐。

（二）虚实结合

从本质上来讲，乡村旅游空间规划是农业社会的物质环境空间规划，其村落环境是一个相对独立完整的社区，从西湖风景区的村镇规划中不难看出，实践中已经大量采用社区规划的策略和理论来进行空间规划。因此，结合赵民、赵蔚提出的空间规划四大要素——主体、隐体、连体、载体与旅游相关理论来进行乡村旅游空间规划的理论要素搭建是很有必要的。

主体指作为社区内部的人的研究；隐体指社区内部趋同的价值观和认同标准；连体指社区内部的组织机构；载体指的是社区的空间环境布置。作为空间规划角度出发的载体是"实"，而作为看不见的另外三者就是作为"虚"，在打造"实"之前，要先"务虚"，将前三者的关系梳理得当，预测准确，才能将"实"的效益做到客观严谨，也即"虚实结合"。

（三）空间核心

在实践环节中，通过各个案例全方位的解读不难发现，几乎所有国内外的案例都不约而同地将环境综合治理放在同一规划、空间布局的第一步，也是最核心的一个部分。也就是在二元社会的语境下，先满足基本的卫生、干净是新农村规划的最重要环节。因此，空间规划的核心价值是物质环境的规划布置，作为形态的载体空间的设计是空间规划落到实处最本质的关键。

空间环境布置的核心内容有以下几个与形态相关的要素：①总体结构；②居住组团设计；③公共服务设施设计；④集市贸易；⑤市政布置道路交通；⑥景观环境；⑦建筑形式。

第三节 乡村旅游空间规划的内容

乡村空间规划是国土空间规划的重要组成部分。《中共中央 国务院关于建立国土空间规划体系并监督实施的若干意见》提出，到2035年，基本形成生产空间集约高效、生活空间宜居适度、生态空间山清水秀，安全和谐、富有竞争力和可持续发展的国土空间格局。乡村旅游空间规划要坚持人口资源环境相均衡、经济社会生态效益相统一，打造集约高效生产空间，营造宜居适度生活空间，保护山清水秀生态空间，延续人和自然有机融合的乡村空间关系。乡村旅游空间规划的重点内容，具体包括以下几项。

一、村镇结构功能优化规划

乡村是由村庄和集镇共同组成的一个有机联系整体。统计资料显示，2016年全国有集镇10872个、行政村58万个、自然村270万个。2006—2015年，乡村人口向城市转移了1.9亿人，乡村建设用地不但没有相应减少，反而增加了255万公顷，2016年全国人均农村建设用地面积为325.58平方米。各地村镇规模大小不一，分布地域不同，职能和特点也各异，但总体上村镇布局较为分散。不同等级的村镇间往往存在着紧密联系，从而在空间上构成一个具有一定特点的村镇体系。从自然禀赋、区位条件、特色优势、村民意愿、上位规划等方面分析研究村镇体系的合理结构与空间布局优化，是乡村旅游空间规划的重要切入点。

二、基本公共设施改善规划

主要包括交通、给水、排水、环卫、电力、电信、防灾以及停车场、体育设施、文化广场、康复医院、学校、儿童游戏场、游憩休闲设施、绿色基础设施、行政管理、社区服务、农田基础设施等空间布局和改善规划。要统筹配置各类基本公共设施，明确乡村各类基本公共设施的位置、规模、容量及工程管线的规格、走向和等级等，构建扁平化的村镇公共设施网络结构。

三、资源生态空间保护规划

主要包括水土资源以及野生动植物栖息空间及场所的维护、土地肥力和潜力的维护、自然及景观的安全性和多样性维护、重要景观断裂点的修复和再生、防治水土污染，以及增强气候变化的适应能力等。在国外的乡村建设中，自然保护措施占有很大的份额。例如，德国在过去的15年里资源生态空间同比增长了40%。核心是明确主要水源地、自然生态保护区、风景名胜区核心区等生态敏感区分布范围，划定禁止建设区、限制建设区和适宜建设区。

四、乡村文化基因再生规划

要在乡村文化基因系统调查和梳理的基础上，着重挖掘不同地域、不同文化背景下乡村自然环境、历史文化、民俗风情的特点，加强对田园景观、山水文化、古村落、古建筑等历史文化整治的再生规划，提炼和彰显当地的文化特色。例如，研究者在嘉善县进行乡村文化基因再生规划时，根据该县的水乡建筑风貌、水乡风土人情、历史文脉、文化瑰宝等地方特点，进行了文化复兴工程总体布局规划，包括中国田歌体验中心、"风雅西塘"提升项目、千窑之窑博物馆、"大往遗址"提升工程、世界纽扣艺术宫、竹枝词之路等，对传承当地文化基因、打造更美好的生活品质起到了积极的促进作用。

五、土地开发利用保护规划

乡村地区空间规划的目标定位需要把土地的多功能开发利用和保护放在更突出的地位，这是最重要的基础和根本。土地具有多种功能，除了粮食生产等商品性生产功能外，还具有调节水文等生态功能，提供田野风景、保持传统农耕文化等景观文化功能，以及建设空间储备等非商品性生产功能。应当建设加强以耕地质量为核心的地力建设，推进土地的复合利用，提升具有耦合关系的多种产出与效益。同时，通过土地开发利用保护规划，合理划定各种用途区域，如永久基本农田保护区、休闲旅游度假区、生态湿地保护区、文化景观保护区、乡村社区建设区等，为国土空间用途管制提供科学依据。

六、乡村发展活力项目规划

通过项目规划创造乡村发展活力，是乡村地区空间规划的核心内容。2004年世界经济活力与可持续发展组织将经济活力定义为：一个社区的经济竞争能力、适应能力，以及对私人企业和公共企业的吸引能力；具有经济活力的社区能够为居民提供满意的就业等经济活动以及长期可持续性的生活质量；能够随时发现机遇和把握机遇，致力于居民福利的增加；能够鼓励和承认社区居民和企业的创新、勤奋、品德高尚，以及参与社区活动。乡村地区空间规划要围绕乡村发展活力的重点，开展相关发展项目的筛选和合理布局，如产业发展项目、旅游休闲项目、村庄更新项目、农田整理项目等，切实提高乡村发展的活力与吸引力。

第四节 乡村旅游空间规划的类型

乡村旅游空间规划，主要就是在充分了解乡村旅游资源要素构成及其特征的基础上，对其进行空间和时间上的规划。首先，需要从区域发展的视角来审视乡村旅游的发展，跳出乡村，从区位、资源禀赋、社会状况、产业基础等条件分析其建设和发展的可行性。其次，要从乡村自身角度，统筹安排生产、生活和旅游空间。

规划立意，意存笔先。乡村旅游空间规划首先要认识乡村文化特色、乡村空间关系和乡村环境的含义。乡村旅游的规划过程，是由内及外、再由外及内的反复过程。在这个规划的过程中，既要深刻地领会文化内涵及其主题特征，又要客观地评价和审视历史与现实条件，将客观条件融入主观意识中，并贯穿在整个规划体系中。由此，乡村旅游空间规划策略应在保持乡村原始风貌的基础上，共同规划乡村空间结构及空间环境特色与周边区域空间环境，统一布局。

空间思维是人利用空间概念对思维对象进行分析、对比、推理，以寻求解决问题的途径和方法。它强调空间位置的重要性，是一种复合式的思维。运用到乡村旅游的空间规划，它分为三种类型：点、线、面（见图4-1）。

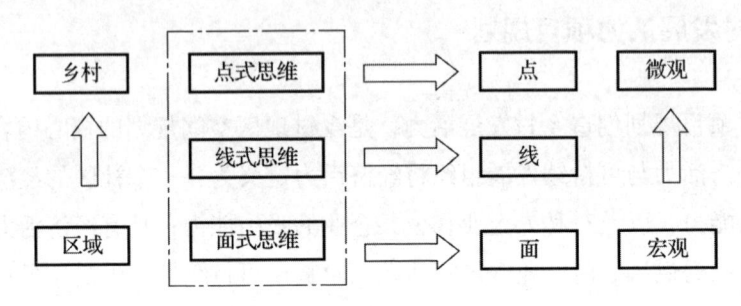

图 4-1　旅游型新农村空间规划策略

一、点的规划

点式思维是在将客观现象看作有机联系的统一体的基础上，运用整体观点，通过对事物一个"点"、局部或某一个体的深入研究而观全局的一种思维形式。运用点式思维指导乡村旅游空间规划，首先应把握乡土元素，认识乡村的特殊背景，只有这样才能把握乡村旅游的本质。

点是在空间上与周围环境不同的非线性区域，而乡村旅游空间中的"点"在生态意义的基础上，它更侧重于游客的需求。"点"就是促使游客前往乡村进行旅游活动的核心旅游资源吸引物。它是旅游型新农村在不同程度上表现出来的焦点和汇聚点，要因地制宜地开发乡村旅游点，体现区域个性特色。

"点"规划内容是通过某个或者几个景点或者项目来带动整个区域的发展。它是一个相对广泛的概念，可能是一个广场，也可能是一个中心区。总之"点"是乡村旅游结构和功能的转换处。根据消费者的消费心理，对游客具有吸引力的要素一般具有与其常住地不同性质特征的自然环境和人文资源，所以旅游目的地必须具备特色的旅游资源吸引物。因为乡村旅游发展所依赖的资源差别性很大，所以乡村旅游空间组织的规划一定要符合乡村自身的特色和特点，必须与本乡村的自然、历史、人文等情况相符。按照其特点大致可以分为两种类型：①人居点。人居点指乡村中的人工环境，是乡村居民生活的单元空间。人居点按照性质可以划分为公共空间和私人空间两类。从旅游开发角度来看，私人空间应该具有强烈的地方特色。公共空间多为乡村居民之间进行交流的空间单元，譬如乡村中的晒场、祠堂。私人空间的总体面积一般比公共空间大，起到突出地方特色作用；公共空间一般数量较少，但其单个面积比个体私人空间大，建筑体量也比较宏大，起到了凝聚私人空间的作用。②民俗点。民俗点是指乡村的民俗风情和民族文化。乡村民俗点在空间上的表现，一般要与人居点进行结合。譬如龙舟节要依托河流水道进行，苗族的踩歌堂要借助公共空间进行。

二、线的规划

线式思维是指对客体做单一定向的思维。这种思维形式表现为思维对象突破实物的空间范围进入概念空间，与思维背景进行单向比较，显示出向着一个方向延伸开来的直线，它不涉及认识对象的诸多方面，只涉及认识对象的某个方面。运用线式思维进行乡村旅游空间规划，需要考虑乡村元素的历史演变，乡村旅游开发的前因后果，以便采取行动措施，弥补缺陷。

线的规划是指不同于两侧环境的狭长空间区域，其纵向两端通常与大型点状空间相连。线有连接度、曲度、环度等评价指标。在乡村旅游空间中，线性要素往往会兼顾风景展示和交通功能，形成风景交通线。其作用是连通景点与景点之间、不同功能区之间的旅游交通景观线路。做得比较好的乡村旅游在进行"线"规划时，通过调查游客在旅游途中的心理特性，设计时考虑符合人体工程学的较有效的动态视线，按人性化的顺序推进，以构建理想的空间结构，呈现最佳的效果。由于连接对象的不同，可将其分为三种类型：①联系功能区与功能区之间的空间地带；②联系功能区与景点之间的空间地带；③联系景点与景点之间的空间地带。

三、面的规划

面式思维是指顺着一定的面扩散生发的软性思维形式，其特点是随意跳跃，可塑性强，辐射面宽，思路开阔。乡村旅游空间规划并不是就乡村旅游空间论乡村旅游空间，而需考虑整个乡村地区的开发，具有极强的扩散性，这根源于乡村资源及社会环境的多样性与分散性。复杂化的乡村资源与各异的人文环境相互交错、相互渗透，又造就了丰富多彩的乡村生态、文化环境。

面是构成乡村旅游空间的主要元素。在此可以解释为，乡村旅游是由不同的"面"组成的，也可以说是由不同的功能区组成的。这种"面"可以形成一种具有特殊意义的环境关系，称为环境面域。而当游客走进某个面域时，就会感受到强烈的"面域效应"。

按照功能区分，可分为人类主要的活动聚集区以及为人类活动提供必要条件的各种建设区。在乡村旅游中包括了生产空间、生活空间和旅游空间，空间有机地叠合在农村和旅游两个主体上。用地空间的规划，在于利用旅游型新农村开放性的特征，在整体空间规划的指引下，促进村民生活空间、生产空间和游客旅游空间的融合。因此，在用地空间结构搭建的过程中，不仅要顾及村民生活、生产的需求，还要创新旅游资源，主动构建网络化的空间结构。网络化空间结构是建立在乡村已有的建设基础上的，故其重点应该充分预见乡村建设发展，再做好旅游空间的布置。首先，应该依据乡村社会经济发展现状，并结合现状用地的分布状况，整合零碎空间，并为乡村发展预留充足的用地。其次，依据开放融合的原则，选取一些可达性高、具有良好开发条件的区域，甚至是村民的生产耕作区，一并纳入旅游空间进行开发，使游客能切实地感受到乡村真实淳朴的氛围。通过建立网络化用地空间结构，拓展村民生产、生活空间的同时，打破传统旅游空间的单调性，也消除空间流动的瓶颈，使其变得生动。村民生产、生活空间和游客的旅游空间共同为用地空间布局规划指明了方向，并为各类用地空间的互动发展提供了基础。

第五节 乡村旅游空间规划的理论基础与策略

一、乡村旅游空间规划理论基础

(一)"点—轴"理论

"点—轴"模式最早由波兰经济学家马利士和萨伦巴提出,是一种基于增长极模式发展起来的区域开发模式,不仅成为当前区域开发中的基础性理论,也被广泛应用于实践。"点"也就是增长极,是优先增长的地区,"轴"是指开发的重点由点转向轴线,形成沿轴线的渐进扩散。在区域的空间结构中,通过点轴结合、由点到轴、由轴到面的空间扩散,交织成区域空间网络。在这个过程中,极化作用慢慢减弱而扩散作用逐渐增强,最终整体区域网络趋于均衡。"点—轴"发展模式经常被运用于旅游业的发展,其中"点"在旅游发展中是指具有优势区位、良好资源或一定规模的城区、镇区、景区等旅游节点;"轴"是指交通干线、水体轴线、山体轴线、通信干线等区域内的"基础设施束",在不同的地域空间范围内形成不同等级的旅游发展轴。在旅游空间体系发展中,通过旅游轴线连接各个旅游节点,或者旅游轴线上形成旅游节点,并作为增长极吸引周边具有旅游价值的资源集聚,形成核心旅游片区,进而向周边扩散,带动周围其他资源的开发,最终带动整个区域空间体系均衡发展。

(二)"核心—边缘"理论

"核心—边缘"理论是由美国区域规划领域的专家弗里德曼提出的。"核心"是指拥有区位、资源、历史等优势而形成的核心区,"边缘"是指相对核心区来说自身优势不显著而形成的整体发展相对落后的边缘区。在整体的区域空间发展中,这种"核心—边缘"的状态不是一成不变的,两者之间也没有固定的界限,通过联系不断调整空间关系并最终达到区域空间一体化的均衡态势。"核心—边缘"模式适用于旅游业的产业和空间发展,尤其是在乡村地区旅游发展中的运用更为显著。一种是城市边缘型，大多数的乡村旅游活动起源于城市边缘区，在发展中依托中心城区资源形成环城游憩带，为城市居民提供休闲娱乐空间；另一种是景区边缘型，主要指在乡村腹地内的乡村旅游发展往往依托成熟景区展开，实现市场、配套、服务等资源共享。

（三）旅游空间竞合理论

竞合理论被广泛运用于经济学、地理学等领域。一方面是各组织通过互相配合形成相互补充和促进的有机整体，另一方面则是相同或相似的组织通过相互竞争而互相制约，这种竞合状态在旅游空间组织上表现得十分突出。随着大众休闲时代的到来和全域旅游理念的逐渐深入，旅游市场竞争日趋激烈，一方面，区域间的旅游交流和联动日益密切，另一方面有着相同或者相近旅游资源禀赋的景点或区域通常面临竞争，其结果可能是一个旅游区发展而另一个则逐渐衰落。竞合理论正是倡导竞争之下的合作，以及通过凸显自身特色以及区域经济效益可持续发展来实现区域旅游一体化发展，最终实现双赢或多赢的区域旅游格局。在实践中，通常会和可持续发展理论、资源禀赋理论、空间结构理论等理论相结合，以探索旅游空间竞合发展之路。

（四）图底理论

图底理论主要研究城市建筑实体与开放空间之间的形态规律。它从物质层面出发，认为任何城市的形体环境都具有类似格式塔心理学中"图形与背景"的关系，建筑是图形，空间是背景。而乡村旅游空间设计也需要运用图底理论，通过控制图底关系来保证乡村旅游空间的整体性与秩序性，同时通过图底分析表达和剖析乡村景观（图形）与乡村环境（背景）之间的关系与联系，其目标是建立一种不同尺度大小的单独封闭而又彼此有序联系着的空间等级系统。

（五）联系理论

联系理论致力于研究城市形体环境中各构成元素之间存在的"线性"关系规律。这些"线"包括街道、人行步道或者其他实际连接城市各单元的线性元素，如视廊、轴线等。联系理论应用于乡村旅游空间设计的目的就在于通过乡村旅游产品线、乡村旅游游览线及深层次的乡村景观信息链、乡村历史文化链组成乡村旅游空间，明确空间秩序，建立不同层次的空间结构。

（六）场所理论

场所理论认为，空间是一个有目的的、受约束的虚空，具有充当联系物的潜力，只有被赋予文化和区域内容所发生的文脉意义之后，才能变成"场所"。尽管乡村旅游空间的类型可基于其物质特征来确定，但是当一些社会的、文化的和感知的因素融入后，这些内在的和外在的因素相互作用，乡村旅游空间意境就会一下子变得复杂多变。场所理论是要挖掘乡村历史文化内涵融于自然景观之中，使之符合乡村旅游者的心理需求。可以说乡村旅游空间规划设计是在点、线、面的空间思维的指导下，结合图底理论、联系理论、场所理论，实现从宏观到微观、从规划上升为设计的循序渐进的研究过程。

二、乡村旅游空间规划策略

（一）乡村旅游空间整合

乡村旅游空间整合是要协调乡村的旅游空间系统与乡村整体空间系统的关系，围绕乡村的生产、生活、生态空间，通过规划对乡村旅游的空间进行布局。

确定整体空间布局。依托乡村地区优势旅游资源，考虑乡村地理位置、交通通达度、自身资源稀缺性等因素，确定乡村旅游发展的总体布局，并确定旅游活动用地与服务用地。对乡村旅游地进行功能分区，按照满足不同旅游需求和旅游目的地管理的需要，进行主题性空间区域划分，对旅游产业系统各要素及其集成系统进行空间安排，形成合理的空间结构。

设施与道路交通整合。乡村的公共服务设施配置标准应遵照国家规范，参照地方标准，指导具体的公共服务设施规划建设，布局要结合乡村具体规模和整体空间布局，满足村民基本生活需求。通过对现状道路系统和总体规划中道路系统的研究，对乡村主道路网进行梳理，乡村旅游交通设施包括村落外部交通、村庄内部道路、停车场、服务驿站、特色风景道、指引系统等。

（二）保护乡村生态完整性

保护乡村生态环境要从整体入手，建设生态景观体系，同时乡村空间环境要保留原有的肌理和空间形态，注重规划建设时与地形地貌、建筑等相互融合。要保护自然，保留其独特田园风光，保存独特的地区性与乡土性。建筑建设要运用本地材料与施工工艺，注意保留文化符号。规划时要保护好原来的地形地貌特征，利用原有地形设计景观，避免大拆大建，要注重考虑街道的尺度和空间的变化，保留乡村的韵味，不千篇一律地建设。

（三）保持乡村肌理原生性

乡村肌理是乡村经过漫长的历史变迁中，自主选择、不断发展形成的，乡村的发展应以不破坏原有乡村肌理为前提，注重对村内原本街巷空间的保护，延续其原有的历史感，同时配套必要的基础设施，梳理村内交通；村内建筑的保护应注意与乡村整体风貌的协调，采用贴近原本的建筑材质，就近取材，使乡村肌理可持续地传承下去。

第六节　乡村旅游空间规划典型案例

鲁家村，美丽乡村精品示范村，全国首个家庭农场集聚区，"开门就是花园、全村都是景区"的中国美丽乡村新样板。位于安吉县递铺街道，村域面积16.7平方公里，以山地丘陵地形为主，现有610户，2156人。2018年，村集体经济收入400万元，农民人均收入38812元。先后荣获首批国家级田园综合体示范点、首批国家农业产业融合发展示范园、全国十佳小康村、全国乡村旅游重点村、国家森林乡村、全国乡村振兴示范村等各项荣誉。

近年来，鲁家村在习近平总书记"绿水青山就是金山银山"理念指引下，深入推进人居环境建设，大力培育家庭农场，积极发展农事体验、乡村休闲等新产业、新业态，加快推动一、二、三产业融合发展，实现了落后村到明星村的华丽蜕变，先后获全国十佳小康村、全国农村优秀学习型组织、省级卫生村、省级森林村庄、省级美丽宜居示范村等荣誉。

鲁家村坚持守护绿水青山，大力改善人居环境，高标准实施道路硬化、庭院绿化、村组亮化、水源净化、村庄美化"五化"工程，完成了鲁家湖、游客集散中心、文化中心、体育中心"一湖三中心"基础设施建设。积极转化美丽成果，大力发展美丽经济，实行村庄规划、产业规划、旅游规划"三规合一"，发展桃花、葫芦、野山茶等各具特色的18个家庭农场，开通全长4.5公里的观光小火车，环线串联起18个家庭农场，组合成全面开放式4A级旅游景区。"田园鲁家"核心区完成20多个农业和休闲旅游项目签约，累计吸引各类社会资本20亿元。

《安吉开发区（递铺街道）鲁家村村庄规划》是通过家庭农场的开发，把鲁家村建设为经济发达、社会和谐、交通便利、环境优美、文明卫生、设施配套齐全的家庭农场集聚区和示范村。结合鲁家村本地的生态水文资源对鲁家村进行规划设计，以"生态、生活、生产"三生合一，"农业、旅游、文化"三位一体，"一产、二产、三产"三产合一的方式理念，规划打造集生产、观光、研学、亲子、养生、休闲于一体的乡村旅游示范区，全面构建集循环农业、创意农业和农事体验于一体，形成产业布局合理、服务体系完善、农村环境生态的田园综合体。如图4-2所示，是依托省道将用地自然划分为东、南、西、北四个农场集中分布区域，以大型集中停车场和中转中心形成鲁家村内部人流和交通的集散核心，将游客引导分散至各个特色农场。

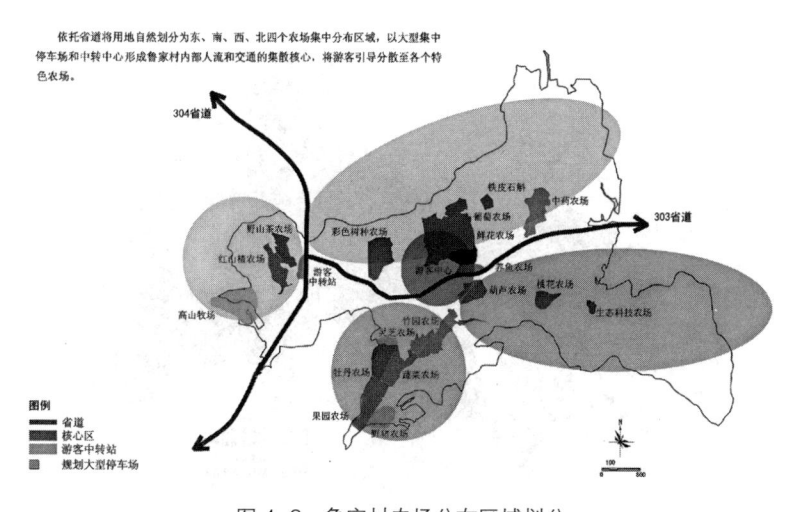

图4-2 鲁家村农场分布区域划分

鲁家村产业规划布局是以发展生态经济为目标，家庭农场为载体，规划形成了四大产业区：美丽乡村经营区、中药观光种植区、生态林业保护区、现代工业区，同时，形成了四大主题区。

（1）休闲度假区，体验农家生活，感受乡土气息，种农家菜园，吃农家菜，满足游人"吃农家饭、住农家院、享农家乐"的各种需求。

（2）家庭农场示范区，生态养殖、种植业的观光、休闲度假。

（3）白茶采摘观光区，游客可进入园区参观园区、白茶培育、白茶生产等生产过程，白茶采摘季时还可体验采摘白茶的趣味。

（4）毛竹示范区，以现代毛竹园为基础，通过竹文化的展示、游览，全面发展介绍村庄竹文化，打造村庄特色主题。

村域道路交通系统规划中，增加一条从钱坑桥至省道的道路，道路预留宽度为25米，方便从原昆铜片区至安吉城区的交通，减轻了鲁家村内部道路的压力。根据道路功能和等级，规划道路路面宽度如下。对外交通：新建道路S303的预留宽度为25米，原村庄主干道维持现状的基础上，有条件的地方进行拓宽，由于大路桥至鲁家段拓宽难度较大，规划从村委沿鲁家溪建设一条新的道路至大路桥，道路宽度为7米；村域主干道路宽至少为7米；次干道根据类型和功能的区别，道路宽度控制在3~5米；在村域居民点均设立公交临时停靠站点和公共停车场地（见图4-3）。

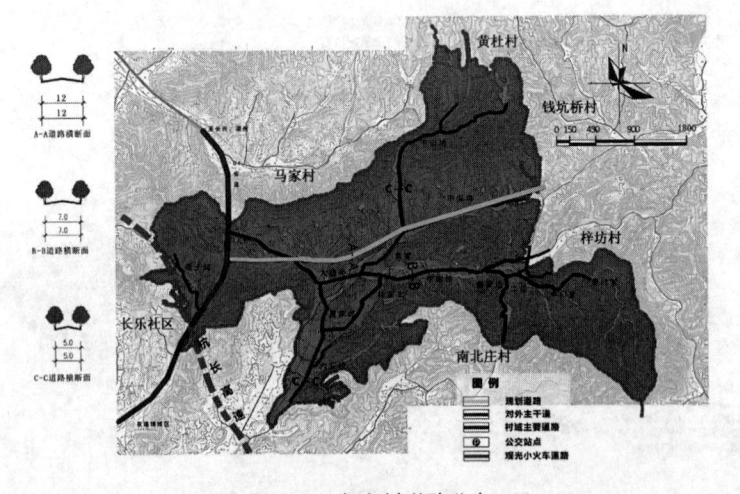

图4-3 鲁家村道路分布

近年来，鲁家村以"绿水青山就是金山银山"理念为指引，找准绿色转化路径，做强生态富民产业，推出全国首个家庭农场集聚区和示范区，全力发展休闲农业和乡村旅游，集体资产从不足 30 万元增至近 2.9 亿元，村集体经济年收入从 1.8 万元增至 565 万元，农民人均纯收入由 1.95 万元增至 4.27 万元，创造了由绿水青山向金山银山转化的"鲁家经验"。

第五章 乡村旅游景观规划

第一节 乡村旅游景观规划的概念

一、乡村旅游景观

乡村旅游景观是指在乡村景观中可作为吸引游客前来游赏体验的景观资源，乡村旅游景观作为乡村景观的一部分，同样可分为自然资源及人文资源两大类。

乡村旅游景观指的是在农村自然环境与人文条件的基础上，通过后期进行策划设计与合理开发利用后形成的旅游景观，丰富的乡村民俗风情与文化便是其主要内容。乡村旅游景观以景观科学作为理论依据，对农村的物质资源和空间资源进行有效合理的规划，来达到为居民和游客创造安全、健康、美丽的旅游环境的目的。乡村传统建筑景观、农耕文化景观和民族特色文化景观三个要素构成了丰富多彩的乡村旅游景观。

二、乡村旅游景观规划

乡村旅游景观规划是旅游规划的一种，是应用景观生态学等相关原理，对乡村土地和土地上的各种景观要素进行整合规划，使乡村景观与乡村生态环境协调统一，达到可持续发展，并为人们打造悠闲、自然、舒适、充满田园野趣的乡村环境。在《北京市近郊区乡村景观规划方法初探》中，刘黎明提出乡村旅游景观规划是一项综合性规划，涵盖了生产、生活和生态等多个方面，与乡村居民的居住环境和生活质量相关，与乡村生态环境的可持续发展相连，对乡村整体生态系统进行规划。通过对乡村土地及其上的各种景观要素的合理整合，为人们提供安全、优美、舒适的乡村环境。

王崑等（2010）指出乡村旅游景观规划是以保护乡村景观为前提，以挖掘乡村景观的综合效益为目标，以旅游学及景观学的基本理论为指导，合理安排乡村土地及土地上的物质和空间来为游人和居民创造高效、安全、健康、优美的环境，为社会创造一个可持续发展的整体乡村生态系统。

张翼（2017）提出乡村旅游景观的规划设计是一门涉及规划学、景观学、社会学、生态学、经济学等多学科知识的综合性交叉学科，是在乡村生产、生活、生态基础上，以旅游为导向对乡村空间景观进行结构调整优化，明确乡村景观空间层次、表达形式，注重乡村旅游资源的开发，调整优化乡村产业结构，推动乡村产业的转型升级，促进乡村社会、经济、环境可持续发展的一种综合性规划，是一个复杂的"巨系统"。

第二节　乡村旅游景观规划的目标与原则

一、乡村旅游景观规划的目标

（一）维护乡村自然生态环境

在发展乡村旅游的过程中，许多乡村建设受城市化进程的影响，乡村中的土壤、水资源、动植物资源都受到了不同程度的破坏，乡村中最宝贵的财富就是其珍贵的生态资源，要想取得乡村振兴的全面胜利，自然生态环境的保护是前提。金山、银山是什么，它们是乡村中的锦绣青山。在进行乡村旅游景观规划设计时，要以保护和修复乡村生态为目标，坚守生态保护的红线。

（二）传承和弘扬乡村传统文化

乡村的产业兴旺和生态宜居都离不开乡风文明的振兴，乡村地域文化可以为乡村的产业发展提供新方向，发展新业态也可以为生态宜居环境的营造提供新理念。乡村的传统文化种类包罗万象，不同地域、不同种族都有自己独特的文化，针对不同的文化，要根据其实际情况进行挖掘、传承和保护。研究乡村旅游景观，要挖掘其文化价值，打造科教性文化景观，可以让人们在体验的同时进行科普教育。乡村旅游景观规划设计应挖掘乡村特色传统文化，将其作为核心吸引力，传承文脉，让游客走进乡村、了解乡村，记住乡愁。

（三）营造和谐、自然、优美的乡村人居环境

乡村人居环境服务的对象有两个，一是村民，二是来到乡村旅游的游客。乡村旅游景观规划设计要综合考虑游客和村民的双重需求，让传统的田园成为景观，让景观带动乡村生产和经济发展，让乡村生产生活水平提升，让旧村有新貌，这样也有助于降低乡村人口流失和人才流失，乡村的环境质量得到提高，乡村的旅游发展就有了基础。

（四）促进乡村旅游可持续发展

乡村旅游是实施乡村振兴战略的重要力量，中国科学院宁志中曾说："70%的旅游资源在乡村"。但是因乡村旅游资源的相似性，探索乡村可持续发展模式是关键。参考2018年我国17部门联合印发的《关于促进乡村旅游可持续发展的指导意见》中提出的乡村旅游发展基本原则和主要目标，综合乡村文化、生态、经济的乡村旅游景观规划设计有助于促进乡村旅游业的可持续发展。

二、乡村旅游景观规划的原则

（一）生态性原则

乡村旅游景观规划设计要将生态性作为第一原则，以保护为前提营造乡村

旅游景观。保证乡村的动植物资源、土壤资源、水资源等生态资源的健康发展，尊重乡村原始生态系统，规划设计从对乡村资源的利用到乡村垃圾、污水等废弃物的净化处理，将生态性原则贯穿到底，创造恬静自然的乡村自然居住环境。做到开发与保护并举，尊重乡村原始生态系统，保护集中连片的农田和自然植被斑块。

（二）乡土性原则

乡土性体现在两个方面，一是自然风貌，二是地域文化的延续。进行乡村旅游景观规划时，深入梳理乡村的自然和人文资源，挖掘出最能体现乡土性的元素，坚持以突出乡村自身特色为目标，就地取材，保护原有乡村肌理，将原汁原味的乡村特色展示给游客，塑造朴实真实的乡村形象。

（三）融入性原则

进行乡村旅游景观规划设计时，要考虑当地村落布局方式，建筑的设计要体现当地的风格，同时还要尊重村庄中现有的地形地貌和植被等，因地制宜地设计一些人工景观，尽量保持原汁原味的乡村景观形态。

（四）整体性原则

乡村旅游景观规划不仅是从经济层面来促进乡村旅游业的发展，还从乡村生态保护、经济发展、环境提升等多个方面综合考虑。在整体景观布局上，从点、线、面的多重维度进行协调处理，增强景观之间的优化协调性，使其各自区别又相互联系，从而促进景观建设与自然环境和谐共处。

（五）可持续发展原则

乡村旅游景观规划的可持续理念主要体现在生态、文化和经济三个方面，坚持在保护中建设，在建设中修复，提高对乡村资源的利用率，保证自然生态系统可持续发展。根植于地域文化和自然环境，同时融入多元化景观设计元素，促进乡村文化的传承与延续。提高乡村旅游吸引力，提高客流量，促进乡村经济良性发展。

第三节　乡村旅游景观规划的内容

一、乡村旅游景观资源

乡村旅游具有核心竞争力的条件之一就是该地区拥有丰富的乡村旅游资源，这是激励旅游者选择旅游目的地的根本原因。乡村旅游的发展基础就是乡村中千姿百态的各种资源，这里将其主要分为两大类，分别是自然景观资源和人文景观资源。

（一）自然景观资源

乡村中的自然资源具有明显的地域性，乡村中的植物、动物、地形地貌甚至气候风貌等都是其独特而无法复制的资源（见图 5-1）。如贵州的黄果树瀑布的壮观美景、黑龙江雪乡的雪域风光、江西婺源的油菜花、昆山周庄的江南水系和广西桂林的山水奇观等，得天独厚的乡村自然资源是乡村旅游景观资源中可以独当一面的"种子选手"，只要稍加雕琢与宣传，就会在乡村旅游这片"土地"上茁壮生长。

图 5-1　自然景观资源

（二）人文景观资源

人类在生产和生活的过程中所形成的景观资源，即为人文景观资源，乡村中人文景观资源的涵盖面非常广，它同时包括了乡村中的各种文化资源。大部分乡村文化资源是以非物质的形式呈现出来的，如绘画、剪纸等手工技艺以及民俗活动、节庆等，还有物质形式的古村落遗迹等（见图 5-2）。

图 5-2　人文景观资源

二、乡村旅游景观构建方式

（一）原生发掘

原生发掘主要针对具有良好自然景观资源的乡村，以保护为前提，进行乡村旅游景观打造。若是具备优秀传统文化和传统产业的乡村，只需在产业和传统文化的基础上进行景观转换升级，略加修饰即可。这种类型的乡村田园风光和乡村居民的生活生产方式本身就是一种"天然"的景观，是当地村民与大自然共同创造的独特景观，具有巨大的旅游吸引力。

（二）再生修复

再生修复主要针对曾经具有良好自然环境或者特色传统文化，但是在乡村建设过程中优势资源逐渐衰败甚至消失的乡村。对于这样的情况，前期要通过深入调研了解乡村具体情况,听取村民意见,然后进行具体的规划设计,以修复和恢复为目标,使传统文化得以延续、景观与乡村建设相互协调。可以从两个方面进行:一是生态修复,利用景观营造对乡村中的水、土壤、植被等生态要素进行修复;二是文化修复,对濒危的文化进行挖掘和追溯,以景观的模式进行再生。

(三)重生涅槃

重生涅槃主要针对已经丧失良好自然环境和无产业、无特色文化的乡村。这样的乡村深究其历史,无从考究,发展乡村旅游较为困难。可以考虑与当下城市居民的新兴需求相结合,如野炊、露营、亲子游、自驾游营地、儿童度假营地等项目,发动村民参与,招商引资,打造旅游品牌,重铸乡村活力。

三、乡村旅游景观的结构规划

乡村旅游的景观生态单元、功能及原则因规划区域的范围大小而有所不同。一般来说,分为宏观和微观两种尺度。在宏观尺度,斑块往往是指耕地、园地、林地、疏林地、水库、湖泊、村落、工矿等;廊道一般指河流、道路等;基质一般指成片分布的农田、大面积的山林等。而在微观尺度,斑块代表乡村旅游的产品单元即游客的消费场所(农舍、景点、宿营地等);廊道代表景点之间的路径;基质代表除此之外的生态背景。乡村旅游地的景观结构规划是基于宏观层面考虑的。

乡村旅游景观的结构设计就是以斑块为乡村景观主题与游憩项目开展的主载体,以廊道为游客流动以及乡村旅游区内能源与物质流动的主渠道,将各斑块、基质和谐地交织起来,形成一个浑然天成的乡村旅游景观格局。

(一)斑块的设计

斑块设计的要点主要表现在斑块属性选择、实体设计和空间布局三个方面。而选择具有乡村典型意义的景观类型和活动区,并辅以巧妙的空间布局和生态形象设计,是斑块设计的重点。景观结构规划中主要考虑斑块的属性选择。属性选择主要是对乡村旅游景观的选择，根据乡村地区自然资源特色、分布以及旅游市场的需求不同可发展如下旅游活动：选择宜开发的林地开展登山、野营与自然探险的游憩活动；利用农耕地或园地开展农事活动体验；选择具有特色的古村落开发特色乡土文化探秘等活动。

（二）廊道的设计

廊道可以包括区间廊、区内廊和斑内廊三个层次，在区内景观结构规划层面主要考虑区内廊的设计。区内廊为乡村旅游区内连接各斑块之间的内部通道，设计要充分利用自然现存的通道（如乡间小道、山林小路等），避开生态脆弱带，且选择生态恢复功能较强的区域。在以上设计基本要求下，要充分调动区内的地形地貌、资源分布等有利条件，采用水、陆等多种方式，增强区内游憩道路的趣味性，利用引人入胜的手段将各斑块和谐地连接起来。

（三）基质的设计

基质作为生态旅游区的背景具有普遍性，如热带雨林、亚热带阔叶林、高山草甸、红树林等。当其背景性消失而特征性突出时，就可转化为新的旅游吸引物（斑），因此，基于"斑"与"基"的递变性，生态背景（基）具有旅游意义，如通过树种花卉等植被的重复出现和园林雕塑造型的设计，可构成具有明显旅游意义的视觉单元（斑）。对基质的研究有助于认清旅游地的环境背景，有助于生态斑（生态敏感区）的选择和布局的指导，也有利于分析、确定与保护旅游地的生态系统特色。

四、乡村旅游景观的功能分区

乡村旅游区的功能分区规划是为了使众多的规划对象有适当的区划关系，以便针对对象的属性和特征进行分区，既有利于突出规划对象的分区特点，又有利于规划区的总体特征。

不同的乡村旅游区，因其现状条件及发展目标不同，在分区组成上也有区别。一般综合性的乡村旅游区分区组成较为复杂，而观光农园的分区组成则较为简单。规划时可根据实际情况确定组成各个分区的内容，不求大求全。乡村旅游区不仅是在分区组成上变化不一，无一定标准，而且在各区的组合上也是复杂多样的，无固定的格局。主要是根据基地的现状格局及地形、土壤、植被等条件，按合理的生态系统格局而定。

（一）功能分区的一般性规划原则

（1）在维持原有景观的相对完整性的基础上，解决各分区的分割、过渡与联络关系。

（2）根据项目类别和用地性质进行分区，既便于生产管理，又可产生不同的季相和色彩的景观。

（3）追求科学、生态、艺术的原则，形成优美的景观格局，总体上路网成为分区的骨架。

（4）应突出各区的特点，控制各分区的规模，并提出相应的规划措施。

（5）在斑—基特征比较明显的乡村旅游区，也可以应用景观生态学原理中斑—廊—基的设计方法，对旅游区进行功能分区。

（二）分区类型

不同类型的乡村旅游区，其分区情况不同，应根据其本身的特点和适合开展的活动进行适当的分区。总体归纳起来，有农业生产区、展示区、观景游览区、农业文化区、游乐区和服务区等分区类型。

五、乡村旅游景观的视觉设计

景观美学是通过美学原理研究景观艺术的美学特征和规律的学科。在乡村旅游景观规划设计时，可运用一般景观美学原理来美化乡村景观风貌。

（一）注重景观序列的设计

一连串景观的出现呈现一定次序及连续性，这就是景观序列。序列的设计可以把各个分散的景区和景点连接起来，人在行进中就自然而然地领略到不同的风光。各个景区和景点之间怎样连接取决于景观设计"立意",既可以按照"序景—展开—高潮—余韵"步步推进的节奏,又可以按照并列关系、对比关系等方式来布置。例如,古典园林中的扬州个园后花园中四个不同风格的小园就是按照"春—夏—秋—冬"四景的景观序列展开的。在农业生态观光园景观设计中,景观序列多是按步道展开的,所以步道设计至关重要,步道最好形成环路,有明确的引导性,尽量避免尽端路的产生。

(二)注重景物的边界和焦点的设计

麦克多维尔(McDowell)等人的研究表明,凡肉眼所注意的,大多为景物的边缘部分。例如,水岸线、林缘线、山水轮廓、不同植物群落之间的分野线,这些都是景物的边界,它们常常给人留下深刻的印象。设计时需要充分考虑对原有地形的利用,这一点对于建在山地丘陵地带的乡村旅游区尤为重要。要对地形现状进行深入的调查和分析,合理应用各种地形地貌条件进行景观规划。对位于平原地区没有自然高低起伏的地形条件的乡村旅游区,则可以通过规划设计改造地形。设计中竹林林缘和水岸的处理方式是重点。在林缘处增加有层次感的花灌木带和地被带作为过渡,美化边界。在水岸设计时,应该注意景观的连续性和游憩空间的丰富性,将植被和游憩设施有机结合,形成具有整体风貌的水岸景色。

(三)凸显优美景观

对于农村景观来说,并非天然就是美。一般而言,田间、林地等部分区域的天然植被显得很杂乱,设计时要注意林相的优化和地被植物的清理。同时通过适宜的植物配置,运用孤植、对植、列植、丛植、群植等配置方式,创造出特色丰富、富于变化的自然景观。而由于人类喜水的天性,大多数游客认为有水体景观较美。乡村旅游地如具有天然泉水潭、池、滩地、溪流等各种水域景观,设计中应该充分发挥不同水域段的特点,凸显水域特色美景。水体规划要与地形改造相结合,尽量做到土方平衡,以节约投资。河道和小溪的形状要注意有利于水体的循环,避免形成死水。为使水体稳定,一般需做人工驳岸,以自然式为佳,驳岸材料可选用自然山石或树桩,有的可以采用自然草坡直入水中。整个水体在突出其造景功能的同时，也要考虑到综合功能，如种植荷花、睡莲、芦苇以及养鱼、用于蓄水、抗旱甚至治理污水等。

（四）注重人造设施的自然风格设计

人造设施包括了对具有乡土特色的传统民居的风貌保护和改造，新建的农家住宿设施以及其他设施如厕所、垃圾站、栏杆、步道等。对传统民居建筑，应本着尊重地方性的原则，采取多种有效措施，延续历史文脉，保持传统风貌。保留原有生态村落空间结构，恢复传统的整体布局。对新建的农家住宿设施，应充分考虑当地的自然环境、人文环境，设计出得体自然、和谐融于环境的农家建筑。因为乡村旅游区里的建筑形态，表现的不是建筑本身，而是其所在环境的景观艺术特征。其营建的目的就是要强化和突出当地文化氛围，使其特征更鲜明动人。对其他设施进行设计时，应当注意其与周围整体环境气氛的融合，赋予其恰当的色彩、造型与材质，同时具有标志性和地域特色。

第四节　乡村旅游景观规划的理论基础与策略

一、乡村旅游景观规划的理论基础

（一）景观生态学原理

在乡村旅游景观规划时，应当遵循以下几个方面的景观生态学原理。

（1）以人为本原理。景观生态学原理之一是景观本身必须符合使用者需求，重视乡村文化保护和满足游客精神需求，景观规划空间格局、功能划分、景观要素等既要满足游客旅游的需求，又要满足当地村民的生活需求，丰富村民生活，提升村民和游客幸福感。

（2）自然生态环境保护原理。乡村旅游景观规划过程中应尊重当地自然环境，为了避免施工或者管理不当造成对生态环境的破坏，可将具有相近生产要素、景观功能的产业安排在同一区域。

（3）平衡生态原理。景观规划需要进行景观生态深入调查，提出相应的具有生态属性的解决方案，达到生态体系、生物与环境之间动态平衡的需求。

（4）循环与再生原理。景观生态的重要目标是循环与再生功能，在乡村旅游景观规划设计中，应尽可能使用本土物种和资源，对物种、资源进行设计和再利用，充分发挥其作用。积极引进生态技术，如园林废物堆肥等，促进资源循环再生。

（二）景观美学原理

景观美学是环境美学的重要组成部分，具有综合属性，涉及生态学、地理学、建筑学、地质学等多学科。景观美学是基于人类对美感的追求，乡村旅游景观运用景观美学相关知识和以人为本的理念，并结合传统文化内涵、生态环境、产业经济创造具有美学价值的乡村旅游景观。在乡村旅游景观规划中，运用景观美学原理细化乡村旅游景观精度，增加观赏性，满足游客对审美情趣需求，将会是越来越多乡村追求的目标。

（三）人居环境理论

人居环境科学是以建筑、风景园林、城市规划为主导专业，同时也涉及历史地理学、环境史学、地理学、生态学、规划学等交叉学科的相关部分知识，是一门综合性极强的开放性学科。人居环境科学强调以问题为导向，倡导化繁为简、综合集成的办法，实事求是解决人居环境问题。人居环境是一个庞大、复杂、综合的系统，具有科学性，应该以动态的方法对其进行研究，既要了解过去，也要引导未来的生活和文化。人居环境规划应协调、处理好山地、水体、山林、田园、居住地的关系，营造宜居生活环境。在乡村自然生态环境、景观规划、建设布局、环境整治等方面，人居环境理论对指导乡村旅游景观具有重要意义。

（四）可持续发展理论

1987年，世界环境与发展委员会在题为《我们共同的未来》的报告中，提出了"可持续发展"的概念和模式。可持续发展的主要理念是发展既要满足当代人的需要，又要保护环境，不危害后代人。可持续发展理念被广泛运用在经济、社会、文化和生态环境景观等方面，以协调多者之间的关系。任何地区的经济发展都不能盲目追求经济增速，应以自然生态环境承载力为基础，合理规划发展。特别是乡村旅游发展过程中，应该以可持续发展为指导思想，保护自然生态景观、生物多样性、稳定景观整体结构等。

二、乡村旅游景观规划的策略

（一）在生态文明视域下进行

要坚持以生态文明建设为基础的乡村旅游景观规划，保护乡村自然景观，保护好乡村原有风貌，切勿过度开发，避免大刀阔斧改造。这一点是基本，也是正确的发展方向，一片青山绿水本就是乡村的最大优势，也是乡村旅游景观最吸引游客的地方。同时，在保留原有乡村特色生态文明的前提下，也要尽快改善乡村基础建设。加快补短板，如改善乡村道路和乡村卫生、整治不文明现象、疏浚河道、实施雨污水分流等，将原本人们心目中交通不便、风气不良、环境脏乱、基础设施落后的乡村打造成交通便利、民风淳朴、环境优美、基础设施健全的乡村，给游客带来焕然一新的感觉，有助于提升乡村旅游景观的吸引力。

（二）挖掘当地景观、美食、历史、人文等潜能

旅游景观规划中，需要深度挖掘当地的美食、历史、文化等观光潜能，但加入景观规划设计一定要坚持动静结合、主次有序、循序渐进、分序设立的原则，项目规划不能太过混乱，不能一股脑全部塞给游客，要给游客"山重水复疑无路，柳暗花明又一村"的感觉，不断为游客设置新的兴趣点，这样的乡村旅游景观才更吸引人。

（三）设计中坚守乡村特色原则

部分乡村旅游景观目的不明确，以新颖的现代化设施、现代化元素作为建

设点、宣传点。事实上，乡村旅游景观本身就具有鲜明的田园风格，游客来旅游也是为了乡村旅游景观中的乡土气息，只为体验和城市截然不同的风光，部分乡村旅游景观不"接地气"，反而盲目追求"高大上"，就是本末倒置。究其原因，在于内心深处的不自信，要改变这种状况，就要敢于呈现真实的田园生活。

（四）完善旅游地产业链条

完善旅游地产业链条，能为乡村旅游景观带来更可观的收入，也能带动乡村经济，这也是发展乡村旅游景观的目的之一。产业链条如农副产品采摘、美食品尝、民宿、度假村、非遗表演等，如一个以"茶艺文化"为主题的茶园型旅游景观，产业链条应该包括却不限于茶汤品鉴、茶叶制成的糕点品尝、古风茶馆、茶艺表演、茶园采摘（也可包括后续的烘焙）、给游客提供茶园民宿等。为游客提供丰富的茶文化和田园生活体验的同时，也能获得一定经济收入。围绕旅游和文化主题，逐步形成了完善的产业链条。

（五）加大政策支持力度

在乡村旅游景观规划的建设方式上，国家层面要加大对乡村旅游开发的政策支持力度。比如乡村旅游产业投资基金、乡村旅游景观开发无息贷款等；从社会层面加大招商引资力度，鼓励引导社会资本参与乡村旅游开发；对于乡村本身，也可从乡村合作社发力，自行开发或积极配合开发，合理分配利益。

（六）注重乡村旅游规划与乡村景观规划的协调

乡村旅游规划与乡村景观规划的互动与协调，强调乡村景观规划应突出乡村地方特色，提高乡村旅游吸引力。乡村景观资源是一种特殊形式的旅游资源，是进行乡村旅游规划的重要依托。乡村景观资源不仅包括乡村风光的自然景观要素，还包括乡村建筑、乡村聚落、乡村民俗、乡村文化、乡村饮食、乡村服饰、农业景观和农事活动、乡村生活等有形和无形的社会文化要素。只有通过科学、合理的乡村景观规划，并与乡村旅游规划相协调，才能把乡村景观资源培育成具有独特吸引力的乡村旅游产品。

乡村景观规划就是应用多学科的理论，对乡村各种景观要素进行整体规划与设计，保护乡村景观完整性和文化特色，挖掘乡村景观的经济价值，保护乡村的生态环境，推动乡村的社会、经济和生态持续协调发展的一种综合规划。

开展乡村景观规划，需要保护好乡村景观的完整性和特色性，培育乡村景观的美学价值，挖掘乡村景观的旅游价值，完善乡村景观和风貌塑造，使其形成完整、高效和多功能的新时期乡村地域，从而满足人们重返乡村和走近自然的需求。乡村景观规划还要分析乡村规划区的自然环境特点、景观生态过程及其与人类活动的关系，注重发挥当地景观资源与社会经济的潜力与优势，从而提高乡村景观的可持续发展能力和乡村旅游的活力。

第五节 乡村旅游景观规划典型案例

一、案例地概况

三圣乡位于成都市东南方，隶属于成都市锦江区，主要包括5个村庄，分别为红砂村、幸福村、江家堰村、驸马村、万福村。面积12平方公里，距市区二环路约6公里。由于土壤土质的原因，不适合种植粮食农作物，选择栽植花草树木。三圣乡"五朵金花"是国家4A级旅游景区，景区分别由以花为主题的红砂村"花乡农居"（见图5-3）、幸福村"幸福梅林"、驸马村"东篱菊园"、万福村"荷塘月色"、江家堰村"江家菜地"组成。

图5-3 花乡农居

二、"五朵金花"运作模式

（1）因地制宜。在深入调研的基础上，政府充分利用大城市的地理优势，以及三圣乡传统的花卉种植历史，创造性地打造了花乡农居、幸福梅林、东篱菊园、荷塘月色、江家菜地"五朵金花"。

（2）政府助推。政府制定"五朵金花"景区规划，按照城市建设标准，加大对景区道路、污水处理站、天然气、光纤电视等农村基础设施和配套设施建设，实现了道路、通信、互联网、光纤和天然气等的户户通，搭建了农民增收的平台，建成的绿地成为市民休闲的开放式公园。

（3）市场运作。坚持以市场机制配置资源，采用市场化运作的手段，通过引进成都维生、台湾大汉园林等花卉龙头企业，吸引了民间资金亿元，政府每平方公里仅投入少量资金就建成了开放式的休闲绿地。同时，村集体通过土地整合，将集体土地、堰塘、荒坡等资产出租，回笼的资金又用于"五朵金花"景区的进一步打造和提升。

（4）农民参与。在充分尊重农民意愿的基础上，积极鼓励农户利用改造后的农房，采取自主经营、合作联营、出租经营等方式，开办农家乐，推出了休闲观光、赏花品果、农作体验等多种形式的旅游休闲项目。

三、景观规划特色

三圣乡将五个村庄串联发展，打造农业产业集群，形成乡村聚落，以"一村一品"模式建设开发，保留传统乡村特色建筑，引进民宿产业。民宿以优质的环境、建筑特色、装饰特色、便捷服务吸引更多游客，从而带动经济增长。

农业景观方面，由于三圣乡地质土壤不适宜传统农作物的种植，村民另辟蹊径，发展花卉产业，随后在国家政策的指引下，开启三圣乡新的发展纪元，以传统花卉产业为依托，形成特色花卉观赏园、花卉科普观光园、花卉文化体验园等，极大提升了农业景观的特色性、观赏性、体验性。

植物景观方面，作为传统花卉种植基地，利用现有的植物造景，包括道路植物、庭院植物、特色植物园、围村植物。三圣乡植物景观色彩搭配丰富、协调，观赏周期长、一年四季都可以欣赏到不同的植物。

　　三圣乡通过打造花卉产业相关的文化景观，幸福村、驸马村分别建设了"梅文化"和"菊文化"村落，万福村建设了"画意村"，进行艺术文化创作。"五朵金花"以农业田园与乡村农家为载体，借助特色美食、语言、民俗风情，打造乡村旅游产业集群。保证乡村旅游有序开展需要依靠完善的基础服务设施，三圣乡发展乡村旅游对老民居进行升级改造，对环境卫生、污水处理设施、照明设施、休憩娱乐设施、科教研学设施、导向宣传设施等基础服务设施及特色景观小品进行整体规划。

第六章 乡村旅游形象规划

第一节 乡村旅游形象概述

一、旅游形象的概念

旅游形象指旅游者对旅游目的地总体、概括的认识和评价,是旅游目的地在旅游者心目中的一种感性和理性的综合感知,在旅游开发、旅游营销和旅游决策中作用巨大。潜在的游客是由"形象"做出判断进而产生前往旅游的兴趣的(金颖若,2002)。当人们决定外出旅游时,将面临选择旅游目的地、出游时间和方式等一系列决策,其中最重要的是选择旅游目的地。在当今旅游处于买方市场的情况下,有许多可互相替代的旅游地供选择,人们会将有关旅游地进行形象比较,最终选择能满足其旅游需要和心理预期的旅游目的地。旅游地形象在决定旅游消费行为中起到了关键作用,旅游市场竞争也开始从产品竞争时代进入形象竞争时代(杨森林,1999)。因此,打造旅游地鲜明的旅游形象,增强旅游地竞争力,是旅游地可持续发展的必然选择。

二、乡村旅游形象核心概念

（一）乡村旅游形象

乡村旅游形象属于旅游形象中的一种，是旅游者对乡村旅游目的地总体、概括的认识和评价，包括乡村旅游活动、乡村旅游产品及服务等在旅游者心目中形成的总体认识、评价和印象。

乡村旅游形象是包含了旅游地原生形象、旅游区形象、品牌形象、社会形象等在内的复杂综合体，同时旅游形象涉及社会、经济、文化等系列属性，在乡村旅游发展中具有重要作用。

乡村旅游形象概念包括旅游目的地和旅游者认知两个层面，是个双向意念系统。旅游目的地形象指乡村旅游目的地设计、塑造和对外传播的形象。旅游者认知形象指旅游者通过旅游活动来实地感知形成的意念要素反馈。乡村旅游形象是旅游者在旅游活动过程中对乡村的物质、行为、影响等的总体印象，乡村文化是贯穿其中的主轴，同时乡村旅游形象感知因素的核心是乡村理念。

宏观上而言，旅游形象是旅游资源、旅游服务、旅游环境三者共同作用的综合性系统工程，是区别于其他旅游地的重要标志，是给予旅游者的第一印象。乡村旅游形象通常由乡村原生形象、旅游产品服务形象和旅游社会形象三部分组成。

（二）乡村旅游形象属性

1. 可塑性和多样性

乡村旅游地的客观形象是不断发展且实时变化的，旅游形象的外部特征会随之发生改变，因此乡村旅游形象具有可塑性，对旅游地的旅游形象策划和设计才具有可行性。

乡村旅游形象的主要功能是展现乡村旅游地的文化内涵，是对乡村文化的传承与发展。要让旅游者体验特有的民风、民俗与民情，感知当地独特的文化内涵，乡村旅游形象就需要实现多样性并且易于传播，扩大乡村旅游品牌的影响力，达到宣传乡村旅游地的目的，从而促进乡村振兴。

2. 客观性和主观性

乡村旅游形象拥有客观和主观两种属性。客观属性指旅游形象是旅游目的地具体的外在形态特征，具有客观性，如琼中百花廊桥是琼中乡村旅游形象中黎苗文化的外在形态表现。主观属性指旅游者在进行乡村旅游活动过程中的主观感受，旅游地带给旅游者的旅游体验，旅游者对旅游地乡村旅游形象的反馈，具有主观性。

（三）乡村旅游形象构成

乡村旅游形象的构成是一个复杂系统，可划分为形象硬件系统和形象软件系统。

1. 乡村旅游形象硬件系统

硬件系统由旅游地的自然资源、自然环境、旅游设施等组成。其中，乡村的自然资源在这几个因素中较为重要，是最直接吸引旅游者的物质形式。其丰富程度影响着乡村旅游形象设计元素的获取程度，开发完善且品质高的乡村旅游资源可以在乡村旅游形象中得到综合运用，为建立起良好的乡村旅游形象提供支撑。

2. 乡村旅游形象软件系统

旅游形象软件系统主要是指旅游形象当中的视觉识别系统，即 Visual Identity（VI），视觉识别系统是乡村旅游文化的静态表现，是旅游形象设计理想的载体之一。视觉识别是旅游者对乡村旅游的第一印象，可以迅速、准确地向旅游者传达旅游地特点与文化内涵。

乡村旅游形象中的视觉识别系统设计内容包括两大类：一是乡村旅游地自身的景观视觉，乡村旅游地因自然地理环境、人文历史遗存的差异会给旅游者带来不同的视觉主观感受；二是乡村旅游地基于国内外旅游市场的需求和旅游地自身发展方向进行旅游视觉形象的定位与设计，其中包括乡村旅游地的标志设计、旅游形象、旅游衍生品设计等。

乡村旅游形象是乡村旅游地硬件、软件要素组合形成的统一体，同时乡村自身也是乡村旅游形象的实物载体与依托。从内部因素来看，乡村旅游形象主要涉及乡村旅游地的自然资源特色、风俗节日、人文传说、农事文化等；从外部因素看，乡村旅游形象涉及旅游者对乡村的了解、兴趣、感受等。这二者不可分割，形成了内涵丰富多彩、有机联系的乡村旅游形象。

第二节 乡村旅游形象规划的目标与原则

一、乡村旅游形象规划的目标

乡村旅游地旅游形象规划的目标应该在遵循整体性和差异性的总体原则的基础上，反映市场需求，体现乡村自然与文化资源价值，同时应与乡村旅游产品的策划相结合。

（一）满足乡村旅游的市场需求

旅游地形象是影响目标市场购买决策的主要驱动因素，作为旅游企业运营的一个环节，其本质是一种旅游市场营销活动，而旅游地旅游开发一般是以其整体形象作为旅游吸引因素推动旅游市场的，因此旅游地整体形象的塑造也必须紧扣旅游市场的发展趋势和需求。此外，乡村旅游地形象定位除了把握定位的目标市场以外，还必须做进一步的市场细分，目的是与共享相同目标市场的乡村旅游地在市场方面实行差异化策略，以分流竞争力。

（二）体现资源的自然与文化价值

乡村的自然和文化旅游资源是乡村旅游地旅游形象定位策划的基础和前提条件。乡村性是乡村旅游的基本属性，这一基本属性决定了乡村旅游地的基本范围和区域特点，同时也体现了由于交通、信息沟通等因素的制约，使得乡村地区的民间文化、传统习俗、自然环境等资源保存较为完好、古朴，并极大地满足现代旅游者的审美需求和心理欲望，为乡村旅游开发提供了坚实的保障。在进行乡村旅游地形象构建时，地方文脉分析是必不可少也极为重要的。地方文脉研究包含了区域的自然和文化价值研究，因此形象的定位必须体现乡村旅游地的自然和文化资源的价值。

（三）与旅游产品策划紧密结合

旅游产品策划在总体上反映了旅游地形象，看似空泛的旅游产品由大量特色旅游产品作为支撑。旅游产品策划是旅游地策划的重要部分，旅游策划的成功与否，除了市场开拓、定位成功外，很大一部分因素取决于产品策划。另外，旅游产品的不可移动性决定了产品需要旅游形象的传播为潜在旅游者所认知，并引导旅游者要获得一个什么样的旅游经历来影响旅游者的购买决策。旅游地的旅游吸引物也是一种旅游产品形式，各种吸引物形象的叠加形成旅游地的基本形象，在构建乡村旅游地形象时必须与旅游产品策划相结合。

（四）使乡村旅游者的心理可接受

旅游地形象的传播对象是旅游者，在定位旅游地形象时，受众调查和市场分析是必不可少的环节。旅游地形象的构建，其目的也是更大限度地开发潜在旅游市场，让游客更清晰、方便地了解旅游地的特点及其独特之处，从而诱发旅游动机，乡村旅游地形象定位应当考虑旅游者是否能够接受的心理。

二、乡村旅游形象规划的原则

规划原则是乡村旅游形象的设计前提，在此基础上可开发出不同定位的旅游形象，从而吸引不同层次、不同年龄的旅游者。乡村旅游形象的设计原则分为地域性原则、艺术性原则、共享性原则、可持续发展原则和创新性原则。

（一）地域性原则

在乡村旅游同质化严重的大环境下，地域性原则下的乡村旅游能够吸引到具有相同价值观的消费者。乡村旅游目的地形象设计与宣传，是地域特色生活方式展示的窗口，要让旅游者能感受到乡村旅游所在区域特有的文化传统、民族特色等内涵，避免文化冲突所带来的品牌负面影响。因此，乡村旅游形象设计应在保持地域性的前提下，兼顾当地文化的创新与传承。

（二）艺术性原则

乡村旅游形象的设计是地域文化的传承与当下文化的有机结合，乡村旅游形象的设计既要与时俱进、多种元素融合，注重整体艺术性，又要符合当地的环境因素与人文因素，兼顾美好意境和形象，提升乡村旅游的感染力和吸引力，给游客带来愉快的体验感和艺术感。

（三）共享性原则

共享性是指形象设计中的资源共享，包括设计元素的共享性和形象传播的共享性，以满足不同受众的需求。在考虑设计功能用途和审美要求所带来的经济效益的同时，更需要考虑设计影响与自然环境的关系。乡村旅游形象资源的共享既有利于旅游经营者之间共享资源，又有利于统一旅游者对旅游目的地的认识，增强品牌竞争力。

（四）可持续发展原则

可持续设计注重应用可再生材料、绿色材料，提倡可持续性的消费行为，通常表述为绿色设计、循环再生设计、生态设计、面向环境设计等。为了保证乡村旅游的可持续性发展，在设计品牌形象时要遵循"天人合一"的理念，以环保理念为出发点，营造一种与周边自然环境、视觉环境相和谐的最佳状态。在构建时既要对山水湖田、动植物、矿物等自然资源进行合理开发，又要实现经济目标和社会发展目标相统一，进而实现乡村旅游的可持续发展。

（五）创新性原则

在设计的过程中，创新是一切的基础。目前有关乡村旅游形象的研究，普遍都大同小异，如何构建不同的乡村旅游形象是研究的重点，而创新是必要途径。乡村旅游形象设计的创新包括形式、内容等的创新，需要和其他乡村区别开来，从而体现出自身的特点。例如，把具有当地代表性的特色资源通过图形、色彩等方式提炼成元素符号，不要简单地仿照其样式，要通过创新的方式与现代设计理念结合起来，遵循创新性原则，这样设计出来的作品才更加吸引受众。

第三节 乡村旅游形象规划的内容

旅游形象设计需要结合旅游者的体验和需求，使乡村旅游形象得到准确的表现与宣传，从而展示乡村旅游品牌的魅力与旅游地的优势，体现乡村旅游地的旅游价值。

旅游形象设计工作完成后，在旅游形象宣传过程中会出现不同的问题，旅游形象的设计和宣传工作需要根据情况进行相应的调整。由于旅游地的发展存在着一定的周期性，旅游形象也并非一成不变，应该及时地对旅游形象进行调整。根据乡村旅游形象设计实践的需要，提出以下设计实践策略。

一、设计理念

乡村旅游形象设计是一项系统工程，其中最重要的是设计理念的定位和执行。乡村旅游形象的设计理念在一定程度上包含了乡村旅游发展的基本诉求，是后续设计工作的指导与规范。

设计理念要采用通用且精练的语言表达，利用乡村旅游地的文化内涵充实理念内容，与此同时，设计理念要追求长远的发展目标，并在乡村旅游形象的设计中得到体现。

二、系统设计

系统设计原则是指将地域范围内的设计元素融入旅游形象设计中，形成视觉上统一的形象设计。旅游管理者在进行旅游形象定位时要有远大的目光和宏观的视野，以此建立起系统化设计原则。同时旅游资源、市场结构、消费人群的多样化，决定了乡村旅游需要根据不同层次的旅游者进行多样化的形象设计定位。基于系统设计原则，如何将乡村旅游资源利用率最大化并且满足不同人群的旅游需求，需要设计者针对不同旅游人群建立多样化的旅游形象定位，构建深层次、多层面的综合旅游形象体系。

三、视觉设计

视觉设计是乡村旅游形象理念设计在视觉上的体现与延伸，是乡村旅游形象体系中最直接、最容易展现旅游地内容的重要部分。视觉设计工作可从下列几个方面入手：（1）乡村旅游标志物，一般包含乡村吉祥物、乡村旅游地标准色、乡村旅游标志设计等内容。其中，乡村旅游地标志设计需要反映该地的资源特点以及旅游文化内涵，准确表达诉求信息。乡村旅游标志物意在提高旅游者对旅行地的了解程度，以提高乡村旅游地的视觉形象影响力。（2）乡村旅游地的广告宣传需带有强烈的视觉冲击，在进行广告设计时应具备醒目、个性的特点。（3）乡村旅游地纪念品通常是具有地方特色的工艺品，也可以是食品，这些是旅游者带回赠送给家人或朋友的纪念品，纪念品的优劣间接影响着旅游者对于旅游地的评价，是乡村旅游形象口碑传播的重要载体。

四、绿色设计

合理调整并统筹利用乡村旅游形象设计方面的资源，实现绿色设计融入乡村持续发展。首先，将绿色设计的概念导入乡村旅游形象设计实际项目中，通过就地取材，运用可循环利用的材料和本地村民的原生态技艺来融入乡村形象中。绿色设计既可以降低旅游形象设计落地的成本，同时又可以保证乡村的生态环境不被破坏。其次，可以将公共的开放空间作为旅游形象宣传的引线，有利于乡村后期旅游形象的维护，从而降低乡村旅游形象的宣传成本。

五、行为设计

乡村旅游形象的行为设计主要指以理念为指导，通过管理者、村民、旅游从业人员以及各种农业生产服务体现乡村旅游的个性和精神，是区别于其他旅游地形象的关键。乡村村民的生活方式、语言、服饰、活动行为等和旅游地一样成为旅游者眼中目的地的一部分，他们的行为是乡村行为的主体，也是乡村风貌、乡村文化、风土人情的创造者、继承者和传播者，所以需要不断强化乡村居民的旅游主体意识和参与意识，在乡村逐步形成"人人都是旅游形象"的自觉。

乡村旅游形象的行为设计是对理念设计的动态传递，行为设计通过乡村旅游的发展与经营活动等行为体现，行为设计涵盖的内容非常广泛。简单来说，是乡村旅游地通过具体的行动来塑造并完善旅游地的整体形象。乡村旅游形象的行为设计应当符合下列条件，才能够达到理念的正确传递：（1）行为设计必须便于使用，并更多地考虑行为主体的现实情况。（2）理念设计一经确立就存在着稳定性，而行为设计也需要在核心理念的指引下不拘一格地执行。（3）行为设计应当具有可行性。

第四节　乡村旅游形象规划的理论基础与策略

一、乡村旅游形象规划的理论基础

（一）系统论理论

形象整合的理论基础是系统理论的系统观。系统是指相互关联、相互作用、相互影响的事物现象所组成的具有特定功能的有机整体。系统具有整体性，不能割裂孤立地研究，应该注意研究要素间的相互作用和影响。从整体性出发引出一个基本的系统观，即"系统整体功能大于组织系统要素的功能和"。系统具有层次性，即从系统结构上看是分层的。此外，系统具有动态性，就是任何系统都不是静止的，而是时时刻刻在运动和发展。

系统方法是一个立足整体对局部逐一进行分析，最后通过归纳得出规律性认识的科学方法。这种方法采用"综合—分析—综合"式的思维方式最优化处理问题。把这种思维方式用在旅游形象设计中要作为一个系统整体来考察，而宏观的方法（整体性原则）、微观的方法（阶段性原则）、横观的方法（横向原则）、纵观的方法（纵向原则）就是进行系统整体考察的基本途径。在旅游形象设计中运用这一基本途径就能克服形象设计中严重脱离现实的通病，辩证地进行系统思维提高设计效率，从而实现形象设计方法的最优化。

（二）旅游意象理论

意象是人们在感知的基础上通过情感、想象、理解等审美活动获得的内在美感，具体表现为旅游者在旅游活动中获得精神情感的愉悦满足。意象是一种聚合多种旅游形象要素的有机整体，以当地人文内涵为基础，通过各种体现旅游地个性的特色景观的设计活动，创造出独具魅力的旅游地意境。通过各种现代化手段营造气氛，使得游客在游览过程中融入景区，达到情景交融，人在景中、景在心中，使游客也成为旅游地的一部分，从中获得不同的享受和愉悦，丰富游客的感受层次。使旅游者在整个游览过程中都能体味到与文化主题相融合的气氛，将旅游地独特的文化渗透到吃、住、行、游、购、娱各方面。

庄志民（2007）认为，意象从构词上看是意和象的有机合成。而"形象"太注重外在的客观属性，"印象""映象"等之类的译法则偏向于内在的主观属性，都难以反映意象所包含的"蕴于内而形诸外"的形神兼备的属性。从某种角度上说，意象是意蕴化的形象，是充盈着丰富的精神文化内容的形象，是与集体无意识和个体无意识相联系的形象，是与象征有密切关联的形象。因此，意象涵盖形象，而形象绝不能替代意象。

（三）形象设计理论

形象设计这一概念最初主要应用于企业，企业形象识别系统（Corporate Identity System，CIS）指将企业理念和企业文化通过统一的识别设计加以整合和传达，使公众产生一致的认同感，从而营造最佳的企业运作环境。20世纪50年代出现于美国，70年代达到全盛。日本引进CIS理念，结合本民族文化特点，改变了美国以视觉识别为重点的形象设计，创造了以企业理念为重点的日本文化型形象设计。之后，美、日等西方国家的企业形象设计进入成熟、完善、升华阶段。

90年代以来，随着中国改革开放与市场经济的发展，CIS或企业形象设计策划开始在国内的理论界和实业界引起重视，部分国内学者注意到企业形象设计（CIS）在中国大地的广泛传播，为企业带来巨大效益，创造了一批国内名牌企业。在此热潮的带动下，地区形象和旅游地形象问题成为显性问题。

二、乡村旅游形象规划的策略

（一）乡村旅游形象定位

旅游地形象是一个旅游目的地灵魂底蕴的综合表达，旅游形象定位就是将旅游形象传播到旅游者心中，并占据其心灵某一位置而做出的努力。乡村旅游形象的定位要统筹人与自然，注重历史文脉的挖掘与保护，从本土汲取设计内容和元素，进行合理的整体规划与功能布局。乡村旅游形象定位可综合运用领先定位、特色定位、比附定位、重新定位、反差定位、组合定位等方法，从文脉（商贸文化、宗教文化、婚俗文化、民俗艺术等）、地脉（地理位置、交通区位、自然资源景观等）、商脉（经济发展）、人脉（当地居民和其他利益相关者）等出发，体现乡村的旅游特色及文化内涵，着力打造绿色环保的生态村、交通便利的畅达村、人文丰富的文化村、民族融合的和谐村等富有特色的乡村旅游目的地。

（二）视觉形象的设计

视觉识别设计在形象系统体系中最具感染力和传播力，视觉形象设计元素符号的提取与转化是视觉识别设计的基础，可以从当地乡村的传统建筑地域景观、特色产业、部分动植物等自然资源入手，融合民俗、民情、民风等人文资源，并根据现代人的审美进行解构、整合、更新、提炼。既要注重名称的开发与筛选、标志标语的创意与表达、辅助图形的转化与表现、吉祥物的运用与推广等视觉形象基础系统的探索与创新，也要关注公共事务用品、宣传品、包装、导视系统等视觉形象应用系统的优化与统一，塑造自然、简约、纯美的乡村旅游品牌视觉形象。

（三）乡村旅游形象的维护与管理

形象的延伸更新是乡村旅游形象维护与管理不可或缺的一环，在围绕采摘、观光、居住、休闲、体验、娱乐六大功能的基础上，向"健康＋养生""运动＋赛事""果蔬＋加工""家禽＋加工"等方面进行延伸，扩大乡村旅游品牌的产品组合，"一牌一品""一牌多品""多牌多品"相互转化，拓宽品牌认知范围。同时，根据乡村旅游的持续发展不断调整视觉形象，加强延伸产品和现有形象的识别联系和关联性。引进国内外先进的经营理念、经营模式、管理技术，培养专业人才，制定科学规范的管理制度，保持持续的创新精神，注重对乡村旅游品牌的理念、商标、文创、专利等知识产权的保护，将传统宣传与新型宣传相结合，使乡村旅游形象常用常新，为乡村经济的发展、乡村振兴的推进贡献力量。

第五节　乡村旅游形象规划典型案例

2009年，海南全面启动了国际旅游岛建设发展政策，依托自然资源的优势，推出了以"阳光海南，度假天堂"为主题定位的度假旅游。与此同时，海南各个市县的乡村地区也推出了不同的旅游主题、旅游口号、旅游形象，如琼中县的"奔格内"乡村旅游、布隆赛乡村文化旅游区等。

海南乡村旅游地的文化遗产和独特的自然环境是乡村旅游形象设计的基础，政府制定相关的设计策略，对于海南乡村旅游发展可以起到积极的推动作用。对海南乡村旅游地的黎苗文化、民俗文化等进行探究，开发海南乡村旅游形象设计的新方向，对于海南乡村旅游发展来说具有重要价值。目前，海南乡村旅游业迅速发展并取得了长足的进步，但在乡村旅游形象设计策划等领域仍存在着相当多的问题亟须解决，如旅游形象对于旅游者的引导效果较小、乡村旅游形象设计意识淡薄、对乡村自身的旅游形象自信心不足、乡村旅游形象缺乏市场竞争力和影响力等。

一、海南乡村旅游形象设计原则与策略

截至2021年，海南省已经建成了多个受国内外旅游者欢迎的热带滨海度假区、温泉度假村、红树林保护区、原始森林区、历史名人遗址和具有民族风情的民族聚居区等旅游地，开发了具有休闲、慢游、体验乡间田野等"乡村性"的特色乡村旅游。乡村旅游能够最大限度地发挥乡村综合优势。乡村旅游形象的设计与升级，意在发掘海南乡村文化，对海南乡村的黎苗族风情、海南热带雨林风景等乡村旅游资源进行提炼与再设计，从而打造具有差异化与个性化的乡村旅游形象，把海南乡村的自然生态优势真正转化为生态财富，为乡村、为百姓带来创收。

（一）海南乡村旅游形象设计原则

设计原则是乡村旅游形象的设计前提，在此基础上可开发出不同定位的旅游形象，从而吸引不同层次、不同年龄的旅游者。

1. 发挥自然资源优势

旅游形象应发挥自然资源优势是旅游形象设计的基本原则。海南乡村旅游地具有鲜明的海岛特色，这些海岛特色也可称为"地格"。对"地格"进行客观、正确的评估，是旅游形象设计的前提条件与基石。应以自然资源为基本要素，顺应海南的自然脉络来设计形象。

"地格"的养成类似于人类性格的形成，不仅要有先天自然条件作为基础，而且需要注重"地格"的后期保护与开发。就海南的"地格"来说，先天基础是独特的地理环境，海南岛全年夏季持续时间长，冬季持续时间短，气候为热带季风气候，光照持续时间长，因此具有适合发展旅游业的优越自然环境，并且适合开发具有海岛特色风情的旅游形象建设。海南的自然生态资源拥有以下特点：（1）热带资源雨林丰富，森林覆盖率超过85%，多为热带雨林。（2）具有良好的气候条件，雨水丰富，每年的室内平均温度为20.7~24℃，天气"温而

不热、凉而不寒、爽而不燥、润而不潮"。(3) 热带动植物资源丰富，具有400多种珍稀动植物，构成了丰润的、独特的绿色世界。海南独特的自然生态资源为乡村旅游形象提供了大量的设计灵感。依托海南特有的热带雨林资源而开发的保亭呀诺达旅游景区，其旅游形象设计体现了海南绿色文化、南药文化等理念（见图6-1）。开放后不到三年就获得了国家4A级旅游景区称号，在2012年又获得了国家5A级旅游景区称号，成为继三亚南山旅游区、三亚大小洞天之后的海南地区第三个国家5A级旅游景区。

图6-1 保亭呀诺达旅游景区旅游形象设计

2. 挖掘地方人文特色

海南独特的自然脉络所滋养产生的地方人文，是海南乡村旅游形象设计中的精华和核心优势。海南是少数民族聚集的省份，在发展过程中，黎族人民首先开发了海南各个地区，随着岛外移民逐渐增加，黎族人民又融合了从汉族地区带来的先进技术，进一步推动了海南的经济、社会、文明的发展。海南拥有丰富的黎族、苗族民俗文化内涵，是海南乡村旅游形象的设计优势之一。通过对黎苗地区的服装、耕作、历史文化、民间故事等元素进行提炼与再设计，可以给当地的旅游形象设计赋予新的文化生命力，既满足了旅游者对黎苗文化的好奇，又能给当地的经济发展带来动力。

在民俗文化方面，海南黎苗文化具有悠久的历史并且融合了不同民族的特点，特别是黎苗文化和汉族文化的融合丰富了海南民俗文化的内涵。因此在乡村旅游形象设计当中，设计者可以提炼海南地方人文中的民俗文化，设计具有地方人文特色的乡村旅游形象。此类旅游形象设计可以宣传海南民族风情及传统文化，如海南"槟榔谷黎苗文化旅游区"（见图6-2）。

图 6-2　海南槟榔谷黎苗文化旅游区

丰富的地方人文特色是海南乡村旅游形象设计的要素之一，合理运用地方特色充实乡村旅游形象的内涵与文化底蕴，可以为乡村旅游形象注入新活力，从而带动乡村振兴。

3. 符合旅游市场需求

随着城市现代化造成环境污染的问题加重，更多的旅游者渴望在乡村中感受优美的自然景色、呼吸新鲜的自然空气。同时随着带薪休假制度的推行，更多的旅游者拥有了充足的旅行资金与时间。因此，海南的特色乡村旅游有着巨大的潜在市场。为此乡村旅游地需要设计出具有健康、文明、朴实、自然等特色的乡村旅游形象吸引旅游者，满足城市民众休闲旅游的需要，以此推动海南乡村旅游品牌迅速发展。

海南乡村自然环境优越，土地使用率较低，且森林覆盖率长期居国内前列，为海南乡村旅游形象创新发展提供了优势，也为海南打造中国乡村旅游名牌、引领中高端旅游市场奠定了良好条件。同时，海南还可认真学习和借鉴国内已经相对成熟的乡村旅游形象设计经验，并借助自身的良好资源，打造具有本土特色的乡村旅游形象和旅游品牌。如位于保亭的常青茶溪谷（见图6-3），通过打造具有海南茶文化特色的旅游形象，填补了国内缺乏的茶文化旅游市场，以此吸引对茶文化感兴趣的旅游者。

图6-3 常青茶溪谷乡村旅游景区

目前，海南各市县虽然已经基本建立了不同的乡村旅游形象，但还没有形成独特的品牌。海南乡村可利用自身的特点和资源优势，进一步明确自身乡村旅游发展的战略定位，充分开发区别于其他乡村的旅游形象设计。

（二）乡村旅游形象消费策略

目前，海南乡村地区的旅游形象存在形象经营意识淡薄、宣传力度不够、没有从长远角度来规划乡村旅游形象发展蓝图、缺乏高标准的形象设计定位与设计策划等问题，难以适应旅游市场竞争日趋激烈的新形势。

以旅游品牌展示海南乡村旅游的新面貌，就需要由设计师精心塑造海南乡村旅游形象，旅游品牌首先追求的是旅游者的记忆反应，旅游品牌应设计独特且易于牢记的旅游标志、旅游宣传口号、乡村旅游衍生产品等，形成一种具有显性的、能够被人牢记的旅游标志物。乡村旅游品牌设计有以下三个要求：一是体现乡村脉络的独特标志，表现人与自然和谐共处的基本观念；二是凸显差异化，通过挖掘乡村的特色资源、民俗文化等元素，形成具有辨识度与影响力的乡村旅游品牌；三是通过图形化设计，设计出具有独特个性且易于牢记的乡村地名符号，从而提升乡村旅游的知名度。在海口市演丰镇，有一座瑶城古村落修建于明清年间，是海口市历史人文名村之一，具有深厚的人文底蕴。经过乡村旅游升级改造后定位为"都市郊外一小时来往的世外桃源，充满历史人文气息的古村落"，由此延伸设计的乡村旅游形象（见图6-4），为瑶城古村带来了"新生"。

图 6-4　瑶城乡村旅游品牌视觉设计

乡村旅游地的开发定位，应当充分发挥乡村的自然资源与人文底蕴。如以森林资源为主的林间休憩、乡间漫步、花卉观赏等旅游活动，可设计为休闲、亲子的乡村旅游形象；以休闲捕鱼、泛舟、农事体验等为主的乡村旅游，可设计成健康、养生的乡村旅游形象。根据不同种类的乡村旅游资源，发展并演变为各种独具特色的乡村旅游产品，构建不同层次的乡村旅游形象设计，以满足各年龄层次旅游者的需求。

（三）乡村旅游形象传播策略

利用设计实现海南乡村旅游形象的优化，彰显乡村旅游的本真个性，防止盲目商业化设计；通过设计思维寻找海南乡村旅游形象的核心设计要素，防止庸俗化，提升乡村的旅游创意；通过乡村旅游资源整合变现旅游形象设计，防止设计同质化，增加其文化内涵。顺应海南乡村旅游市场的发展潮流和海南乡村振兴战略，需要更高品质的乡村旅游形象设计，以更丰富的文化内涵吸引旅游者。

乡村旅游形象设计完成后只有进行有效的传播与推广，才能让更多人感受到海南乡村旅游地的魅力。同时，有关部门给予的旅游扶持、优惠政策，有助于推动海南地区乡村旅游形象的对外宣传，促进乡村旅游形象的进一步拓展，为乡村地区旅游形象设计发展夯实了基石。

海南乡村旅游品牌的形象传播方式，在政府的指引下分为以下三类。
（1）政府部门主导型，主要指在政府部门的统筹主导下，由旅游公司、旅游相关领域专家学者和社会公众等共同参加乡村的旅游地形象宣传工作，各自发挥自己的职能和优势，在这个过程中，要突出政府的主导性特点。（2）政府合作参与型，是由政府部门、旅游地管理部门、各行业专家学者以及社会公众以一种类似合约的方式，发挥各方专长、各负其责，共同参与乡村旅游地的形象宣传工作。在这个过程中，强调的是参与各方的平等性，并没有主导者。（3）传播辅助型模式，是指在当地政府营造良好的形象传播环境的条件下，由旅游地管理部门、当地政府相关部门行业支持、专家学者以及社会公众，通过各种力量自觉参加乡村旅游地的形象传播。在这整个过程中，政府主要发挥一种辅助的作用。

二、海南营根镇乡村旅游形象设计定位与实践

2021年上半年国内旅游抽样调查结果显示，国内旅游人数达到了18.71亿人次，同比增长了100.8%，其中乡村旅游总人数达到了5.63亿人次，同比增长了126.1%。由此可见，越来越多的旅游者偏向于选择乡村特色旅游。海南乡村旅游具有得天独厚的优势，主要体现在生态的自然性和多彩的人文感。目前海南乡村旅游需要解决的形象设计问题包括：（1）乡村旅游形象设计需增加乡村群众的认可度，乡村群众是乡村旅游形象的最后评判者和受益者，因此形象设计的选取与执行都应该充分考虑乡村群众的认可度。（2）乡村旅游形象设计要与乡村各部门、旅游各产业互通互联，重视乡村旅游地和民众的共同利益。

（一）乡村旅游形象设计定位

近年来，旅游者可选择的海南乡村旅游地越来越丰富，除一些颇负盛名的经典乡村景点以外，也出现了不少新兴的旅游景点，如乡村露营地等。海南乡村旅游地之间的竞争也越来越激烈，一定程度上对依靠自然资源吸引旅游者的乡村旅游造成了较大的冲击。

如何顺应旅游业发展趋势，抓住海南乡村旅游业发展的良机，就需要设计师采集海南地理人文要素、旅游者心理特征、海南乡村旅游市场需求等数据信息，加强定量分析，为海南乡村旅游形象设计定位提供数据与理论支

撑。同时采用"与古为新"的设计理念对现存的海南乡村旅游形象进行再设计,利用设计的优势激活乡村旅游的内生动力。本书特别强调以下两个设计定位。

1. 以自然资源为定位

乡村旅游资源是乡村旅游形象定位的基石,而乡村旅游形象也受到乡村旅游资源的条件约束。不同的乡村有着不同的地域特点以及自然资源条件,有的山林覆盖,有的山地重叠,有的则是一望无际的平地和草场。不同的地理位置、资源条件,形成了乡村独特的旅游资源。

要全面了解并善于运用乡村的旅游资源,并选取具有特色、稀缺属性的地方旅游资源为设计定位资源,如此才能够从根本上确保乡村旅游形象设计定位的独特性、唯一性。充分利用在乡村范围内具有垄断地位与规模的地方特色旅游资源,是乡村旅游形象设计定位的前提。

琼中县营根镇的百花岭,向来有海南"绿色宝库"的称谓(见图6-5)。该乡村旅游景区中拥有数不胜数的奇特植物,如将军榕、连里树,同时拥有壮观迷人的百花岭瀑布。该乡村旅游地的开发主题为"山地观光避暑、热带雨林观光旅游"。

图6-5 营根镇百花岭乡村旅游景区

2. 以区位优势为定位

乡村旅游地进行形象设计定位时,需要了解自身的资源优势是否具有竞争力。旅游形象设计定位需要重点发掘乡村的特色旅游资源,形成独一无二的旅游形象定位,才能够在众多旅游形象中脱颖而出。乡村旅游形象定位过程中会受到已有的旅游形象影响，最具优势的乡村旅游资源也可能被其周边乡村地区先一步利用。所以，设计者必须深入探索和研究乡村的特色旅游资源，并且与周边乡村旅游形象进行比较，取其精华弃其糟粕，对自身的旅游形象进行重构再设计，从而打造乡村旅游形象新卖点。2015年以来，营根镇百花岭乡村旅游景区"以西花仙境，菩提福地"为总体定位，全面提档升级改造，打造区别于其他乡村旅游目的地的乡村旅游形象。

百花廊桥位于琼中营根镇风景秀丽的百花岭下，是营根镇到百花岭乡村旅游地的主要通道（见图6-6）。整座廊桥是惊艳的中国红，造型独特，由哥桥和妹桥组成。通过对百花廊桥的升级改造，将其打造成为海南首座具有黎苗族风情特色的廊桥，使营根镇的黎苗风情更具特色。

图 6-6 营根镇百花廊桥

（二）营根镇乡村旅游形象设计实践

设计实践分为设计定位、形象设计元素提炼、形象设计表达三部分。设计定位是乡村旅游形象设计的基本前提，通过对乡村旅游地的分类和规划来确定形象设计方向，向潜在的旅游者推介乡村旅游目的地；形象设计元素提炼是在设计实践中不可或缺的重要组成部分，对海南乡村旅游地独有的旅游资源加以总结、提炼、再设计；形象设计表达是前两部分的总结，在设计定位策划指导下将乡村旅游元素运用到整体旅游形象设计中。

1. 营根镇乡村旅游形象的设计价值

（1）体现营根镇民风民情。挖掘琼中营根镇的自然资源文化进行再设计，对琼中营根镇自然色彩进行分析与重构，运用在营根镇乡村旅游形象设计中，在乡村旅游形象设计中加入手绘插画的表现手法，手绘插画融合不同的设计元素来丰富形象设计，突出琼中营根镇的乡村地域文化与自然资源特色。

（2）符合乡村旅游市场需要。海南省人民政府关于《百花岭风景名胜区总体规划（2020—2035）》的批复（琼府函〔2022〕17号），海南省出台的规划政策为百花岭乡村旅游景区的建设提供了政策支持，琼中百花岭的有关负责人曾表示："很多游人在百花岭游览过后，通常还会挑选附近村落当作下一次的游览目的地。"截至2021年5月，琼中全县共有10个省椰级乡村旅游点，利用百花岭旅游景区所带来的辐射效应，吸引了大量岛内外慕名而来的旅游者，为琼中营根镇以及海南中部的乡村旅游发展提供了机遇。

2. 营根镇乡村旅游形象设计

乡村旅游设计元素提炼是旅游形象设计实践中不可或缺的重要组成部分，以下从海南的乡村民俗文化、传统技艺、自然景观三个方面对营根镇乡村旅游资源提炼与再设计。

（1）民俗文化的提炼。

海南的民俗文化具有丰富的人文历史内涵，可以将当地富有正能量的神话故事、民间传说、节日习俗等进行提炼，并创造性地运用到乡村形象设计中。如黎族织锦中的甘工鸟、大力神和黎族鹿回头等精神图腾，疍家渔歌、三月三、军坡节等节庆活动，苗族盘皇神话故事、蜡染、婚嫁习俗等，都是海南乡村旅游形象设计的重要元素。

从海南乡村的社会、物质等外在形态入手，在乡村旅游形象中注入海南的特色民俗文化，如可以从海南黎苗地区的黎族织锦提炼设计元素。

琼中在百花岭热带雨林文化旅游区中举办了具有海南黎族织锦图腾元素的夜景灯光秀（见图6-7），将民俗文化、现代科技与海南乡村有机结合，也为琼中乡村旅游地的形象设计注入了新的活力。

图 6-7　琼中百花谷乡村灯光秀

营根镇的民俗文化丰富且有内涵，是一个集黎族、苗族、汉族多民族融合的地区。通过实地考察、对当地居民进行走访，可将琼中县黎族、苗族的民俗神话传说分为三种类型：第一种是对于开天辟地的英雄人物的歌颂，比如黎族织锦中常描述的大力神、苗族中的盘皇故事，是对带领人民走向光明的神灵的歌颂与赞扬；第二种是象征爱情的神话传说，如黎族的鹿回头、甘工鸟等神话故事，表现了人们追求美好生活的向往；第三种是解释关于种族起源、自然现象的神话传说，如海南琼中的黎母山、五指山传说等。海南琼中民俗文化中的神话故事大多数是以琼中的各个旅游地作为故事基础的，所以能够代表琼中旅游地和特色民俗文化。

近年来，琼中县秉承着"绿水青山就是金山银山"的乡村旅游发展理念，打造"奔格内"乡村旅游品牌，使一批贫穷落后的黎村苗寨发生了美丽的蝶变。2020年6月，琼中县邀请海南本地高校研究和制定乡村旅游形象升级改造计划，利用美术与设计专业优势，进行系列彩绘创作。通过深入挖掘琼中乡村的特色文化，在创作方面大胆创新，围绕黎苗文化进行设计延伸，开发了苗族盘皇、苗族蜡染、苗族婚嫁、黎族甘工鸟、黎族大力神和黎族鹿回头共六个系列的彩绘创作与文创设计（见图6-8）。同时营根镇百花廊桥的乡村旅游形象升级改造中提取了当地的神话故事，其附带琼中营根镇的文化属性，具有强烈的黎族、苗族文化内涵。

图 6-8　琼中盘皇主题彩绘

（2）传统技艺的提炼。

传统技艺是中华民族传统文化广泛传播的表现形式之一，海南乡村传统手艺的流传反映了海南民众日常生产和生活的集体智慧。传统技艺蕴含着海南人民活跃的创造力，几乎涵盖了乡村生活的全部，黎族的发簪和"贡品"龙被就是例证。展示一方水土、地方经济、历史环境、社会人文等的乡村风物与文明，为海南乡村旅游形象设计与推广增添了生机和活力，为乡村振兴发展提供了不竭的精神力量。

深入挖掘黎族中的黎歌、舞蹈、黎锦以及苗族中的苗绣等传统技艺作为设计元素运用在琼中乡村旅游形象设计中，逐渐形成了如今富有黎族苗族风情的琼中营根镇乡村旅游形象。黎族、苗族的同胞们身穿民族传统服饰进行表演，再现了劳动、舞蹈的场景，以及手工艺人席地而坐织黎锦、苗绣的场景，展示了少数民族丰富多彩的文化生活，给前来营根镇的旅游者留下了深刻的印象（见图 6-9）。

图 6-9　黎族传统技艺、苗族刺绣

（3）自然景观的提炼。

在海南乡村旅游形象设计中，设计师可以融入海南的峡谷、河流、自然地貌遗迹、乡村建筑、稀有动植物，如尖峰岭、黎母山等山脉观光资源；万泉河、南渡江等水域；雷琼火山遗址世界地质公园等火山地貌遗址。

海南共有1100余个风景不尽相同的美丽乡村，可以在乡村旅游形象设计中融合海南的地理环境，体现乡村旅游地自然环境，更好地宣传海南乡村旅游地，从而吸引对自然风光旅游感兴趣的旅游者。自然资源作为乡村旅游的重要组成部分，设计者可以提炼海南的自然景观进行设计，在乡村旅游形象设计中形成海南独有的自然风情旅游形象。图6-10所示为海南琼中乡村旅游景点手绘插画。

图6-10 海南琼中乡村旅游景点手绘插画

3. 营根镇乡村旅游形象设计具体实践应用

琼中营根镇拥有众多风景秀丽的乡村旅游景区，这里选取了营根镇百花岭作为设计实践的主体，百花岭距离琼中城营根镇仅有7公里，是海南游览瀑布美景的绝好去处，也是避暑的好地方。通过现代手绘插画的艺术形式，将展现琼中营根镇百花岭的热带雨林风情，探寻热带雨林的自然之美。

（1）营根镇自然景观在乡村旅游形象设计中的应用。

琼中县营根镇位于海南岛的中部，处于热带雨林保护区内，同时环绕着黎母山、五指山、鹦哥岭等大大小小共50余座山峰。其中作为海南热带雨林文化的重点示范区域——百花岭乡村旅游景区，带动了周边村庄的发展，也使得琼中县的乡村旅游市场迎来新的发展机遇。

在乡村旅游形象标志设计中需要表现营根镇独特的自然风貌，所以将"琼中印象"作为营根镇乡村旅游形象设计的名称（见图6-11），不仅可以与现实的旅游地相呼应，并且可以开发相应的乡村旅游衍生产品。

图6-11　琼中印象标志设计

对营根镇独特的自然环境进行图形化提炼与再设计（见图6-12），打造独特的乡村旅游形象设计，避免与周边地区旅游形象形成同质化。同时依托已有旅游资源的知名度，让乡村旅游形象的设计也更具有"真实性"，同步推进乡村自然旅游景区和乡村旅游形象的协同发展。

图6-12　营根镇自然景观图形设计

（2）营根镇乡村旅游形象的插画设计。

营根镇乡村旅游形象中的插画设计结合了中国传统的绘画技巧——白描，将营根镇中不同季节生长的植物通过手绘的方式呈现在画面中（见图6-13）。

营根镇在山簇拥之下，自然界的动植物竞相生长，如春天的木棉花，又称

"英雄花"，在营根镇的百花岭内多有种植。每年元宵节前后木棉花开，直至二三月时达到盛花期，红艳艳的木棉花开满枝头（见图6-14）；如夏天的荷花，琼中黎族苗族自治县湿地公园的荷塘上，满池荷叶簇拥出一片茂密的翠绿，花叶之间的连蓬耸立着迎向蓝天（见图6-15）；如秋天的菊花（见图6-16），海南古志《正德琼台志》是这样记载苏东坡与海南菊花之趣的："东坡尝称岭南气候不常，菊花开时即重阳，不须以日月为断。十月初吉菊花开，今观海南尤然。"如冬天的紫荆花，冬季营根镇道路两旁的紫荆花郁郁葱葱争奇斗艳，紫荆花在11月至来年3月开花，枝头花团锦簇，格外瑰丽（见图6-17）。不同的植物竞相生长，都是对营根镇的自然环境最热烈的回响，插画整体运用了具有营根镇当地特色的自然之物来作为插画内容，重点凸显营根镇风景秀丽的自然环境。

图6-13 营根镇乡村旅游形象插画设计

图6-14 营根镇木棉花插画设计

图6-15 营根镇荷花插画设计

图 6-16　营根镇菊花插画设计　　　　图 6-17　营根镇紫荆花插画设计

由于琼中营根镇流传的神话故事并没有真正的人物，在进行旅游形象设计时，可以围绕两个传说中的人物描述创作出具有营根镇地域文化的神话人物形象。

海南苗族至高无上的神灵——盘皇，被苗族人民尊为祖先，故以"皇"称之（见图 6-18）。为纪念这位先祖，勤劳聪明的苗族人民创造了《盘皇舞》，每遇重要节日，苗族人民都会以舞祈福。

海南黎族始祖——黎母，传说从前雷公游览人间，看到海南岛上百花齐放，环境优美，动物间和谐生活。于是他将一颗蛇卵藏于群山之中，并让山中的五色雀加以看护。次年在海南"三月三"这天，雷公在天空中打下一声惊雷，将蛇卵震开分为两半，一位美丽的姑娘从蛇卵中走出。雷公给这个姑娘取了个名字叫"黎"，动物们也竞相前来祝贺，并称呼她为"阿黎姑娘"（见图 6-19）。

（3）营根镇乡村旅游形象在衍生品中的应用。

琼中营根镇还拥有许多传统手工技艺、民俗节庆等具有开发价值的民俗文化。将其运用到形象设计当中，可以使旅游者即便没亲身感受琼中的乡村旅游，仍可提前感受到琼中乡村的民风民情，从而吸引对于民族文化感兴趣的潜在旅游者。在旅游形象设计中加入营根镇的特色旅游吸引物，让乡村形象设计向多元化、多层次发展，扩大不同年龄的旅游者覆盖面，打造出不同的旅游形象新卖点（见图 6-20、图 6-21）。

图 6-18　营根镇盘皇神话插画设计 　　　　图 6-19　营根镇黎母山神话插画设计

图 6-20　营根镇花卉海报设计

图6-21 琼中营根镇旅游纪念品设计

　　乡村旅游是目前旅游资源最为丰富的旅游形式之一，也是最能够体现本土文化的旅游形式之一。海南乡村振兴的发展离不开乡村旅游形象设计的支持，因此对海南乡村旅游形象设计来说，弘扬和重塑乡村民俗文化具有重要的意义。海南的传统民俗、文化技艺、自然生态景观、人文价值可以丰富和提升乡村旅游形象，提升传统文化融入乡村旅游发展中的内生动力。在这一过程中，必须重视并且更深层次地掌握乡村旅游的发展规律，充分关注对本土传统民俗文化的继承和保护，从而形成健全的"接地气"的旅游形象与发展模式。通过乡村旅游形象的升级与改造，进一步弘扬并发挥传统生活艺术和乡村传统民俗文化的集体记忆与生命力。

　　近年来，海南乡村旅游快速发展，但是存在着旅游品牌意识薄弱、旅游形象比较单一、旅游形象设计缺乏市场竞争力等问题。本节构建了有利于发展海南的乡村旅游形象设计的范式，以此达到促进乡村旅游形象和地方民俗文化传播的融合发展的目标，促进海南乡村旅游形象的进一步发展，也将对其他地区开展乡村旅游地区的形象设计工作具有一定的借鉴意义。

第七章
乡村旅游设施规划

第一节 乡村旅游设施概述

　　乡村旅游设施是乡村旅游品质提高的保证，以及乡村自身发展的重要组成部分，良好的村容村貌，便利的交通，舒适的居住环境，是提高村民生活质量的重要保障。从乡村旅游活动范围和乡村旅游设施服务对象的角度分析，乡村旅游设施是指为乡村旅游活动开展、乡村旅游产品设计与组合而存在的各种公共与专项设施，其服务对象包括乡村旅游者和当地居民。乡村旅游设施包括乡村旅游基础设施和乡村旅游服务设施。其中，乡村旅游基础设施服务的对象为乡村居民和游客，包含交通设施、给排水设施、电力通信系统以及卫生设施等，由于农村地区基础设施差，一般情况下要对其进行完善，为乡村居民和游客提供便捷安全的条件；乡村旅游服务设施主要为游客提供旅游集散、休息、住宿场所，包含住宿设施、商业与餐饮设施、游憩与娱乐设施以及旅游辅助设施，餐饮、住宿由农家乐、度假村、民宿以及露营地等提供，休闲娱乐场所根据不同活动项目进行配置，同时结合当地特色。从广义上来看，乡村旅游设施包含了所有满足旅游者需要的内容，从而为旅游者提供服务；从形象上来看，乡村旅游设施是乡村旅游区景观最重要的组成部分；从功能上来看，乡村旅游设施承载着各种旅游活动，是各种乡村旅游产品的载体。

第二节 乡村旅游基础设施规划的目标与原则

一、乡村旅游基础设施规划的目标

完善乡村旅游基础设施和服务设施，全面提升乡村旅游服务质量和水平，形成布局合理、类型多样、功能完善、特色突出的乡村旅游发展格局。努力提高配套程度和综合服务功能，夯实发展基础。以满足游客需求为导向，以提升服务能力为目标，结合客源市场发展需要，高、中、低档相匹配，大、中、小型相协调，加快建设停车场、餐饮、住宿等旅游服务设施，提高游客接待能力，为游客提供安全、舒适、优质的服务，提升乡村旅游景区服务质量和水平。

二、乡村旅游基础设施规划的原则

（一）分散与集中相结合原则

乡村旅游在发展过程中具有其内在特点，因此在乡村旅游基础设施建设过程中也应该遵循一定的原则。乡村旅游在开发之前应该进行科学合理规划，在旅游基础设施建设上应该按照分散和集中原则加以有效落实。在乡村旅游景区的入口处和核心处应该设置相应的服务设施并进行集中布局，满足旅游者在入口处和核心景点的旅游需求。同时还应该在旅游景点的各处设置相应的分散式服务设施，通过科学合理布局，既能够满足旅游者的旅游需求，同时也能够提升旅游设施的使用效率。小型的接待设施如农家旅馆等，适宜结合农家住户的布置分散到村落中；而商业娱乐设施宜适当集中，以形成游憩的氛围。

（二）乡土性与艺术性原则

当前很多乡村旅游地在基础设施建设上更多是照抄照搬成功典型，没有结合自身乡村旅游发展的资源优势和文化特点，导致乡村旅游开发缺乏特色，很难吸引到游客。因此，在乡村旅游开发过程中应结合本地的风土人情和文化特点，突出基础设施建设的艺术性和乡土性原则。在乡村旅游基础设施建设过程中，应该对本地的文化加以了解和整合，提炼出具有本地特色的乡土符号，并将这些乡土符号运用到乡村旅游基础设施建设之中。特别是在建筑和景观打造上既要体现其艺术性，又要体现其乡土性。坚持将乡土性与艺术性有效融合，构建更为完善的旅游设施，按照均衡、韵律的基本原则提升旅游设施的美感。

（三）生态性原则

在旅游设施规划中需要在技术上引入生态的理念，使二者相互融合、相互支撑，以达到保护环境、节约资源、保持生态平衡、促进人与自然和谐发展的目标。乡村旅游既需要给旅游者提供完善的服务，同时也应该让旅游者欣赏到本地优美的自然风光，因此在旅游基础设施建设上应突出其生态性原则。在旅游服务设施建设之前，应对其进行科学合理规划，本着保护乡村生态环境的原则对乡村旅游设施进行科学合理布局。乡村旅游设施不能破坏本地原有的生态系统，也不能影响居民的正常生活，同时还要满足旅游者的旅游需求。

第三节 乡村旅游基础设施规划的内容

一、乡村旅游基础设施规划

（一）交通设施规划

交通设施规划包括对乡村旅游地及周边区域的道路、旅游线路和景点的合理安排，以及部分可能出现的车船湖泊路线进行合理布局，确保游客能自由顺畅地进出通行。对于交通出入口、停车场的面积取决于乡村旅游规划区域的项目开发建设集中程度和交通方式的通达性，同时必须配套良好的景观、恰当的道路铺装、宜景的座椅小品以增强游览过程中的美感。一般情况下，集散入口处要留有足够的空间，以备后续深入规划，适应未来发展。步道设计既要留有足够的宽度，还要确定适当的倾斜角度以及采用具有耐磨防滑的表层铺装材料；不同的活动项目需要不同大小的空间，如步道行走空间应以每人1.2平方米作为标准设计，步道宽度一般情况以能通过三人为宜，至少设定1米宽，游客聚集区的步道宽度宜设定在2米以上。对于倾斜坡度在5度以下的可直接设定步道通行，当高差较大时，宜设台阶。

1. 交通出入口

在许多传统村落的入口，保留着古树、牌坊、亭、桥等与自然环境融为一体的景观设计。在出入口的设计中，应遵循生态性和乡土性原则，力求展示乡村的自然风貌和文化寓意，同时考虑停车场地和游客服务功能。

2. 停车场

停车场的位置选择是旅游区交通规划的重要内容。一般要求停车场与旅游区要保持一定的距离，外来旅游车和私家车不宜进入旅游区。停车场的整体环境要注意美化，以减少大面积裸露场地对景区环境的不良影响。

3. 旅游区交通工具

旅游区要根据需求设置相应的交通工具，如游览观光车、租赁自行车、山地摩托车等交通工具；有些区域还可以因地制宜，设置船、索道等交通工具，增加游客的交通选择方式。

（二）给排水设施规划

乡村旅游给排水的关键是保证水质量和安全无污染，同时保证乡村旅游的给排水设施在暴雨、干旱等自然灾害情况下不影响正常的输入输出，不妨碍到出游者的便利。供给要确定水源、水点，合理布置供水管道网，满足本地居民和外来游客的水需求，对于乡村旅游地的污水，一般情况下要达到二级才能处理，部分情况可能要求污水三级处理后才能排放，绝对不能造成乡村自然生态环境的破坏。

1. 供水设施规划

旅游地的供水设施规划应根据总体规划中游览区、接待区、生活区的位置和规模等统一安排，确定供水方案。供水规划的主要任务是估算用水量，选择

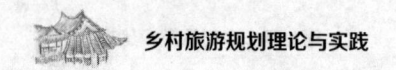

合适水源，确定供水点，合理布置供水管网等。

2. 排水设施规划

旅游区的排水主要是雨水和污水的排放，一般采用雨污分流的方式。雨水采用明渠方式就近排入河沟溪流。污水排放，就近做污水处理，可以新建污水处理厂，或者就近输送其他污水处理厂，处理后的污水可以再利用。

（三）电力通信系统规划

两者在配置方面必须形成完善的网状系统，保证足够的供应量，同时保证不破坏自然景观。在网络时代，互联网在乡村的普及已变得容易，如何利用互联网建立网站门户是乡村旅游开发的一件大事。空调供暖属于内部环境，可以选择单体规划或者中央集控系统，选择视场所和环境而定。

1. 电力供应

在旅游区中，输送电力的变电站和高架线的规划要考虑不破坏自然景观，不会对旅游区的旅游资源造成破坏。

2. 通信系统

通信设施的建设包括电话服务、电视系统、公共广播系统和网络系统。首先要保证乡村旅游地与外界通话交流的顺畅。电视系统可以设置内部电影频道和旅游信息服务频道。公共广播系统要经过细心规划，布置在主要游憩区和公共场所。随着网络的普及，乡村应该重点建设网络系统，加强信号的强度，提高网速，普及无线网络的覆盖范围，满足游客的网络需求。

（四）卫生设施规划

乡村旅游的游客主体是城市居民，对住宿、餐饮卫生的条件要求较高。因此，乡村厕所、垃圾站、污水处理等的基础设施建设要按科学的标准同时兼顾美观效果以满足游客的需求。公共厕所的规划要求是既要隐蔽，不影响旅游景观，又方便易找到，建议选用造型与整体景观协调的生态厕所、免冲厕所。

1. 公厕建设

厕所的设计要把握以下几点标准：第一，宜设在下风口，以防异味飘散；第二，最佳位置宜选次要产业、景点范围内，且必须设立指向牌；第三，在集中产业范围内，选址尽量附属于主要建筑物内，以避免影响整体美观；第四，单独设立的乡村厕所要尽量避开水源，同时地坪材料采用防滑硬质铺装，且采用蹲式造型。

2. 垃圾处理

垃圾房的规划建设直接影响整体景观形象，关于垃圾桶的设计既要具有功能实用性，又兼具美化环境的效用，设计时要把握：第一，接近走道、马路，同时为方便集中收集，应设立服务车道；第二，远离水源，避免破坏水质结构；第三，同一集中区内垃圾桶应设立有盖形态，同时做好分类，以便处理；第四，造型宜与周围自然景观协调一致。

二、乡村旅游服务设施规划

（一）住宿设施规划

住宿设施是乡村旅游服务设施中最重要的部分，功能性、便捷性、经济性是保证乡村旅游住宿经济收益的重要因素。以前的乡村旅游接待设施以农家乐的形式较多，能提供住宿条件的比较少，因此乡村旅游活动多以一天行程为主。为留住更多游客、刺激消费，应当结合当地的社会经济实际情况、目标市场的规模和消费水平、产品季节特性，尽量建设具有本地乡土特色的住宿设施，以满足不同消费者的住宿需求。

乡村旅游住宿设施一般可以分为三种类型：一是地方民居类。通常是本地原材料建设的具有地方特色的居住房，如北京的传统四合院、闽南的天井民居、西北的窑洞民居、客家的土楼建筑等。二是乡村别墅。此类结构通常为高档的休闲度假乡村旅游房地产产业，建筑风格常常为仿古或仿异域特色形成的风情小镇，所以选址建设、布置设施、风格装饰的造价均高于其他基础产业。三是特色体验建筑。一般情况下，特色体验乡村居住建筑不只是提供住宿，更重要的是提供旅游体验，如借鉴我国大部分山区少数民族特色住宅的体验建筑，采用原石、独特装饰，营造独特体验氛围。

关于乡村住宿建筑的设计，要注意以下几点：第一，建设要与周围景观协调，避免破坏整体格局和生态环境；第二，建筑选择平缓坡地，注意周围水土、绿色植物的保护；第三，选址最好设定在游憩区域之外，以避免打扰游客休息；第四，住宿中的服务设施宜集中设立，简化功能，减少耗材；第五，建筑风格的选定和住宿环境的设定必须突出乡土特色、民俗风情，体现传统乡村悠然气息。

（二）商业与餐饮设施规划

乡村旅游区的商业配置不同于城市配置，乡村居民购物习惯于就近购买，且希望能够全数购买到旅游区内的产品。所以，在规划乡村旅游区内的商店时应综合客流量、物品需求确定商业单体面积，同时也可根据本地环境考虑是否适宜建设农产品商业综合体。餐饮设施的布点应当尽量结合人流量和公共空间进行布局，一般宜设置在接待服务区、游览路线上，以方便游客就近选择。同时可以建立一些具有特色的乡村餐饮，以增强乡村旅游氛围。

乡村旅游规划中乡村餐厅的建设，要参考卫生分级管理要求，结合农家餐厅主题特点进行设计，设计标准如下：第一，餐厅整体布局要合理，合理布置就餐区、切配区、加工区，以及传菜路线；第二，出入口根据主题或地方特色布置，内部运用农业特色产品装饰，采光要求明亮舒适，餐厅场地布置要温馨、愉悦，桌椅设定要人性化；第三，厨房天花板高度距离地面宜2.5米以上，墙面适宜铺满瓷砖，地面选用防滑材质铺装。

（三）游憩与娱乐设施规划

游憩与娱乐设施的完善程度是衡量乡村旅游体验的一个重要方面。乡村旅游开发中，可以因地制宜设置登山、攀岩、骑马、滑雪等运动类设施；设置酒吧、咖啡吧、温泉疗养中心等度假类设施；设置放风筝、民间游戏、荡秋千、水上娱乐等娱乐类设施，满足游客的多样化休闲需求。

游憩与娱乐设施规划设计时要结合空间流量，同时在规划设计时要考虑以人为本的原则并展现出艺术性，恰当地加入本地乡土文化、民俗风情，从而增强乡村的内在与外在魅力。例如，夏季的乡村露天游泳池、冬天的乡村温泉设施具有较强吸引力的乡村游憩活动。

（四）旅游辅助设施规划

一些其他辅助基础设施的建设也不容小觑，应当做到各方协调。乡村旅游的标志牌通常可以分为指引类、说明类和警示类三种。指示类的标志牌常设置于易误导游客混淆方向的岔道口；说明类的标志牌具有解释作用，宜布置在重要出入口、重点项目显要位置；警示类的标志牌具有警示提醒作用，宜设置在涉及危险行为的醒目处。具有指示作用的标志牌设置需要遵循人性化原则，具有指向性，宜安排在入口处，以利于游客选择路线，营造和谐的旅游氛围。旅游区的辅助设施还包括医疗等方面的内容。

第四节 乡村旅游配套设施规划的基础理论与策略

一、乡村旅游配套设施规划的基础理论

（一）系统论

系统论认为，系统是处于一定的相互关系并与环境发生关系的各组成部分的总体，具有以下特征。

整体性：系统是由各组成部分构成的，但整体大于各个孤立部分之和，这是系统的核心特征。

有机关联性：系统内部诸因素之间以及系统与环境之间的有机联系。系统与外部环境之间的有机联系使系统具有开放性，系统内部诸因素之间的有机联系使系统具有功能性，并且与系统的开放性一起保证系统的整体性。

动态性：动态性强调的是时间上的变化。一方面内部的结构是随着时间而变化的，另一方面开放系统每时每刻都从整体状态演变为各个独立的状态，使系统调节得到加强。

有序性：系统是从无序向有序发展和演化的，这标志着系统的组织性的增长。

预决性：系统的发展方向不但取决于实际的状态，而且取决于对未来的预测，二者的统一就是预决性。

乡村旅游是乡村目的地系统的一部分，随着旅游业的发展，乡村旅游发展将演变成为乡村大系统当中的一个重要部分。同时，乡村旅游的各个要素构成一个完整的系统，乡村的自然资源、人文资源、发展条件甚至包括旅游者都是乡村旅游系统的组成部分，这些要素为乡村旅游提供条件，它们综合起来形成的旅游氛围和功能又是各个单独要素所不具备的。各要素之间是相互有机关联的，遵循着一定的规律相互影响和制约，并且处在动态之中，不断有序变化。在内外部条件的作用之下，乡村旅游将遵循系统的演化规律朝着最佳状态发展。

（二）闲暇游憩理论

现代休闲是一种生活常态，人们在这段时间内按照自己随心所欲的意愿所从事的各种活动都称作休闲活动。休闲所注重的是人们对时间的使用、安排，以及由此而引起的对人们自我发展和完善的影响。从社会发展的过程来看，休闲只是人们具体消费休闲时间的一种样式、一种手段。我们所熟知的休息、游憩、娱乐、运动、旅游等活动都毫无例外地从属于休闲的范畴。著名经济学家凯恩斯预言，人类将面临一个真正的永久的问题是如何度过闲暇。未来学家托夫勒在《第四次浪潮》中预言，未来社会的闲暇与旅游将成为"第五次浪潮"。

游憩，英译为 recreation，从词源上讲来自拉丁语的 cecreatio，意思为更新、恢复。游憩的本意是轻松、平静、自愿产生的活动，用于恢复体力和精力。闲暇游憩理论被公认为属于生活行为理论范畴，其实际研究内容十分广泛，主要内容包括闲暇历史与发展、闲暇与生理和心理、环境与闲暇行为、闲暇与休闲产业、休闲价值与社会发展五大方面。在闲暇与游憩理论研究领域，目前已经形成的基本理论命题至少有如下七点：

闲暇史是与人类伴生的历史，并且具有美好的发展趋势；

闲暇与游憩是维持人类生理、心理健康的充分必要条件；

具有游憩潜力的事物是一种资源；

闲暇是一种前景广阔的现代产业；

闲暇是人类的基本权利，是社会发展的重要方面，需要政府介入；

闲暇类型具有地域、文化和发展阶段的差异；

闲暇与可持续发展具有较密切的相关性。

二、乡村旅游配套设施规划的策略

（一）充分发挥政府职能

乡村旅游是落实乡村振兴战略的重要途径，乡村旅游基础设施是一项投资非常大的系统工程，因此需要政府的统一规划并需要相关部门配合，才能够真正地实现乡村旅游基础设施的转型升级。政府需要提供一定的资金和税收优惠政策吸引社会资本参与到乡村旅游基础设施建设之中，只有乡村旅游基础设施建设完备，才能够吸引旅游者前来旅游。要做好停车场、医疗救护站、加油站等相应配套的建设，提升服务的全面性和针对性。同时政府相关部门要充分发挥监督职能，监督乡村旅游开发主体按照相关要求对乡村旅游住宿、活动、餐饮等方面进行升级改造，打造休闲农庄、特色民宿、森林小屋等特色民居。

（二）基础与服务协调配套

完善的乡村旅游基础设施可以保证乡村旅游资源进行有效和科学的开发。因此，在开发规划时，需要对其进行全面而深入的研究和思考。在交通上，应当对乡村旅游地及其周边的道路、出入口、停车场、游览步道等进行合理布局，使游客进得来、留得住、出得去。在给排水方面，最重要的是需要保证给水的质量和安全，保证乡村旅游地的排水设施在暴雨时不会妨碍旅游者的通行以及污水不会危及乡村的环境质量。在电力通信、供暖与空调、卫生设施等方面，也都应该有相应的配套，保证足够的容量和使用方便。需要注意的是，为了适应网络时代的到来以及方便通信和联系，有条件的乡村还应当积极促进互联网的建设，如建设自己的旅游门户网站。另外，所有的基础设施之间也应当统筹考虑，协调安排和弹性规划。

有了乡村旅游基础设施，还需要考虑旅游服务设施的完善和配套。在乡村旅游住宿方面，应当结合当地的社会经济实际情况，尽量建设各种等级和形式的住宿设施，以满足不同人群的住宿需求。在商业与餐饮设施方面，其布点应当尽量结合人流量和公共空间进行布局，以方便旅客就近使用和集散。为了提升乡村旅游的情趣，需要对一些游憩与娱乐设施进行人性化和艺术化的规划和设计，以起到画龙点睛的效果，增强游客对乡村的记忆，形成良好的旅游形象。此外，一些其他旅游辅助设施也不能忽略，如安全保障和行政组织设施等，对乡村旅游的良性发展也能起到至关重要的作用。

（三）分散与集中有机结合

乡村旅游设施的空间布局主要有两种形式，一种是分散布置，另一种是集中布置。小型的接待设施如农家旅馆等，适宜结合农家住户的分布分散到村落中。而商业娱乐设施宜适当集中，以形成游憩的氛围。一般而言，商业服务设施布置在主要道路的两边，而农家旅馆则分散布置在村落内。

以乡村旅游游客服务中心为例，一种是由政府旅游部门或旅游公司设置和管理的专业化的游客中心，主要功能有售票、购物、咨询、导游、展示、管理人员值班等。这种服务中心为减少对乡村旅游地的影响，并保证其功能和运营的相对独立性，一般位于与村落保持一定距离的独立建筑之中，是一种集中的布局形式。但是一些乡村由于面积较大，交通流向较多而且比较复杂，为了满足服务和管理的需要，除了有游客服务中心外，还会有多个承担售票、购物、咨询、导游等功能的中小型接待站，它们一般散落在旅游地的各个交通出入口，是一种以分散为主、带有集中的形式。

分散和集中布局并不是固定不变的，也不是绝对的，它们之间应当是相互补充和配合的关系。集中布局内有分散，分散布局内有集中，两者有机结合方为成功之道。

（四）单轨与双轨功能复合

所谓单轨，就是指乡村的旅游设施只为游客或只为村民服务。所谓双轨，就是指乡村的旅游设施既为游客服务又为村民服务。以乡村道路和其他基础设施为例，为了提高其使用效率，通常在规划时，既要考虑村民的出入交通问题，又要考虑游客的进出和集散问题。但是也有特例，并非所有的设施都同时向村民或游客开放。如震泽新星村的老年活动中心虽然是娱乐设施，但是在做旅游规划时，因为考虑到需要保持相对的安静环境，当地老人便有不太希望有游客进入打扰的意愿。同样，村中用于紧急集散的广场和旅游通道，则不希望有过多的村民前来聚集。

当然，规划更多考虑的应该是如何使更多的设施可以供居民与游客共用，其使用方式上可以是部分使用、错时使用、错空使用以及同时同地使用等。一些如文化娱乐设施、休闲设施、餐饮设施等就可以比较多地供居民与游客共同使用，这样形成的基础和服务设施使用双轨制，既有利于当地居民的生产生活，又有利于游客的旅游活动。因此，为了营造新时期舒适宜人、富有特色的旅游环境与和谐的人居环境，需要尽量对设施功能进行复合考虑。

第五节　乡村旅游设施规划典型案例

一、福州乡村旅游配套设施现状整体分析

（一）乡村旅游基础设施与现代旅游服务要求存在较大差距

在福州乡村旅游资源丰富的地区，制约乡村旅游发展的最大问题之一是基础设施相对滞后。原有的基础设施主要是为当地居民生产生活服务的，而作为旅游目的地后，这些设施还应为游客提供舒适的环境和旅游体验。乡村地区的许多基础设施仍然适应不了游客的需要，例如，道路、停车场、洗手间等公共设施简陋、设备不足；客房、餐厅、茶楼等的卫生状况和设施设备条件让人难以接受，很难留住客客；安全问题令人担忧，游客的人身、财产、饮食等安全得不到很好的保障，直接影响当地乡村旅游的发展。出现以上问题的主要原因在于乡村中所有吸引旅游者的各种因素，没有从旅游的角度进行规划建设；根本原因在于当地政府对乡村旅游的理解与认知还不够透彻。

（二）部分乡村旅游点配套设施规划建设不协调

由于福州乡村旅游起步较晚，但发展速度很快，许多乡村旅游配套设施缺乏科学的规划，总体布局不合理，内部设计也不科学与合理，建筑用料与当地环境不协调，许多乡村旅游点的窗户装着茶色玻璃，顶部盖着色彩斑斓的洋瓦等。同时，外来文化对地方性文化形成强烈的冲击，从而使地方文化建筑和地方民居发生变化，使地方文化的延续性受到破坏。对福州重点调查的17个乡村旅游点的调查结果显示，有8个乡村旅游点，其乡村旅游配套设施是在没有规划的前提下建设的，影响了乡村旅游的可持续发展。

（三）功能与主题形象不够突出

乡村旅游的主题很大程度上体现在各项配套设施上，但是随着乡村旅游经营的商业化、建筑的城市化、设施的标准化，乡村旅游配套设施的淳朴风格等受到严重挑战。要把"乡村游"的产业做好，就一定要突出有地方性的"三农"特色，简单的采摘和普通的农家菜已经不足以吸引旅游者了，旅游经营者需要更深层次地挖掘乡村旅游文化的内涵，设计一些不脱离乡土气息又能令旅游者尽兴的项目，才能适应市场需求的变化。

（四）客源市场细分不准

福州现有的各乡村旅游点所吸引的客源差异性不大，这种现象制约了福州乡村旅游的深度发展。一般来说，乡村旅游配套设施主要用于满足来自城市的旅游者，但仅仅将服务对象笼统定位于城市游客，没有进一步对城市游客进行细分，没有在客源细分的基础上，对乡村旅游配套设施进行分类规划建设、经营与管理，将很难有的放矢，也不能实现乡村旅游产业的可持续发展。

（五）综合效益不高

任何投资都要考虑综合效益，主要包括经济效益、生态效益、社会效益，这三大效益是发展任何产业必须充分考虑的内容。由于市场竞争激烈，目前福州大部分乡村旅游产业过分地强调经济效益，从而导致当地的社会环境、自然环境受到了不同程度的破坏,当地的传统文化没被充分有效地保护和开发利用。在各种乡村旅游配套设施的建设中,以经济效益为主要的衡量指标,而忽略了社会效益与生态效益,从而影响了社会主义新农村建设和小康社会建设,最终导致乡村旅游产业不可能可持续发展。

二、福州乡村旅游配套设施建设与发展对策

(一)明确目标,服务海西

根据中共中央、国务院和省委、省政府关于推进社会主义新农村建设和乡村旅游发展的有关精神,以科学发展观为指导,坚持以人为本,着力完善乡村旅游服务设施,提高乡村旅游服务质量,培育一批乡村旅游景区,构建有竞争力的海峡西岸乡村旅游目的地体系,使福州成为全国重要的乡村旅游目的地,为促进旅游业和农村经济发展、推进海峡西岸经济区建设做出积极的贡献。福建省政府办公厅于2007年就印发了《加快海峡西岸乡村旅游发展的若干意见》,指出全省将通过发展海峡西岸乡村旅游,建成一批主题鲜明、交通便捷、设施配套、环境优美、吸引力强的乡村旅游目的地。因此,福州乡村旅游设施的建设,必须以全国乡村旅游发展主题为背景,以服务海西经济建设为宗旨,制定详细的乡村旅游设施建设目标。

(二)政府主导,科学建设

乡村旅游设施建设是一项投入大、收益期长的系统工程,必须在政府主导下加快建设。在政府部门规划的统一指导下加大乡村道路、通信、水电等基础设施改建的力度,重点进行基础设施建设和乡村旅游接待户的客房、厨房、厕所的改造,使更多的旅游者在体验乡村旅游的同时,也能体验到乡村旅游的建设和发展;在保护当地生态不受破坏的原则下,根据不同客户群体的需求,设计专门的与当地环境协调的旅馆、民居及小型娱乐场、购物店等;现在驱车前往郊区的家庭旅游者越来越多,应特别注意停车场、停车位的设计和安排。在努力创造优美舒适条件的同时应注意:乡村旅游设施建设的档次不能走高低两

极端，既不能一味追求高档次，又不能过分地追求所谓的"原汁原味"；既不能忽视了舒适，又不能不符合卫生的要求，更不能容忍低质量、低品位。

（三）强化规划，多方受益

规划制定是建设乡村旅游基础设施最基础和最重要的工作，规划的好坏不仅决定着近期乡村旅游的发展水平，而且直接关系到乡村旅游未来和长远目标的实现，因此必须编制高质量的乡村旅游基础设施建设规划和设计凸显特色的创意策划项目，并认真抓好规划的实施和落实。做好乡村旅游基础设施建设规划，一是要体现乡村旅游的整体性和连续性，要因地制宜、突出优势、抓住重点、分步实施，避免盲目跟风、急于求成。二是要科学规划、合理布局，充分考虑到当地的自然和文化特性，旅游市场的需求、规模和发展趋势，乡村旅游设施的布局等方面的问题，量力而行、有序推进、逐步完善。三是乡村旅游基础设施建设规划要面向当地居民，倡导社区参与，在利益分配方面应该使当地居民参与其中，以提高居民的参与积极性，培养居民的东道主意识。四是要强调乡村旅游基础设施建设规划的落实。需要政府投入建设的基础设施、公共设施等，要努力争取纳入地方经济社会发展计划。同时要创新投融资机制，积极招商引资或调动当地居民的积极性，多方筹集投入资金，推动建设。

（四）体现乡村特色，建设"一村一品"

各类乡村旅游设施的建设应体现当地文化和传统文化的特征，使各种乡村旅游活动贯穿于乡村旅游设施的各个环节，各种乡村旅游设施的建设不同程度地体现了"农""家""乐"三大主题，才会有很强的吸引力。在乡村旅游的区域发展上，应以"一村一品"为目标，体现区域传统文化特色，实现一个乡村一个品牌。乡村旅游发展具有促进农业产业结构调整、实现农村剩余劳动力的就地转移、加快城镇化进程及农村精神文明建设、促使农村经济社会的全面发展等功能，因此，乡村旅游设施建设也应与社会主义新农村建设和小康村建设相结合，体现社会主义新农村建设和小康村建设的主题思想，并为其服务。

第八章 乡村旅游生态环境保护规划

第一节 乡村旅游生态环境保护概述

旅游者参与乡村旅游的目的主要是享受大自然和娱乐休闲，从而达到身体健康、心理放松的良好状态。因此环境对游客来说是最具有吸引力的，它也是乡村得以持续发展的深层动力。在乡村旅游的开发、经营过程中，将不可避免地使当地环境受到冲击。乡村环境是当地居民、动植物赖以生存的环境，是乡村旅游开发的背景或载体，因此，要特别重视对当地生态环境的保护。开展乡村旅游活动，必须注意农田、林地、水体、空气等的环境保护，使之能实现可持续发展。

生态环境保护规划就是从现实状况出发，利用自然界的客观规律，通过人们的主观努力，协调发展经济与环境之间的关系，以达到根据客观实际所规划的理想目标。既包括自然生态环境保护，也包括社会生态环境保护。它的主要任务是：根据国家和地区的环境总体目标及旅游地的客观需要，针对旅游开发建设中可能出现的问题，对未来生态环境进行预评工作，并提出环境保护的措施和意见。

乡村旅游生态环境保护规划是以保障生态环境质量为核心，立足聚落及其体系（或小流域尺度），采用现代化技术方法，对乡村大气、地貌、土壤及水体等要素环境进行系统评估以及保护所做的统筹考虑与系统安排。作为一项重要的专项规划，乡村旅游生态环境保护系统规划在宏观层面主要以乡村自然生态环境和人文生态环境为对象，在现状分析及问题审视的基础上，就生态环境保护系统规划的依据、范围、期限、目标、原则、战略重点、空间布局以及分期进行总体安排；而在中微观层面主要针对乡村旅游区域生态环境保护和乡村旅游景区生态环境保护两个层面提出规划设计导则。其中，乡村自然生态环境保护子系统中的要素包括水系环境、大气环境、地貌环境、土壤环境和生物环境等；乡村人文生态环境保护子系统中的要素包括建筑、聚落、服饰、精神风貌、社会治安、卫生健康状况、当地居民对旅游者的态度、旅游服务等。

第二节 乡村旅游生态环境规划的目标与原则

一、乡村旅游生态环境规划的目标

乡村旅游生态环境是乡村旅游活动所依托的自然、文化和经济复合系统，优良的生态环境不仅是乡村旅游的核心吸引物，同时也是支撑乡村旅游可持续发展的重要基石。然而在乡村旅游项目开发中，保护意识薄弱、掠夺式开发和粗放式管理等原因造成生态环境系统失调和环境污染等问题。乡村旅游与乡村生态环境相互影响、相互制约，良好的乡村生态环境是发展乡村旅游的基本条件。优美的自然生态环境和地域特色浓厚的人文生态环境直接影响乡村旅游的发展水平，同时乡村旅游的发展也会影响乡村的自然生态环境和人文生态环境。乡村生态环境规划要解决的不仅是现存的生态环境问题，更是要实现乡村旅游的持续性发展，为乡村旅游业提供更为科学的方法和指导。这个过程的实现需要多方面的配合，使乡村旅游朝着健康、科学、可持续的方向发展。

二、乡村旅游生态环境规划的原则

（一）坚持协调发展的原则

环境保护规划应当坚持经济与环境持续协调发展的原则，并建立相应的协调机制，促进经济与环境走上良性循环的发展轨道。

（二）坚持全面规划的原则

环境保护规划要与工业布局、产业结构调整、基础设施建设、人口规模、资源开发、能源供应等结合起来，实行统一规划、协同实施。

（三）坚持科学规划的原则

环境保护规划的编制要充分地利用各种先进的科学技术和科学方法来完成。

（四）坚持实事求是的原则

环境保护规划应当坚持"实事求是、因地制宜、突出重点、兼顾一般"的原则，要突出重点环境问题，符合客观发展规律，具有可操作性和一定的超前性。

第三节 乡村旅游生态环境保护规划的内容

一、以自然生态保护为主的保护分区

这种分区一般应用于乡村生态旅游区，乡村生态旅游区可以划分为生态保育区、分散游憩区与生态服务区三大区块。各功能区在乡村生态系统和乡村生态旅游服务中有着不同的作用和要求。

第一，生态保育区。主要是对区域生态系统有着重要支撑，以及对维持生物物种与遗传多样性有着重要作用的区块，如生态公益林、水源保护区、生态敏感区等。

第二，分散游憩区。以乡村区域为边界，除生态保育区与生态服务区以外的所有区域，包括部分的山林、当地村民传统土地利用区块（如农田）、具有自然情趣的水域和自然景观区块。该区可在保证乡村正常的发展与景观安全前

提下开展一定规模的旅游活动，为游客提供欣赏生态美、认知自然与体验自然的场所。

第三，生态服务区。该区为靠近分散游憩区，从视觉与感觉等角度可呈现出具有浓厚乡村气息和淳朴乡土情调，又拥有便利交通的集镇或自然村落。它是游客服务和支撑设施的集中分布区，可开展品味农村生活、了解民俗风情等活动，承担住宿、餐饮、购物、解说、交通等功能。

二、以人文生态保护为主的保护分区

这种分区一般应用于传统村镇旅游地，如古村落。可将其划定成核心保护区、建设控制区、环境协调区即遗产保护缓冲地带三个层次，其结构形式也为同心圆。在保护分区的基础上，在外围建设服务区。

第一层次，核心保护区即保护遗产的区界。该区域要明确划分，利于管理，是法定保护的重要区界。对遗产保护核心区内建筑进行分级保护，保护区范围为法定遗产保护区界，重点保护传统村镇的空间形态、水体体系、建筑群体环境、传统建筑以及具有地方特色的人文景观和民俗风情。严格保护历史形成的村镇格局、街巷肌理、传统民俗文化，以及构成风貌的各种组成要素。遗产保护区外围设立建设控制区和环境协调区作为该历史文化遗产区界的缓冲地带。

第二层次，建设控制区是传统村镇的主要缓冲地带。此区域也是限制建设区域，但可部分承担建设一些不宜在核心区发展的建设项目，此区域内的新建、改建、扩建的建筑须保持传统风貌，与传统建筑风格相协调。

第三层次，环境协调区一般包括传统村镇外围的环境构成要素——山体植被、村庄、水系和农田。此区域一般为传统村镇赖以生存的基础，应严格封山育林，进行水土保持，限制各种工业污染以及任何有不良环境影响的建设项目。环境协调区，即传统村镇所在的山水环境区域保护点（线）的划定，一般分为：一级保护是指各级文物保护建筑和价值最高的传统建筑及其环境，二级保护是指价值较高的传统建筑及其环境，三级保护是指构成传统风貌空间的传统建筑及其环境。

第四节 乡村旅游生态环境保护规划的基础理论与策略

一、乡村旅游生态环境保护规划的基础理论

（一）旅游规划三元论

旅游规划追求的基本核心和最终目标是为旅游者创造时间与空间的差异、文化与历史的新奇、生理和心理上的满足，其中均蕴含着三个层面不同的需求。其一，旅游活动以及与之相关的文化历史与艺术层面，包括潜在于旅游环境中的历史文化、风土民情、风俗习惯等与人们精神生活世界息息相关的文明，即关于人们行为活动以及与之相应的经营运作的规划需求。其二，景观时空层面，基于景观空间布局的规划包括区域、总体、景区、景点的时间与空间上的布局、设计，即关于景观时空布局的规划需求。其三，环境、生态、资源层面，包括土地利用、地形、水体、动植物、气候、光照等人文与自然资源在内的调查、分析、评估、规划、保护，即生态环境大地景观的规划需求，这些构成了旅游规划需求的三元。与需求相对应，现代旅游规划的内容同样包含三元：以"旅游"为核心的群体行为心理规划和项目经营；以"景观"规划为核心的优美的旅游景观环境形象创造；以"生态保护"为核心的旅游环境管理。

（二）资源环境科学论

环境科学的研究是从其他相关学科转变过来，按照原有的学科背景进行环境问题研究，形成众多环境科学的分支学科，分支学科是相关学科的理论、方法与环境问题的结合。相关学科的理论比较完善，故分支学科的理论也相对比较完善。但是，环境科学作为一门独立的学科，其自身独特的基本理论是什么尚未达成普遍共识。昝廷全等认为，极限协同原理是环境科学的一条基本原理。李长生认为，环境科学的基础理论研究就是要揭示蕴藏在环境系统内部的客观

规律，即环境系统内部结构及其运动变化规律。杨志峰等认为环境各个分支学科的基本理论即组成环境科学的基本理论。左玉辉认为，环境多样性原理、人与环境协调原理、规律规则原理和五律协同原理构成了环境学的基本原理。但一般来说，有以下几个理论被基本认同。

（1）环境系统性原理。环境系统内部包括众多的子系统，无论什么级别的环境系统，都具有相同性质和原理，此即环境系统性原理。

（2）环境容量原理。环境的容量定义是在环境系统不发生突变的条件下，为外界提供供应物或者承受外界排放物的最大能力。

（3）人与环境共生原理。环境是人类发展的重要基础，人是自然环境的重要产物。人与环境的共生性主要体现在以下两方面：环境与人的共生发展是环境和人类共同发展的必要前提，人类和环境的共同发展是人与环境共生的最终目的。

（三）可持续发展理论

可持续发展作为世界性发展战略，给全球人类的生存提供了指导性的发展模式。根据1987年世界环境与发展委员会在题为《我们共同的未来》的报告中提出的思想，可持续发展指的是既能满足当代人的需要，又不对后代人满足其需要的能力构成危害的发展，由此提出了可持续发展的内涵，即经济可持续、生态可持续和社会可持续三方面。乡村旅游的可持续发展是一种生态合理、经济可行、社会适宜的旅游活动，是一种高效低耗、无公害的旅游活动。它能推动旅游业向前发展的同时，可以维持乡村旅游资源的合理、永续利用，保护和改善乡村生态平衡。乡村旅游的可持续发展还能带动农村经济的发展，增加农民收入，改变农村贫穷落后的状况，为今后农村经济的持续增长增加新的动力。改变传统的发展观念、杜绝短期行为，是实现乡村旅游可持续发展的根本保证。所以，在推进乡村旅游的可持续发展的过程中，必须综合考虑乡村旅游在乡村生态、乡村社会文化、乡村经济三方面的具体实施环节。

二、乡村旅游生态环境保护规划的策略

（一）融合国土空间规划，渗透环境保护技术

受制于内容体系、技术方法和成果表达等方面的不足，环境规划在空间落地性以及精细化程度上存在一定的短板。对此，乡村旅游生态环境保护系统规划应从规划地位上寻求突破、规划内容上寻求创新、成果表达上寻求融合，从多个层面突破环境规划参与"多规合一"的瓶颈，融入国土空间规划的系统架构。例如，齐鲁8号风情路围绕整体保护、系统修复、综合治理的要求，梳理"一线六村"的自然生态要素，构筑山水林田生态格局，根据子系统的具体特征进行技术指引。针对山体生态系统，主要结合山体的本体范围及保护范围，提出相应管控要求；针对水系生态系统，主要优化河流水系格局，统筹岸线及周边土地保护利用，严格落实各类河道蓝线，明确具体管控要求；针对森林生态系统，主要明确森林资源总量和森林覆盖率控制目标，严格划定生态公益林、商品林等基本林地集中保护区范围，制定保护措施；针对农田生态系统，主要落实耕地保有量、永久基本农田保护目标和任务，落实保护区范围，确定优化调整的规模、范围，确定高标准农田建设和土地整治项目，提出耕地后备资源开发利用时序，制定永久基本农田保护、耕地占补平衡的实施措施。乡村旅游项目开发要建立在生态保护的基础之上，尽可能少地进行人工雕琢，做到自然化、本土化、野趣化，保证游客亲近山水、亲近大自然。

（二）注重地域文化挖掘，彰显文化主题特色

人文生态环境体现了生态环境系统保护的"软实力"，在乡村旅游生态环境保护系统构建中，应注重文化生态要素及文化内涵挖掘。保护地方特色的民俗技艺，传承和推广地方风俗和非物质文化遗产。随着人们对非物质文化越来越重视，按照"保护为主，抢救第一，合理利用，加强管理"的方针，当地政府应指定专人负责民间文化艺术的挖掘和保护工作，并落实相关的保护措施。对古树、古迹、遗迹、文化遗址等现有遗存的文物古迹、遗址或历史建筑落实

普查和统计，并纳入保护计划中，保持历史文化的原真性。严禁一切破坏历史遗存的活动，对破坏历史遗存的行为人，应及时予以协调制止，并给予惩罚。对部分残缺的历史建筑及时修缮，保留原有建筑主体的风貌，新建建筑应保持与原有历史建筑风貌相一致，且对周边景观环境进行整治，使建筑与周边景观相协调。对文化遗址等应特别予以保护，及时恢复遗址建筑，恢复的建筑应尽可能保持建筑的式样、高度、体量、材料、颜色、布局等与历史上一致。

（三）应用环境保护新技术，优化保护技术体系

乡村旅游项目开发与建设离不开环境保护新技术的研发与利用。乡村旅游项目应加强与相关企业、高校与研究机构的信息与技术交流，积极促成有关环保科研成果与技术的转化落地，开发应用生物降解、沉淀处理、循环利用等环保技术，提升乡村地区的环境质量。践行"绿水青山就是金山银山"的发展理念，持续加大对环境治理的资金投入，利用国内外先进的环境保护技术，在减少污染物排放，加强环境治理与生态修复以及废弃物循环利用，推进绿色技术使用等方面实现全要素、全过程的生态化控制，通过构建乡村旅游生态环境保护的技术集成系统成功实现"一元治理"向"多元治理"模式转型。在污染物排放管控上，重视旅游环境保护宣传及教育力度，采用大数据技术对重点地区的污染物排放进行监测与管控；在环境治理与修复上，以水生态环境保护为核心，采用低影响开发途径和"点线面"相结合的方法，通过推进绿色基础设施建设控制面源污染并削减雨水径流污染，推进生态全要素、系统性保护；在废弃物循环利用上，综合运用物理处理、化学处理和生物处理方法对秸秆、畜禽养殖废弃物进行处理。此外，积极应用绿色技术对建筑进行生态化改造，利用太阳能发电、取暖、洗浴，使用低碳环保产品、景观设施就地取材等方式节约能源资源。

（四）推进多元主体协作，同步构建实施平台

发挥政府战略引领和协调作用，构建乡村旅游生态环境保护的多元化制度安排，统筹自然资源与规划部门、农业农村部门、文旅部门等之间的协作，厘清各管理部门、组织的职能分工。加强环保科普教育，提升农村居民的生态保

护素养，提高生态环境保护的自觉性和积极性。充分利用美丽乡村建设、厕所革命等相关发展政策，推动环境保护系统的构建与规划设计工作，从而保障乡村旅游与生态环境耦合协调。乡村的行政管理部门和个人应当各司其职，密切配合，齐心协力，共同推进旅游地的生态环境保护工作。要配合环保部门做好综合协调与监督工作，以加强自然资源开发的规划和管理，做好生态环境保护与恢复治理工作。要确保生态环境重点保护与监管的区域，结合本地实际，形成上下配套的生态环境保护与监管体系。

第五节　乡村旅游生态环境保护规划典型案例

一、安吉县生态环境概况

安吉县以山区为主，地表起伏大；土壤为酸性至微酸性，受坡度等自然条件的影响，土层厚薄不一；年均降水量1344.59毫米，平均气温15.14℃；植被茂盛，覆盖度高，植被覆盖率75%，森林覆盖率达71%，是浙江省竹林分布最广的地区和竹类产品的主产区，兼有茶园、农作物等；以山区河流为主，水网密度相对较小；水生生物以鲫鱼等为主，底栖动物以摇蚊科为主。

安吉境内层峦叠嶂、山清水秀、秀竹连绵、景色宜人，基本保留着生态原貌。空气、土壤条件都很好，境内空气质量达到一级。水环境质量总体较好，其中苕溪水系水质最好。除南部部分区域外，水质以Ⅲ类为主，西苕溪水质达标率100%。

安吉县是太湖流域上游重要的水源地和重要的农业用水区与工业用水区，以竹林为主的植被生态系统在涵养水源、维持生物多样性、调节气候和净化水质等方面具有重要作用。根据"太湖流域水生态功能分区与质量目标管理技术示范"课题的研究，在太湖流域水生态功能一级分区中，安吉县属于太湖流域西部丘陵河流水生态区；在二级分区中，属于浙西山区森林河源生境水生态亚区；在三级分区中，属于长安水源涵养与生物多样性维持功能区和安临水源涵养与生物多样性维持功能区。

二、生态环境保护与建设实践

20世纪80年代开始，安吉县为了摘掉贫困县的帽子，引进了一批造成环境污染的产业，严重污染了环境，付出了沉重的环境代价。在经历挫折之后，通过深刻反思认识到：安吉县的优势是山水，潜力也是山水，生态环境是安吉县最可宝贵的资源。近年来，安吉县先后投入大量资金用于治理和关闭污染严重的企业，并充分利用当地良好的生态资源优势，努力把生态优势转化为产业优势，在生态产业发展、生态文明建设等方面进行了有益的探索。

（一）大力发展竹林产业，实现森林生态建设与生态产业发展的有机结合

安吉县森林资源丰富，主要类型包括针叶林、阔叶林、混交林、经济林和竹林5种。其中，竹林面积最大，位居全国30个"中国竹乡"综合排名之首，素有"中国竹子看浙江，浙江竹子看安吉"之说。

丰富的降水量和以山地丘陵为主的地貌形态，为土壤侵蚀的发生创造了条件。太湖流域上游丰富的森林植被尤其是竹林，不仅对维持森林生态系统涵养水源、保持水土的生态服务功能具有重要意义，而且对控制土壤中氮磷流失及其向水体迁移有着重要作用。研究表明，安吉县森林可年均减少151万吨土壤侵蚀量，从而控制住土壤中1409吨总氮和577吨总磷养分流失，相当于每年避免了824吨总氮和410吨总磷输入河流水体中。

安吉县认识到竹林的生态系统服务功能，大力培育竹林，以竹代木、竹木并举，利用竹木资源发展深加工产业，实现了从卖原竹到进原竹、从用竹竿到用全竹、从物理利用到生化利用、从单纯加工到链式经营的四次跨越，达到全竹利用和高效利用，基本形成了以孝丰镇、开发区（递铺镇）、天荒坪镇三大区域所组成的竹产业空间格局和以竹质结构材、竹装饰材料、竹日用品、竹纤维制品、竹质化学加工材料、竹木加工机械、竹工艺品、竹笋食品8大系列3000多个品种所组成的竹产业产品格局。安吉的立竹量、商品竹年产量、竹业年产值、竹制品年出口额、竹业经济综合实力五个指标均名列中国前茅，无论

竹林培育、竹产品加工还是竹旅游资源的开发都走在全国乃至世界的前列,真正实现了森林生态建设与生态产业发展的有机结合。

(二)大力发展生态农业,通过物质循环利用减少农业面源污染

据在安吉的调查研究,包括农业种植方式在内的土地利用对流域面源污染贡献最大。2007年,安吉县农业源(种植业、畜禽养殖业和水产养殖业)总计向水环境中排放264.11吨化学需氧量、133.81吨总氮和8.88吨总磷。农业污染足迹已占到总污染足迹(工业污染足迹、生活污染足迹和农业污染足迹)的15.81%。安吉县围绕"清洁化"大力发展生态循环农业,在"优质、高产、高效、生态、安全"的持续发展方面有着成功的经验。

一是推广生态循环农业模式,政府制定相关政策,加大对"畜禽—有机肥—作物"、竹(林)养鸡、稻虾种养轮作、桑枝循环利用等一批生态农业发展模式的扶持推广,推动了产业的生态布局,构建了生态循环农业产业体系,全县农作物秸秆和规模化畜禽养殖排泄物综合利用率分别达到83.1%和97.2%。二是推广应用测土配方施肥和病虫害物理防治技术,鼓励施用有机肥,通过测土配方达到了化肥与有机肥、大量元素与微量元素有机结合,全县测土配方施肥面积达到58万亩,水稻测土配方施肥技术覆盖率达90%以上。三是成立植保专业合作社,通过开展专业化的统防统治服务,减少农药使用量和农残,实现水稻农药减量控害面积10万亩,推广水稻重大病虫综合防治面积15万亩。四是推广清洁能源利用,积极推应用杀虫灯和厌氧沼气处理技术,全县建成生活污水沼气处理示范村14个,沼气处理池7900立方米,农村清洁能源利用率达64%。

(三)大力发展休闲农业和乡村旅游,促进生态系统潜在价值的实现

安吉地处长江三角洲经济区、杭嘉湖平原西北部,交通条件十分便利。百万亩竹林是发展休闲农业、乡村旅游和生态旅游得天独厚的资源。安吉县充分利用当地的生态资源优势,坚持把农业园区基地布局与乡村旅游发展紧密融合,实现休闲农业与乡村旅游的良性互动、互促发展。全面丰富和拓展乡村旅游产品,全面启动"一区一轴三带十园"基地建设,借助旅游元素有效激活提

升农业发展格局,打造乡村旅游"产品超市",形成了四种主要类型。

一是农事体验型,即根据各地特色和时节变化设置不同的农事体验活动,精心打造十大现代农业园区,集可看、可吃、可娱等多功能于一体的休闲农业精品园。

二是景区依托型,即通过乡村旅游对生态资源、产业资源进行项目化整合,推进了环境优势向产业优势转化,有效带动了一批如安吉白茶、高山蔬菜、蚕桑、特种水产养殖等农业基地和加工企业的建设,加快了笋竹制品、绿色无公害蔬菜、山核桃、板栗等一系列农副产品成为休闲旅游商品。

三是生态度假型,即依托优良的自然山水资源,融合生态养生的理念,借鉴台湾地区民宿的发展经验,拓展服务功能,加快大型现代生态农庄、高档乡村休闲会所、老年养生公寓建设步伐。

四是文化创意型,通过出台壮大休闲产业和文化创意产业的相关扶持政策,并依托农业园区、示范基地和旅游集散地的辐射功能,大力推进乡土文化培育与产业化运作,已建成18个集展示与体验于一体的乡村文化创意场所,提升了农家乐休闲旅游业的文化内涵。

(四)大力推进生态环境保护与建设,促进生态文明意识的增强

安吉县依托良好的自然生态和人文产业等资源禀赋,以建设"村村优美、家家创业、处处和谐、人人幸福"的"中国美丽乡村"为总载体,全力推进全国生态文明试点县建设,进一步提升核心竞争力、品牌影响力和示范带动力,探索构建全国生态文明建设的"安吉模式"。

一是广泛开展生态文明建设活动。进一步巩固全国生态县和国家级生态示范区的建设成果,积极创建生态文明试点示范,全面推进"国家可持续发展实验区"和"中国美丽乡村建设",打响以美丽乡村为代表的生态文明建设综合品牌。加快创建绿色机关和生态环保志愿者队伍建设,动员党员干部、大中学生以及社会各界积极参与各种形式的环保活动。

二是积极推进生态文明示范。牢固树立绿色、低碳发展理念,深入推进"人居环境、生态经济、生态价值、绿色城镇、生态制度"五大示范,争创生态文明建设新优势。强化生态环境保护,深入实施农村环境连片整治,加大饮用

水源保护，加强农村生活污水处理设施修复及运行管理。强化土地矿产卫生执法检查，加强地质灾害防治，深化破坏矿砂资源、毁林开垦、竹拉丝（染色）专项整治。加大环保执法力度，建立违法企业曝光、环境质量公告制度，扩大公众知情权、参与权和监督权。

三是深入实施排污权交易。完善节能减排评价考核机制，严格控制新增污染物总量；加快园区污水管网纳管进度，确保天子湖、城北、梅溪等污水处理厂正常运行；加强循环经济示范企业、示范园区建设，推进企业清洁生产，完成天子湖、临港工业园区生态化改造。

四是积极推进竹林碳汇研究和循环农业发展，推广节能建筑，积极开展省级绿色社区（学校）、省级森林城镇（村庄）创建。

三、生态保护与经济发展实践所取得的成效

（一）取得了显著的经济效益

安吉通过大力发展竹林产业，利用竹木资源发展深加工产业，推动一、二、三产业联动发展；通过大力发展生态农业，带动了第二产业的发展；通过大力发展休闲农业和乡村旅游，带动了第三产业的发展。2023年，全县生产总值达2509801万元，其中，第一产增加值完成313117万元，第二产增加值完成1356650万元，第三产增加值完成840034万元。

休闲农业和乡村旅游在解决农村就业、调整产业结构、延伸休闲旅游产业链、繁荣农村经济等方面发挥了积极作用，在促进农民增收致富、提高农业经济效益上也成效显著。近年来，来安吉县旅游的人数不断攀升，旅游收入不断提高。2023年，全县共接待游客人数1165.79万人次，增长23.78%。实现旅游总收入100.18亿元，同比增长15.9%。

（二）改善了农村生态环境状况

完善了农村生态环境保护工作机制和创新管理模式，建立了农村生态环境综合整治长效机制。生活污水、垃圾处理率不断提高，改善了农村人居环境，

城乡生态特色优势得到进一步彰显，水体环境质量显著改善。全县24个地表水监测断面水质达标率100%，7个市控及省控监测断面达标率100%，3个省控断面水质全部达到三类以上，县城集中式饮用水水源地水质达标率100%，出境水交接断面水质达标率100%。空气质量常年保持清新，空气中负氧离子的浓度超过700个/立方厘米，空气质量优良率达到94.7%。城市空气质量、生活饮用水质量、全流域水质始终保持在国家一级标准。

（三）促进了生态文明建设

竹林生态产业、循环型生态农业以及休闲农业和乡村旅游的发展，不仅改善了安吉的生态环境条件，提高了当地村民的收入，也使村民了解了生态环境对于生产与生活的重要性。村民们也从心里信任可持续发展和环境保护，深刻认识到良好的生态环境才是其收入的重要保障。同时，在保护生态环境、发展生态产业的过程中积累了生态文明建设的有益经验，形成了环境优美、经济繁荣、发展协调、社会和谐等诸多优势。基本形成以"环境保护"和"资源永续利用"为核心的生态文明建设思路，初步建立了"环境优美、人与自然和谐，产业协调、发展潜力强劲，现代文明、生态文化活跃"的生态文明建设模式，打响以环境优美、生活甜美、社会和美的"中国美丽乡村"为代表的生态文明建设县域综合品牌，增创生态文明"全国看浙江、浙江看安吉"的全新优势。

第九章 乡村旅游交通规划

第一节 乡村旅游交通规划概述

一、乡村旅游交通规划核心概念

（一）乡村旅游交通

旅游交通是一种以旅游者为主体，直接或间接地为其提供交通运输服务的一系列活动。乡村旅游交通是连接乡村与外部，为乡村旅游活动服务，提升乡村旅游竞争力，为游客提供客源地到目的地或实现目的地内部空间转移的载体。

（二）乡村旅游交通规划

乡村旅游交通规划是指旅游者利用某种手段和途径，实现从一个地点到达另外一个地点的空间转移过程的规划。从市域层面看，各种旅游交通方式在旅游客源地与目的地间（中心城与郊区县之间、郊区内部、景区之间，以及景区内部之间）的衔接，构成通达有序的旅游交通网络。

二、乡村旅游交通规划研究综述

交通能够对旅游产生较大的影响，也是旅游活动有效开展的有力保障。基于此，社会各界开始认识到旅游交通的重要性，引起了大量学者的关注。旅游交通的研究所包含的内容较广，存在很多的影响因素，涉及多个学科。

（一）国外相关研究

国外学者在进行旅游交通研究时，多采用量化的方式开展实证研究。研究内容主要有以下三点：交通对旅游需求的影响、旅游交通规划、游客交通行为。

在交通对旅游需求的影响研究方面，Campbell（1967）指出随着科技的不断发展人们可以选择的交通工具越来越多样化，选择不同的交通工具，游客从客源地向目的地转移的方式也不同。Kaul 指出旅游交通的服务质量会对游客目的地的选择产生影响。Richard（1998）以游客的消费能力为指标，构建航空旅游需求模型，来分析游客选择飞机作为交通工具的可能性。Page（2010）认为交通系统会对游客的体验产生重大的影响，等待交通工具的时间成本及机会成本也会对旅游的需求产生影响。

通过对旅游交通规划方面的研究可知，最早将城市交通规划运用到旅游中的国家是美国，并正式提出旅游交通规划这一概念。第一条旅游道路的规划改变了以往缩短游客旅行时间的理念，把道路与风景融合在一起，形成一条公园式道路，对促进人们去郊外旅游产生巨大影响。Prideaux（2000）提出在对旅游交通进行规划时应重点考虑随着旅游距离的增加交通所需的成本也会增加，但不同的交通工具所需费用增幅也不同；应该加大游客与机场、火车站及公交客运站等交通设施的联系，帮助游客节省时间。Dickison（2011）指出政府在进行交通规划时往往容易忽略对旅游交通的规划，导致出现道路拥挤、环境污染等问题。

对游客交通行为的研究进行分析可知，Crouch（1994）认为游客对景区的选择往往会受到自身居住地与目的地之间距离的影响。Gillmor 通过研究得出旅游目的地是否有吸引力取决于客源地到目的地两地之间的交通便利程度。Spencer（2009）提出在进行中远距离的旅游活动时，需要多次中转才能到达目的地，会因游客感知风险的增加而损失很大的市场。Kimbu（2011）通过实地调查的方式研究了交通等服务设施的服务质量对旅游目的地形象的影响，得出游客在从事旅游活动时会极其重视服务的质量。

国外主要以基础设施和客运交通这两个层面为研究对象对乡村旅游交通进行研究。Boarnet（1998）分析了乡村经济的发展与交通基础设施之间的关系，并得出乡村的经济状况与当地交通的发展水平成正比。Cohen Morrison（2007）利用空间计量法分析乡村的公共基础设施是否会影响当地的制造业，结果表明当地公共基础设施对于制造业的影响十分显著。William等学者通过分析客运交通系统的关键因素，对客运交通的优化提出一些建议。

（二）国内相关研究

随着我国旅游业的不断发展，旅游业成为我国产业结构中重要的组成部分，社会各界开始对旅游交通问题予以关注。我国针对旅游交通的研究主要集中于旅游交通规划、旅游交通基础理论、旅游交通发展对策等方面。

在旅游交通规划方面，林哲（1999）指出，旅游交通的规划不同于城市道路交通规划，虽然两者都是为了能实现基本的运输功能，但旅游交通在确保基本功能的基础上，还对美观及环保提出了要求。关宏志（2001）在研究调查提出了旅游交通规划的概念以及旅游交通规划的方法，总结了旅游交通规划的目标体系。林双成（2005）发现由于天水市交通发展比较落后，严重阻碍了当地旅游业的发展，建议当地政府加快交通基础设施建设，建立完善的交通运输体系。张宏宇（2010）以大连市为研究对象，通过建立城市旅游交通需求预测模型来分析大连市的旅游需求，并给出了当地旅游交通规划的发展对策。

在旅游交通基础理论方面，万德梅（1997）对旅游交通的概念做出诠释，并提出旅游交通是否便利很大程度上会影响游客体验。吴元新（2007）以南京为研究对象，对南京旅游交通的现象进行具体分析，提出网络化和一体化的旅游交通体系，为解决旅游交通的供需矛盾提供了理论基础。闫晓燕（2012）通过模糊综合评价模型对不同的交通模式进行研究，提出旅游与城市共生协调发展的交通模式。

在对旅游交通发展对策方面，我国学者马靖莲（2008）对我国的旅游交通现状进行了概述，找到了其中存在的问题，就我国旅游交通的发展提出了自己的意见和建议。黄琳、金海龙（2008）等学者通过研究新疆地区旅游交通的现状，提出了当地道路等级较低的问题并给出相应的对策。高琳（2014）认为未来旅游交通的发展重心应该放在对旅游集散中心的建设上，并对此提出了相关建议。

国内对于乡村公共交通的研究主要集中在对乡村道路路网的规划方面和基础设施服务方面，王宁宁（2008）针对我国乡村地区公路的养护状况，研究了公路使用性能预测及养护管理等方面的问题。王俊（2013）以晋中市为研究对象，通过研究农村公路的特点，来分析农村公路对农村经济的影响，并对今后农村公路的发展提出自己的见解。潘培玉等学者（2014）通过计算交通基础设施与农村经济发展两者之间的关联度，来分析乡村交通基础设施建设对新农村建设的重要性。肖波（2019）提出由于我国农村公路的等级普遍较低，无法满足农村经济快速发展的需要，针对这种现象提出了优化农村公路路网布局的建议。

第二节　乡村旅游交通规划的目标与原则

一、乡村旅游交通规划的目标

乡村旅游交通规划应确定规划总目标和分阶段目标。总目标是规划期满旅游交通业发展将要达到的定性和定量指标，分阶段目标则是指规划分阶段将要达到的定性与定量指标。定性指标一般是指国际先进水平、国际中等水平、国内先进水平或国内中等水平等指标。定量指标包括旅客运输能力总量、旅游交通站场的建设规模及布局、各种交通工具的数量和比例、旅游交通线路网络长度及布局等指标。

二、乡村旅游交通规划的原则

不同时期、不同地区、不同等级的乡村旅游交通规划，要遵循不同的规划原则。

（一）市场导向原则

在商品经济条件下，乡村旅游交通服务只有能够满足旅游市场需求，才能具有市场竞争力并赢得较大的市场占有率。乡村旅游交通规划必须遵循市场导向原则，根据市场需求，确定旅游交通的运输能力、设施与线路布局、营运方式等，以保持旅游交通供给与需求的总体平衡。

（二）综合配套原则

旅游交通是一个综合性产业，横向与吃、行、住、游、购、娱六大要素共同构成旅游业，关系十分密切；纵向与公路、铁路、航空、水运等交通方式之间以及各交通方式的运输工具、线路、始终停靠站（机场、港口码头）等设施之间也存在着相互配合、相互制约的联系。在制定乡村旅游交通规划时，必须坚持综合配套原则，保持乡村旅游交通纵向、横向联系协调一致，以完善的旅游交通体系促进整个乡村旅游业的健康发展。

（三）经济效益原则

旅游交通作为一种经济产业，必须讲究合理的投入产出，以良好的经济效益保证该产业的良性循环运转。旅游交通是一个资金、技术密集型服务行业，基础设施建设和人员培训的投入额巨大，在营运过程中又有较大的设备损耗和燃料消耗，导致了旅游交通投资回收周期长、回报率低等特点。因此，乡村旅游交通更要注重投入产出的效益性，把经济效益作为决定旅游交通能否实现良性循环发展的重要因素。

（四）突出重点原则

旅游交通是一个庞大的、伸缩性很强的系统工程，在建设过程中往往受到社会、经济、政治等大环境发展变化的影响。在规划时，必须抓住主要矛盾和事关全局的关键环节，突出重点，兼顾一般。突出重点的主要目的是制定相应的扶持政策，集中人力、财力和物力，保证重点项目顺利实施，为一般项目的建设奠定基础。乡村旅游交通的重点，是指对外旅游交通枢纽、旅游交通的主导方式、通往主要旅游客源地和旅游区的旅游干线通道等。

（五）地方特色与国际标准相统一原则

乡村旅游交通业的发展应符合本地实际情况，因地制宜地设计和建设具有地方特色的旅游交通体系。旅游交通要从实际上出发，合理规划、合理布局，旅游道路的建设以不破坏景观和生态环境的完整为出发点；同时，要在保持特色的前提下，与国际标准、惯例接轨，尤其是旅游交通服务更要向国际标准看齐，提供国际水平的优质服务。例如，采用先进的交通运输工具、多种文字指路牌、国际通用路标。

（六）便于游览原则

便于游览是旅游交通区别于一般社会交通的主要特性之一，在规划上应予充分体现。这包含着两个方面的内容：一是"旅速游慢、旅短游长"，即旅行速度要快，旅途时间要短，使旅游者把尽可能多的时间用于游览，从容地参加各种游乐活动；二是"旅中有游，游旅结合"，把旅行与游览合二为一，使旅游者在乘坐交通工具的过程中得以欣赏沿途风光、风情，体验乘坐特殊交通工具的乐趣。

第三节　乡村旅游交通规划的内容

一、乡村旅游交通规划的现状

（1）公路等级偏低。乡村公路受环境和资金的限制一般设计等级标准较低，路基都在5米以下，路面宽有的只有5米，路窄、弯多、路陡。随着收入的提高，生活水平的不断改善，私家车也在千家万户中普及。大量自驾车的进入增加了路面的压力，由于缺乏统一规范的行驶和停车管理，出现了高峰时间段严重的堵车现象，严重影响景区通达性，使得游客进不来、出不去、散不开。

（2）村民交通安全意识不强。村民交通安全意识不强，缺乏遵守交通安全法规的自觉性，在使用交通方式上只管走得了，不管走得安全与否。无证驾驶机动车、无牌无证机动车上路行驶、机动车不参加年检、不参加机动车强制保险、违法载客、客运车辆严重超员，搭乘违法车辆，行人和牛羊随意上马路的现象时有发生，存在严重的安全隐患。

（3）没有专门的部门负责道路监管。当地农民为了兜售自己的农产品，纷纷将摊位摆在路边，这使本来就窄的道路更加拥挤，自驾车无法停靠，出现走走停停的场景。

（4）停车标志不明确，位置设置不够合理。

（5）乡村公路的交通条件较差、等级低，大多没有设置安全标志和安全防护设施，特别是临水、临崖的地段，安全标志、指示标志的不完善存在严重的安全隐患。

二、乡村旅游交通规划特征

（1）假日经济快速升温，供需失衡。新兴乡村旅游目的地配套基础设施普遍承载力有限，节假日旅游效应放大现有交通问题，大规模游客的进入使得原本就薄弱的基础设施陷入瘫痪，道路拥堵、无处停车等现象屡见不鲜。

（2）季节性强。乡村农业生产活动有春、夏、秋、冬四季之分，而客流季节性强，对于按固定班次、固定线路运营的常规地面公交运营方式而言，从票价和收入角度考虑，旅游客运经营者的负担较重，是妨碍乡村旅游交通发展的重要因素。

（3）交通服务高要求。在交通服务要求上，旅游交通比通勤交通更加强调便捷性和舒适性。在规划方案的选择上，在强调充分利用现有交通资源的同时，还应强调旅游资源特色，将旅游交通的安全性、舒适性、游览化、多样化等本质内涵在交通设施的具体形态中充分体现。

（4）实施难。由于乡村旅游景点地处郊区，和市区相比，尚处在发展阶段，

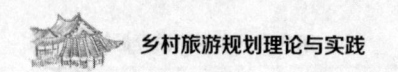

有些景点未形成规模，没有足够的客流支持。因此，如果短期内新增大规模交通设施，行业管理部门将面临社会效益与经济效益的两难选择。

三、乡村旅游交通规划要点

（一）乡村旅游道路规划

乡村旅游道路以旅游车辆和游客为主要服务对象，在服务功能和设计理念上有别于一般公路。首先应保障车辆行驶和游客游览的安全舒适性，其次是与乡村环境的协调性，并符合一定的景观性要求。乡村旅游道路设计的总体要求，总结起来主要包括以下三个方面。

（1）发展乡村旅游，大量自驾车、旅游巴士等外部车辆涌入，导致乡村旅游道路交通量较普通农村公路有大幅上升。现有的农村公路往往技术标准较低，安全设施不到位，道路景观缺失。这就要求在建设乡村旅游道路时，充分考虑道路的安全性、舒适性等，灵活运用各项技术指标。

（2）乡村旅游的资源主要是农村的自然风貌和风土人情，修筑道路也应因地制宜，处理好道路与自然环境的关系，尽量保护现有风貌。具体应做好道路选线、材料选择、景观绿化等，确保道路景观与自然景观的和谐统一。

（3）乡村旅游道路是联系人与自然的纽带，既要满足人们通行的需要，又要与自然环境和谐统一。而设计者应合理运用技术指标，处理好二者关系，将人与自然的和谐统一作为乡村旅游道路的设计宗旨。

（二）乡村旅游者交通需求规划

1. 安全

安全是人类的基本需要之一。尽管外出旅游不是为了求得安全的需要，但求安全的心理却是每一位旅游者出门远游时的共同心理特征。对旅途中不可测因素的担忧，使人们对旅游交通安全的关注度更高。虽然现代交通的安全性日益提高，交通事故日益减少，但仍有伤亡事故发生。当旅游安全受到威胁时，旅游者可能会考虑改变行程。所以，交通安全是旅游者对旅游交通的最基本要求，也是最重要的要求。各从事旅游交通工作的部门和个人都应意识到安全工作的重要性，确保旅游者的安全。

2. 快捷

一般来说，旅游的时间都是非常有限的。在有限的时间中，旅游者无不希望能快捷地到达目的地，从而游览到更多的景点，乘兴而来、尽兴而归。可以说交通状况在很大程度上决定了旅游目的地和景点的可进入性。交通行业在其自身发展中应充分考虑到对旅游业的影响，尤其是注意对旅游者心理需求的满足。因为这反过来会影响到交通的良性循环，其中应考虑到以下两个原则。

（1）直达原则。交通服务首先应考虑到游客对到达目的地的高度渴望心理，尽量安排快捷直达的交通工具，避免过多地更换交通工具增加游客的经济负担、消耗游客的体力。直达可以更好地确保游客的财物和人身安全，使游客产生良好的第一印象，为后续的旅游奠定一个良好的开端。

（2）省时原则。旅游交通服务应尽量减少旅客的在途时间。旅游中，人们不仅考虑金钱花费，也关注时间耗费，而且在现代旅游中，人们往往选择耗时少的交通工具。因此，旅途耗时多少直接关系到一个地区旅游业发展的状况。

3. 交通环境温馨、舒适

旅游者在旅游中一个重要的心理诉求就是消除紧张感，获得轻松感和解放感。特别是人在旅途，只有消除了紧张感，才能全身心地投入旅游中，充分享受旅游的乐趣。因此，交通环境的好坏也会对旅游者产生影响。这里的环境既包括内在环境，也包括外在环境（见图9-1）。

图9-1 温馨的内在与外在环境

（1）内在环境的温馨。

旅游不仅是对旅游地区及其景点的游览，实际上也是一个过程。一旦乘坐上交通工具，旅游就已开始。人们常用"旅途愉快"作为对整个旅途的祝愿。温馨舒适体现在交通工具的内在环境上，交通工具噪声大、颠簸动荡、空气浑浊沉闷、空间狭小、座位不合适、卫生设施不齐备都会给旅客带来不便，因此，为旅客营造舒适的内在环境是交通部门应该重视的问题。现在，许多旅游车、船、飞机装上了影视音乐设备，提供报纸杂志，以增加游客途中乐趣，使游客倍感温馨。

交通服务富有人情味也是营造温馨环境的重要组成部分。旅游交通中的服务必须突破现实社会的窠臼，多营造一些虚拟却轻松愉悦的场景，变商业化、社会化为人情化、家庭化，把人情味渗透到服务的各个环节，给人以平和、亲切、真诚温馨之感，消除游客的防范、隔膜心理，使游客体味到回家的感觉，从而身心得到放松和愉悦。

（2）外在环境的温馨。

交通的外在环境在旅游中也扮演着相当重要的角色，它和内在环境互为表里、相辅相成、相得益彰。单调的环境易使人疲劳，比如高速公路，目前，道路两旁大部分是水泥柱、铁丝网、稀疏而单一的树木，给人一种单调、枯燥、乏味之感。如果多种植花草树木，且注意品种和色彩的变化，就可增加游客视觉的新鲜感、动感和美感，减少和消除单调所造成的视觉疲劳，也有利于司机安全驾驶。再加之沿途的田园风光、形态各异的地形地貌，游客的心情无疑会非常舒畅。所以，交通部门除了保证交通畅通外，还应重视与之配套的外在环境的建设。

4. 交通手段富于变化

目前，我国的旅游交通手段大都整齐划一，没有考虑到不同人群的多层次需要，尤其是弱势群体的需要，往往给游客带来诸多不便。由于游客的经济、民族、年龄、身体等状况无不存在差异，因而，旅游交通手段也会存在多样化。如果"一刀切"、一个标准，就势必将相当多的旅游者乃至潜在的旅游者拒之门外。旅游交通手段应充分考虑到不同行业、不同层次人群的需求，尤其是要重视和照顾到独特群体的特殊需求。旅游区的局部交通，也应顾及游客求新求异的心理，提供富于地方特色的交通手段。

第四节　乡村旅游交通规划的基础理论与策略

一、乡村旅游交通规划的基础理论

（一）中心地理论

中心地理论是由德国城市地理学家克里斯·泰勒和德国经济学家廖什分别于 1933 年和 1940 年提出的，50 年代起开始流行于英语国家，之后传播到其他国家，被认为是 20 世纪人文地理学最重要的贡献之一，它是研究城市群和城市化的基础理论之一，也是西方马克思主义地理学的建立基础之一。

中心地理论是指阐述一个区域中各中心地的分布及其相对规模的理论。根据该理论，城市的基本功能是为周围的地区提供商品和服务。最重要的中心地不一定是人口最多的，却是在交通网络上处于最关键位置的、能提供很广泛的商品和服务的地区。

克里斯·泰勒创建中心地理论深受杜能和韦伯区位论的影响，故他的理论也建立在"理想地表"之上，其基本特征是每一点均有接受一个中心地的同等机会，一点与其他任一点的相对通达性只与距离成正比，而不管方向如何，均有一个统一的交通面。后来，他又引入新古典经济学的假设条件，即生产者和消费者都属于经济行为合理的人的概念。这一概念表示生产者为谋取最大利润，寻求掌握尽可能大的市场区，致使生产者之间的间隔距离尽可能地大；消费者为尽可能减少旅行费用，都自觉地到最近的中心地购买货物或取得服务，生产者和消费者都具备完成上述行为的完整知识。经济人假设条件的补充对中心地六边形网络图形的形成是十分重要的。

（二）四阶段法

四阶段法以 1962 年美国芝加哥市发表的 *Chicago Area Transportation Study*（芝加哥地区交通研究）为标志，交通规划理论和方法得以诞生。1962 年美国制定的联邦公路法规定凡 5 万人口以上城市，必须制定以城市综合交通调查为基础的都市圈交通规划，方可得到联邦政府的公路建设财政补贴。该项法律直接促成交通规划理论和方法的形成和发展。刚开始时，交通预测只是关于交通发生、交通分布、交通分配三个阶段的预测。20 世纪 60 年代后期，日本广岛都市圈的交通规划首次提出了对不同交通方式进行划分这一新的预测内容。此后，交通规划变成了交通发生、交通分布、交通方式划分和交通分配四个步骤，这就是交通规划的四阶段法理论。

（三）综合运输理论

交通运输系统是一个包括诸多层次的复杂系统。交通运输系统要保证每种运输方式自身系统内部线路、站场、运输工具、软硬件信息及管理制度之间的协调发展，而综合运输系统的目的是实现整个交通运输系统内部各种运输方式设施之间、交通工具之间、管理制度之间的有效衔接及配合。总的来说，综合运输是运输系统内各运输方式之间及该系统与外部环境间协调发展和一体化的状态，这一过程是伴随经济的发展同时进行的。综合运输受全球化的推动和信息化的支持，在资源环境约束及社会目标制约的条件下，运输业自身通过调节市场、政府和社会三者之间的关系而形成一种良性发展形态。

（四）效用理论

效用是人类对价值的度量，指当人们在面临分配和选择时，不同人对不同事物持有的态度不同，这体现了不同人对不同事物价值取向的差异。效用的大小可以看出决策者对待风险所持有的态度。将效用理论运用到交通运输方式选择问题中，则可体现旅游者选择某种交通方式可获得的满足程度。效用具有主观性，与旅游者自身喜好和对信息的掌握情况有关，且效用的大小因人而异。依据效用理论，旅游者在特定条件下，总会选择对自己效用最大的运输方式，总是希望在实现同样位移的前提下，花费较少的时间和费用。

二、乡村旅游交通规划的策略

（一）按景点类型分

（1）对于适宜常年旅游的景点，可以立足和依托现有交通资源。尽最大可能地利用现有轨道交通和地面公交等交通资源，并配置旅游专线，实现郊区景点"一次换乘"。以私人小汽车和其他交通方式出行为辅助，完善交通信息引导。

（2）部分乡村旅游景点季节性特征较强，对于这类景点，主要依托季节性的旅游专线。在区域层面上统筹配置，可以统一由市旅游集散中心开设一些由市旅游集散中心、区级集散中心或交通枢纽站发往景点的旅游专线，这些旅游专线可由公司统一经营，车辆可按季节性调配，在满足游客出游交通需求的同时，实现交通资源互补。

（二）按移动空间分

（1）旅游专线。市区与郊区之间的交通联系宜以市级旅游专线为主。旅游专线作为城市公共交通的一种形式，其服务对象以个人或结伴出行的小团体游客为主；其宗旨就是要为游客提供方便、直接的服务；其基本任务就是服务游客的旅游出行，通过旅游专线的设置，有机地组织和联系城市的乡村旅游景点，从而增强各景点的吸引力。在旅游专线规划中应注意以下几点：①旅游专线在布局上，应实现市区和郊区线路的整合，使其成为统一完整的体系。在条件成熟的情况下，采取景点和客运企业共营专线车辆的方式，以改善现有旅游专线车况，提高服务品质。②旅游专线在线路设计上应体现直达性和快捷性，在线路布设时少设中途站，在条件允许的情况下尽可能选择高等级道路，以提高运行速度。③在具体的旅游专线调整时，要根据各景点季节性特点、区位特征、客源状况、现有周边交通资源等情况进行整合，既要满足游客出行，又要节省能源。④旅游专线的发车班次应合理，根据景点季节性和时段性特征，适当调整发车班次，合理安排发车时间，最大限度地满足游客出游的需求，做到以人为本。⑤提高旅游专线的服务质量，让乘客一上车，就能感觉到温馨和舒适。

（2）私人小汽车。对于交通设施存在较大局限性的景点，主要依托自驾车交通。其主要配套措施如下：①突破各景点在道路、桥梁设施方面的障碍；②加强乡村旅游信息网络建设，利用信息平台发布交通信息；③完善道路交通指引标志；④配套停车规划；⑤结合道路交通建设配套修建停车场，停车场的规模要充分考虑景点的可能接待规模。

（三）具体措施

（1）提高公路交通服务质量。针对乡村旅游景点的旅游高峰期，增加公交车班次，营运车辆应是空调车；加强旅游交通方面的宣传，广告和旅游宣传册中应特别标明交通方式、线路、时间和价格；加强当地营运车辆的管理，在乘车点建立显目标志，规范车辆营运；加强景区内道路管理，合理协调村民摊点和车辆停泊位置，防止交通堵塞，做好积极引导和咨询服务，争取达到"来得快捷方便，回得愉悦舒适"的目标。

（2）延伸公交线路，开通周末旅游公交，配建停车场，消除乡村旅游区与主要交通干道之间的交通死角。

（3）增设景区内部旅游交通工具。大量车辆涌入景区，过多的尾气、废气对当地空气也产生了污染，也不利于当地自然环境的保护。为了使乡村旅游实现可持续发展，应充分重视环境保护。在景区内部应该减少其他车辆进入，增设方便环保电瓶车，设立自行车、电瓶助力车出租点。开发单项旅游交通产品，如人力三轮车、牛车等，它们是具有乡土特色的绿色交通工具。一方面可以提升游客的游玩乐趣和乡村体验，增加当地村民的旅游收入，另一方面自驾车的游客可以在停车场泊车后，就地租赁环保车辆或者乘坐环保车辆进入景区，既避免了道路上的交通拥挤，更减少了交通污染，达到和谐发展的目的。

（4）对自驾游客予以关注。为了方便自驾游的旅游者，兼顾自驾游客农家乐餐饮和垂钓的需求，应开辟相当规模的临时停车点。考虑到景区内的道路比较窄，应鼓励自驾游客改乘公交车、环保车等。景区内交通堵塞多由于沿途泊车造成，可以鼓励自驾游客泊车在有宽敞泊车位的农家乐内，这样可以避免自驾游客沿途泊车，从而减少交通阻塞。

（5）实施道路改造提升工程。随着交通流量急剧加大，路面破损现象十分严重。一些通往旅游景区的道路，由于设计标准偏低，每到旅游旺季便拥堵不堪，亟须拓宽改造。因此，在交通基础设施滞后已成为制约乡村旅游发展主要因素的情况下，各级各方面应筹集资金大力实施乡村道路和旅游景区道路改造和提升工程，彻底解决乡村道路和旅游景区道路破损难行、通而不畅、"断头路"等问题，努力使路况良好、路容路貌整洁、标志标线齐全、配套设施完善。同时还要对道路两侧进行绿化、美化，形成景观大道，使游客产生"人在车中坐、车在画中游"的美感。

公路交通对乡村旅游业的发展有不可替代的促进作用，虽然目前农村的交通基础设施条件还存在许多问题，但是随着经济的不断发展和各方面认知程度的提高，广大的农村交通条件将会得到极大改善，乡村旅游业也将得到更大的发展。

第五节　乡村旅游交通规划典型案例

一、仙居县旅游交通发展概况

仙居县隶属浙江省台州市，地处浙江东南、台州市西部，是中国"国家公园"试点县，有"八山一水一分田"之说。仙居县全县面积约2000平方公里，下辖17个乡镇、3个街道、311个行政村、21个社区。2022年，仙居县实现地区生产总值300.12亿元，人均生产总值为69796元。

近年来，仙居以高质量实施乡村振兴战略为总抓手，以共同富裕为出发点和落脚点，积极推进交旅融合，从"建、管、养、运"四方聚力，全力将农村公路打造成"幸福小康路、特色致富路"，入选2022年度"四好农村路"全国示范县创建单位名单。全县共有农村公路666条1782公里，占公路总里程的88%。作为环神仙居大花园示范带的重要组成部分，环神仙居旅游公路是当地打造的最具特色、最有辨识度的农村公路。

2022年3月，在昆明举行的第六届中国旅游交通大会上，这条公路荣获"2022年度全国交旅融合创新项目"。8月，在西安第五届中国旅游交通大会上，这条路捧回了"全国美丽乡村路"的奖牌。环神仙居旅游公路和当地风景相融共生，实现了设施和文化内涵的联通融合。在不断改善旅游环境的同时，仙居大力发展"路衍经济"，推动公路与乡村旅游、民宿产业、现代农业、康养产业等项目同步建设、互利共赢，努力把公路打造成乡村致富加速带，让绿水青山变成金山银山。

二、仙居县旅游交通规划措施

（一）以路促旅

仙居以生态立县，以"四有"（有一个好的风景、有一条好的公路、有一个好的摄影、有一个好的故事）为技术路线，创新提出建设"最美大环线"战略，积极推进交旅融合。围绕"烟霞仙居，诗画仙径"的主题，全长39.888公里的环神仙居旅游公路将国家5A级旅游景区神仙居、4A级旅游景区神仙氧吧小镇、景星岩、公盂岩、永安溪、皤滩古镇、淡竹原始森林公园、淡竹乡民宿产业聚集区、仙居生物多样性博物馆9个经典风景名胜区串珠成线、次第呈现，让最美公路穿梭于最美的山水中，通过最美公路展现仙居的最美风景。全线蓝天流云，空谷幽兰，满目苍翠，山水相间，美景无边，一路诗画仙径，有"车在路上走，人在画中游"的体验。以路为媒，环神仙居旅游公路打通了通景公路"最后一公里"，完善了"快进慢游"的旅游交通体系。通过交通"主动脉"和景区往来间"毛细管"建设，提升了景区与景区、景区与城区的通达力，带动了乡村旅游发展，沿线旅游车辆日均达8000余辆，游客达2万余人。作为进出神仙居景区的主要公路，2023年以来，神仙居景区游客呈爆发式增长，截至目前共接待游客约110万人次，营收约2.1亿元，人数同比2019年增长13%，营收同比增长16%。

（二）以路富民

村因路而兴，民因路而富，而这条通往富美的农村公路，遵循"极简"的设计理念，以"可持续、精细化"作为首要目标，环神仙居旅游公路坚持多用心、少花钱，坚决避免公路园林化，打造"看得美、养得起、留得住、管得牢"的美丽乡村路。春有油菜夏有荷，秋有稻花冬有雪，四时之景不同，美亦是不同。随着美景的带动效应，沿线民宿和农家乐迅速发展，总数达400余家（占全县60%以上），村民在家门口也吃上了"旅游饭"，平均年收入增加超2万元。整洁的村貌，旖旎的风光，通过路的接引，招徕越来越多的八方游客，淡竹乡民宿和农家乐从原来的40家激增到220多家，如今的淡竹乡已从原先无人问津的"穷山沟"，变成了游客如织的"聚宝盆"。

（三）以路助农

仙居充分发挥农村公路上接"通景道路"、下接"特色农场"的串联功能，也带动一批农旅融合项目和田园综合体项目招引落地，打造了有机大米示范基地、海亮农业产业观光园等一批精品特色产业园区。作为中国杨梅之乡，仙居借助于农村物流100%全覆盖，保鲜需求较高的杨梅30分钟内便可到达高速公路，冷藏后通过航空或者高铁快运，可以实现长三角主要城市3小时到达，国内主要城市24小时内达，甚至远销海外。2022年仙居杨梅产量6.2万吨，鲜果产值10.5亿元，全产业链产值35亿元，梅农户均增收3.3万元。得益于环神仙居公路优美的环境和通达的条件，2022年县委、县政府把农产品区域公用品牌"神仙大农"的第一家旗舰店设在神仙居旅游度假区，涵盖农副产品9大类257款，品牌总销售额达13.9亿元。

（四）以路兴业

交通是经济发展先行官，公路通，产业兴。仙居高度注重交通建设对产业发展的带动效应，不断提升重大产业平台的便捷性，带动相关产业顺利落地，形成神仙居旅游度假区、仙居医疗器械小镇、比亚迪新能源动力电池项目三条特色鲜明的产业带。在神仙居旅游度假区，近年来游客数量逐年攀升，慕名而来的投资商逐年增加，已建成基础设施项目36个，引进重大产业项目27个，计划总投资约155亿元。项目的落地成群形成示范效应，推动环景公路进一步提升，实现"路业互兴"的良性循环。目前，已初步形成了以悦榕庄等10家品牌酒店为核心的高端度假酒店集聚区，以如意湖生态夜景、商业步行街、网红咖啡馆、特色文创等为核心的特色夜游区，以神仙居大健康城、丰安生物健康疗养中心为核心的大健康区等特色游览区。

第十章
乡村旅游土地利用规划

第一节 乡村旅游土地利用概述

一、乡村旅游土地利用核心概念

乡村旅游土地利用是一个比较宽泛的概念，根据农村集体土地的用途，可以将其划分为农用地和非农用地两种。乡村旅游土地利用是农村集中用地带有旅游性质的土地利用方式，也是乡村旅游发展中基于旅游发展目的合法农村集体土地的形式（朱哲，2023；罗文斌，2023）。乡村旅游用地和其他旅游用地一样，具有功能性、综合性、合法性以及持续性的特点。不过，乡村旅游的用地要求更高，其需要在土地保护的基础上施行可逆转性土地利用行为。

乡村旅游土地利用是在乡村旅游发展过程中具有游憩功能、可以被乡村旅游业所合法利用的土地。乡村旅游土地利用的概念有广义与狭义之分：狭义上的乡村旅游用地指乡村旅游商业用地（或称乡村旅游设施用地）。地处农村和城乡接合部的，用于建造的以旅游、商业、娱乐和服务为主的建筑物、构筑物的旅游用地，称为乡村旅游商业用地（黄葵，2007）。乡村旅游开发兼具乡村原真性和商业开发，需要一定量的商业用地，在此过程中，农村土地的利用结构随之发生变化，在乡村旅游景区的部分区域，原耕地等农用地转为商业用地等建设用地。广义的乡村旅游用地是指具有游憩功能的，可以被乡村旅游业所合法利用的土地。游憩含有"休养"和"娱乐"两层含义，兼具了在乡村旅游商业用地的建筑物、构筑物覆盖区上休养、居住、娱乐、购物，和在农用地、道路等乡村旅游非商业用地上游览、游戏、休憩两类活动。因此，广义的乡村旅游用地包括观赏用地在内的一切能被乡村旅游合法利用的土地（吴必虎，2004）。

二、乡村旅游土地利用的研究综述

（一）国外乡村旅游与土地利用相关研究

从20世纪30年代开始，国外就有学者针对旅游业和土地利用之间的关系展开初始研究。美国学者McMurry（1930）在论文《游憩活动与土地利用的关系》中指出，旅游业作为提供休憩娱乐的重要产业，逐渐成为一种不可忽视的土地利用形式。随后，不断有学者针对旅游业这种特殊的土地利用形式展开深入研究。首先，在旅游用地和空间模式方面，Hammes（1994）认为在乡村旅游的不断开发发展的过程中，土地级差地租的格局会发生一定的变化，因此当地土地市场、土地利用格局也将随之变化；Faché（1995）以北欧的三个乡村旅游度假村为研究地，并将它们分为了三种不同的空间模式形态。其次，在旅游用地可持续发展与管理方面，Sharpley（2002）认为来自外界的经济、技术的支持对乡村旅游用地的可持续开发起着至关重要的作用；Cucari N（2019）等人发现乡村旅游企业家与当地管理者的合作关系可以推进当地景观的建设和核心吸引物的开发工作。最后，在旅游用地的适宜性评价方面，Ayhan C K（2020）等学者利用地理信息技术和RS技术将有关乡村旅游区域划分为不同功能、项目的景观单元；Ayad（2005）利用GIS等技术，依靠空间数据方法对旅游目的地内的景点做视觉性分析评估，再借助遥感卫星图像分析当地土地利用和开发的动态变化过程。

（二）国内乡村旅游与土地利用相关研究

随着我国乡村振兴战略的提出、乡村旅游业的不断发展以及规划乡村旅游过程中不可避免的土地利用问题，学者们也越来越关注乡村旅游土地利用等问题。其中，在乡村旅游土地利用管理方面，不同学者做过不同的研究。梅燕和肖晓（2009）认为乡村旅游的合理规划和土地利用离不开政府职能的稳定发挥，通过政府部门的统筹规划，建立可持续发展的乡村旅游业；王新亚（2017）认为河南省在乡村旅游发展过程中仍然存在不少土地利用问题，需要政府部门建立健全的土地管理和监督机制、协调土地相关利益者的利益分配；杜彩云等学者（2009）则以张家界为研究背景，研究了景区内旅游用地与农业用地之间的冲突，认为旅游开发对于当地发展来说是一把"双刃剑"，需要当地政府合理规划管制。此外，关于对乡村旅游土地利用经济绩效评价方面的研究，不同学者提出了不同的见解。于丽娟（2006）分别从投入、产出以及产业结构这三个维度切入，对研究目的地的土地利用经济绩效以及其相关影响因素进行评估；王涌涛（2017）通过研究乡村旅游对提高农村土地利用效率的拉动作用，为提高乡村旅游经济效益提供理论依据。

通过对乡村旅游土地利用文献的梳理，发现国外对于该领域的研究不但起步较早，而且发展较快，成果丰硕，在学者们的共同努力之下，已经构建出了较为完善的理论体系。国外对于乡村旅游土地利用的研究成果主要分布于概念与界定、土地利用中存在的问题、乡村旅游业可持续发展以及土地适宜性评价等方面。20世纪以来，随着我国经济进入快车道，乡村旅游业也在欣欣向荣地发展。目前，我国对于乡村旅游土地规划领域的研究还较为不成熟，而且多以定性研究为主，较少应用各学科领域知识进行综合性、系统性的探索。但乡村旅游拥有很大的发展潜力，值得围绕乡村旅游与农村土地利用深入研究该领域存在的各种问题，为构建系统性理论体系、提出实际优化措施和对策建议建言献策。

三、乡村旅游土地利用的特征

乡村旅游土地利用的特征包括功能性、综合性、合法性、持续性四个方面。

乡村旅游土地利用的功能性。农村集体土地的基本功能在于农业生产与农村建设，因此乡村旅游用地同时承载着旅游用地与农业生产建设的双重功能。

乡村旅游土地利用的综合性。乡村旅游用地的综合性即乡村旅游用地的利用必须配合乡村基础设施建设项目的发展；同时包括与主体资源相配合的其他资源；乡村旅游用地一定是多用途的，不但用作旅游，也是乡村生活的载体、基本的生活资料。

乡村旅游土地利用的合法性。用于乡村旅游发展的农村集体土地必须具有合法性，包括取得农村集体土地手段合法以及农村集体土地用途的合法性。

乡村旅游土地利用的持续性。除了一般旅游用地持续性的特征，乡村旅游用地持续性还包含着如果旅游发展结束后，农村集体土地还能够继续肩负农业耕种与其他农业建设的需要，这就对乡村旅游用地的持续性提出了更高的要求，必须在尊重与保护土地用途的基础上进行可逆转性的土地利用。

第二节 乡村旅游土地利用规划的目标与原则

一、乡村旅游土地利用规划的目标

（一）保护自然资源

保护自然资源是乡村旅游土地利用规划首先要考虑的重要目标之一。这是因为乡村地区通常拥有丰富的自然资源，包括天然形成的美丽风光、优越和谐的生态系统以及种类丰富的野生动植物，这些自然资源对吸引游客和提供独特的旅游体验至关重要。基于此，乡村旅游土地的规划者有必要采取一系列措施来平衡旅游发展和生态环境的关系，以确保乡村旅游的可持续性，以下是保护自然资源层面在规划中需达到的目标。

生态保护区划：乡村旅游土地规划者在规划旅游用地前，应对乡村地区的生态系统进行评估和区划，明确划定生态保护区域并加以保护，防止对当地土地的过度开发。这些区域可能包括湿地、森林、河流、湖泊等自然景观，以及珍稀濒危物种的栖息地。确保这些地区受到严格的保护，限制人类活动对其造成的干扰，以维持生态系统的健康和完整性。

景观保护：乡村地区中能体现乡村性特点的自然景观，无疑是吸引游客的重要因素。在规划过程中，既要确保让游客体验到乡村旅游的原真性，最大限度地保护如山脉、河谷、森林和田园风光。又要合理规划旅游设施和活动，避免对景观的破坏，同时鼓励游客以可持续的方式欣赏和体验自然美景。

环境监测与保护措施：乡村旅游土地规划者应建立健全的环境监测体系，定期评估乡村旅游活动对环境的影响，并根据评估结果采取相应的保护措施。这有助于及时发现潜在问题并加以解决，保障自然资源的持续利用。

生态教育与引导：在乡村旅游发展中，对游客开展生态教育和培养游客的环境保护意识非常重要。通过向游客传递环保知识，提高他们对自然资源保护的认识，增强他们的环保责任感，从而减少不当行为对环境的影响。

生态修复与恢复：对于已经受到损害的自然资源，应制定相应的生态修复与恢复计划，以恢复受损生态系统的功能和完整性。这可能涉及树木种植、湿地恢复、土地治理等，以减轻人类活动对生态环境的不利影响。

综上所述，乡村旅游土地利用规划的目标在保护自然资源方面要强调可持续性和生态平衡。只有在保护自然资源的前提下，乡村旅游才能持续吸引游客，为当地经济和社会发展做出积极贡献。同时，这也是我们不可推卸的责任，以确保乡村旅游的可持续发展。

（二）保护文化遗产

乡村旅游土地利用规划的另一个重要目标是保护文化遗产。适合发展乡村旅游的村落通常具有悠久的历史、文化传统和独特的文化景观，这些文化遗产对于传承历史、增进游客体验、吸引游客和支持社区的身份认同至关重要。在规划乡村旅游时，保护文化遗产应是优先考虑的因素之一，以确保旅游发展与文化保护相辅相成，共同实现可持续发展。以下是保护文化遗产层面在规划中应达到的目标。

文化遗产保护区划：规划者应该对乡村地区的文化遗产进行评估和区划，明确文化遗产保护区域，确保这些区域受到特殊保护。这些区域可能包括历史古迹、传统村落、民俗文化展示区等，规划者要限制对这些区域的不适当开发和改造，以保持其历史和文化价值。

文化景观保护：许多乡村旅游目的地往往以其独特的文化景观而闻名，规划者应该采取措施，保护这些文化景观的完整性和真实性，防止不当的开发和破坏。在规划旅游线路和设施时，要尽可能与文化景观相协调，确保旅游活动不会对其产生负面影响。

文化传承与教育：乡村旅游土地利用规划应当鼓励当地社区参与文化传承和教育活动，包括传统手工艺品制作、传统节日庆典、历史讲解等。通过这些活动，可以让游客更好地了解当地文化，同时也有助于传承和保护文化遗产。

综上所述，乡村旅游土地利用规划的目标在保护文化遗产方面要强调尊重、保护和传承。保护文化遗产不仅有助于吸引游客，还是支持当地社区和文化传承的关键要素。通过合理规划和管理，乡村旅游可以成为文化传承的推动者，为游客呈现一个丰富多样且充满历史魅力的旅游目的地。

（三）促进社区参与

社区参与是指在规划和发展乡村旅游项目过程中，积极地纳入当地居民、社区组织和相关利益相关者，让他们参与决策、规划和管理旅游发展的各个方面，是乡村旅游规划的重要任务之一。其不仅有助于增强项目的可持续性，还能带来更广泛的社会经济效益，更好地满足游客的需求。以下是社区参与层面在规划中应达到的目标。

了解社区需求和意见：在规划乡村旅游项目时，政府部门和规划者应首先了解社区的需求、意见和顾虑。通过与社区居民沟通和调查，可以获得更深入的了解，确保规划项目符合社区的利益和期望。

共同制定规划：乡村旅游项目的规划不应该仅由规划者和政府方制定，而应和社区居民一起制定，平衡各方利益，合作共赢。通过共同制定规划，确保项目符合社区的文化、历史和价值观，同时避免对社区的不利影响。

社区受益分享：乡村旅游项目的收益应由相关利益者共同分享，为当地村民提供入股、分红等收益机制，以确保各方平等获益。也可以通过提供就业机会、培训当地人才、支持本地产业和文化创意等方式，帮助社区居民提高经济收入和生活水平。

综上所述，促进社区参与是乡村旅游土地利用规划中不可忽视的一个重要目标。通过社区参与，可以确保乡村旅游项目的可持续性、增强社区的认同感和归属感，提升当地居民的福祉，实现旅游发展成为当地社区的共同努力和共赢发展。

（四）提高经济收益

对于适宜开发乡村旅游的地区，旅游业发展和产业转型是经济收益最主要的推动力之一。乡村旅游的发展可以为当地经济带来许多积极的影响，包括增加就业机会、促进产业发展、提高地方税收和吸引外来投资等。通过合理规划土地利用，可以实现乡村旅游与经济发展的良性互动，实现可持续的经济增长。以下是经济收益层面在规划中应达到的目标。

多样化旅游产品：规划者可以鼓励乡村地区开发多样化的旅游产品，满足不同游客群体的需求，包括自然景观旅游、农村体验旅游、文化遗产游览等。通过提供多样化的旅游产品，可以吸引更多的游客，增加旅游业的收入。

提升旅游服务质量：规划者应着力提升乡村旅游的服务质量，包括酒店住宿、餐饮服务、交通运输和导游等。优质的服务可以提高游客的满意度，增加他们的消费意愿，进而带来更多的经济收益。

培育本地产业：乡村旅游的发展可以带动本地产业的兴起和发展，促进农民参与农业观光、特色农产品销售等，文化旅游可以支持文化创意产业的发展。通过培育本地特色产业，可以创造更多的就业机会和经济收入。

增加地方税收：乡村旅游的发展可以带来更多的税收收入，这些税收收入可以用于地方基础设施建设和社会福利提升，进一步促进地方经济的发展。

吸引外来投资：成功的乡村旅游项目想要得到更长远发展，需要吸引更多的外来投资和资本流入，推动地方经济的发展。外来投资可以带来更多的资金和技术，促进当地产业的升级和转型。

因此，通过合理规划土地利用和发展乡村旅游，可以实现经济收益的最大化。这将有助于提高当地居民的生活水平，促进乡村地区的经济繁荣和社会发展。然而，在追求经济收益的过程中，也要确保乡村旅游的发展是可持续的，不对环境和社区造成不可逆转的损害。因此，平衡经济增长与可持续发展之间的关系至关重要。

（五）优化土地利用

优化土地利用意味着在乡村旅游发展过程中充分发挥土地资源的效用，以实现最大化的经济、社会和环境效益。这需综合考量土地的自然特征、文化价值和社区需求，以确保乡村旅游的可持续发展和土地优化配置。以下是土地利用层面在规划中应达到的目标。

合理规划旅游景点：优化土地利用需要合理规划旅游景点和设施的分布。在规划乡村旅游线路时，要充分考虑景点之间的距离和交通便利性，避免景点过度集中，分散游客流量，减轻对土地资源的压力。

保留传统村落和历史建筑：乡村地区通常拥有独特的传统村落和历史建筑，这些是吸引游客的重要资源。在规划过程中，要优先保留这些传统村落和历史建筑，鼓励文化旅游和历史遗产保护，促进土地高效利用。

合理安排旅游住宿和设施：乡村旅游的发展需要考虑旅游住宿和设施的合理安排。优化土地利用意味着在不破坏环境和景观的前提下，将旅游设施布置在合适的位置，满足游客的需求。

提升土地价值：规划者可以通过改善土地的产值，提升土地的经济效益。例如，将传统耕地开发为农家乐、农业观光基地等，可以为农民增加收入，同时也可以丰富游客的旅游体验。

推动乡村旅游与农业、文化产业的融合：乡村旅游可以与农业、文化产业相融合，实现优势互补。通过规划农业观光、农产品销售等项目，可以促进农业发展，为乡村旅游提供更多的旅游体验。

保护农田和水资源：乡村旅游的发展不能忽视对农田和水资源的保护。规划者应该确保农田的保留和合理利用，避免过度开发和污染，保障当地农民的生计和农产品供给。

因此，乡村旅游土地利用规划的优化目标是实现经济、社会和环境的可持续发展。通过科学规划和综合考虑各方面的因素，可以实现乡村旅游与土地资源的最佳匹配，促进乡村地区的繁荣和发展。

二、乡村旅游土地利用规划的原则

乡村旅游土地利用规划的原则是为了保证乡村旅游实现可持续性和最大化的效益。这些原则是规划和管理过程中指导性的准则,以确保乡村旅游的发展与自然环境、社区需求和文化传承之间取得平衡。以下是乡村旅游土地利用规划的一些重要原则。

可持续性原则:指在规划和发展乡村旅游项目时,确保旅游活动对自然环境、社区和文化传承的影响是可持续性的,不会对未来的发展造成不可逆转的损害。可持续性原则是乡村旅游发展的核心,旨在实现经济、社会和环境三重效益最优化。

综合性原则:强调在规划过程中综合考虑自然环境、社会文化和经济因素,确保土地的多样化、集约性利用。通过综合性规划,可以实现乡村旅游的多样化发展,平衡不同的利益,并实现地区经济、社会和环境效益的最大化。

参与性原则:强调引导和促进当地社区居民的参与。规划者应当积极征求社区的意见和建议,在决策过程中听取社区居民的声音。通过社区参与,可以确保规划方案符合当地需求和利益,增强社区认同感,实现乡村旅游与社区共赢发展。

保护性原则:强调在规划和开发过程中优先保护自然资源和文化遗产。通过划定保护区域、限制不适当开发和利用,确保乡村旅游活动对生态环境和文化景观的影响最小化。这一原则有助于实现乡村旅游参与者与环境、文化的和谐共生、共同发展。

多功能性原则:意味着在土地利用中追求资源的多样化和综合利用。旅游活动可以与农业、文化产业等其他产业相结合,实现优势互补,提高土地资源的综合效益。通过多功能性的规划,可以推动乡村地区的经济发展、文化传承和社会进步,实现土地资源的最大化利用,促进乡村地区的综合发展。

效益最大化原则:旨在在乡村旅游发展中平衡经济、社会和环境效益,确保旅游活动为当地带来最大化的积极影响。规划者通过合理配置资源、提升旅游服务质量、培育本地产业、促进社区参与、增加地方税收等方式,实现乡村旅游与经济、社会的双赢发展。这一原则有助于提高当地居民的生活水平，促进乡村地区的繁荣和发展。

保持地方特色原则：强调尊重和保持当地的地方特色和文化传统。规划者应鼓励乡村旅游项目融入当地文化和风俗，避免过度标准化和同质化。通过保持地方特色，可以提升游客对当地文化的认知和体验，增加旅游吸引力，同时维护和传承乡村地区的独特魅力。这一原则有助于实现乡村旅游的可持续发展，为游客提供独特而丰富的旅游体验，同时也促进当地文化的传承和发展。

第三节　乡村旅游土地利用规划的内容

一、乡村旅游土地利用规划的阶段

在旅游规划实践中，乡村旅游土地利用规划依据编制方法的变化，可分为三个阶段。

第一阶段（2011年以前）：《风景名胜区规划规范》中提出了以"土地利用协调规划"为指导。编制风景名胜区规划时，要求"简要描述用地情况，利用用地平衡表，并将用地分类标准附上"。这个阶段未涉及旅游土地规划的问题。

第二阶段（2012—2018年）：以本轮土地利用总体规划编制完成和《城市用地分类与规划建设用地标准》颁布为标志，部分编制单位在编制"风景名胜区规划"时，加入了用地适宜性评价表；一些编制单位在按照风景名胜区用地类型分类的基础上，增加了按照城市用地类型划分的土地利用平衡表；有的编制单位甚至引入土地利用总体规划的编制方法，依据《土地利用现状分类》对用地类型进行描述，明确包括哪些地块，然后列出用地平衡表；个别编制单位依据《城市用地分类与规划建设用地标准》，将景区的建设用地进行细分，并引入当地土地利用总体规划进行衔接说明。本阶段的特点是，编制方法多样，开始关注和运用土地利用规划，但编制内容仍偏简单。

第三阶段（2019年至今）：以"多规合一"实践和2018年党和国家机构改革中城乡规划管理职责、编制主体功能区规划职责划入自然资源部为标志。乡村旅游土地利用规划更具有落地性，并开始与国土空间规划无缝衔接，确保旅游开发建设用地指标到位。

二、乡村旅游土地利用规划存在的问题

在目前我国的旅游土地规划中，主要存在三方面的问题：①不能够准确定位旅游用地的界线；②建设土地的数量有着很大的差别；③编制能力不足。在很多的乡村旅游土地的规划中，由于无法区分旅游建设用地和非旅游建设用地，因而造成了很多土地的不合理利用，同时制约了旅游业的发展，从而很难保证维持旅游土地的建设格局。

纵观近20年旅游规划编制实践，旅游土地利用规划主要存在三方面问题：一是未明确旅游用地界定；二是落实需要的建设用地数量及获取指标难度大；三是编制技能不足。旅游土地利用规划编制中，大多数规划编制单位简单引用《风景名胜区规划规范》为依据，依葫芦画瓢区划项目地块性质，未能着眼土地利用总体规划，明确旅游用地的内涵和外延。

在《旅游规划通则》（GB/T 18971—2003）中，旅游发展规划未提及旅游项目建设用地指标如何落实，致使规划单位对旅游土地利用规划认识不足，对土地利用规划研究不够，无法区别旅游建设用地与非建设用地，更无法提出建设用地指标获得途径。旅游土地利用规划的缺失，制约了旅游土地的科学利用，影响了旅游业的健康发展。尤其是乡村振兴背景下的乡村旅游业，缺少了旅游土地利用规划的引导，难以实现科学的空间布局。

三、乡村旅游土地利用规划的建议

（一）旅游用地界定

进入21世纪，旅游用地界定开始引起社会各界的关注，特别是2013年，原国土资源部将桂林市作为旅游产业用地改革试点城市，探索政策创新和突破，一些专家就此提出了一套完整的旅游用地分类体系，并将旅游用地分类体系与

土地利用现状分类标准、城市规划分类体系进行衔接，推动了旅游产业用地研究不断深入。因此，旅游土地利用规划，须以理解旅游用地的内涵和外延为前提，方能编制好规划内容。

（二）践行"多规合一"理念

乡村振兴需有产业支撑，产业发展需有建设用地指标保障。原有的旅游规划编制实践，忽略了旅游建设用地指标的落实，影响了乡村旅游业的发展。新形势下，应践行和落实旅游规划"多规合一"，体现与国土空间规划的衔接。反映到规划编制上，就是体现土地利用规划的内容，将旅游土地利用规划作为乡村振兴战略的基础和重要指南。

（三）科学落实旅游用地建设指标

（1）科学编制旅游土地利用规划章节。按篇章结构、文本表述和图件展示三个层次，包括现状分析、土地利用规划、用地措施、分析现状用地、落实地块用途、阐述建设用地指标来源，提出用地指标保障措施以及旅游用地现状图、旅游土地利用规划图、旅游用地衔接图等。可从现状分析、土地利用规划、用地措施、规划衔接、建设指标来源和图层叠加等，如实分析地块现状用途及地类性质；分析国土空间规划中每个地块的规划用途与地类性质，分析项目用地结构及用地平衡；分析用地政策，提出用地开发利用的方向及用地保护方法；注重与上位规划特别是国土空间规划衔接，并分析其合规性；测算建设用地指标总量，分析建设用地指标来源途径及获取建设用地指标的方法；通过图层叠加，落实"多规合一"，明确建设用地布局。

（2）活用各类用地政策。旅游土地利用规划，应结合项目所在地、项目用地情况、项目类型，灵活运用国家、地方、部门相关用地政策，优化旅游用地利用，减少建设用地指标需求。如景区内部行车道、单体建筑、公共服务设施、建筑用途等应紧扣用地政策，将用地政策纳入土地利用规划范围。

（3）盘活农村各类建设用地。现行土地利用总体规划中，农村仅规划预留村庄用地，旅游发展所需建设用地预留基本没有。在此背景下，农村旅游开发所需建设用地指标落实关键在于内部挖潜，通过盘活废弃村庄用地和村庄内其他建设用地，为旅游所用；通过影像图与年度变更图叠加，分析村庄用地现状，寻找可用建设用地指标。值得注意的是，从农村内部获得的建设用地指标，大类上仍可归为村庄用地，且应与国土空间规划无缝衔接，便于用地管理。

（4）提升旅游规划地位。旅游以其融合性好、带动性强，适于推动生态环境好、文化遗存保存较好、乡愁元素丰富的乡村发展。而一定量的建设用地指标，是旅游开发的前提，建议将旅游用地单独设置用地类别纳入未来国土空间规划中，促进旅游土地利用规划编制更加科学、完善。

第四节 乡村旅游土地利用规划的基础理论与策略

一、乡村旅游土地利用规划的基础理论

（一）中心地理论

中心地理论是德国城市地理学家克里斯塔勒和德国经济学家廖什提出的，该理论探讨了城市和市场的分级规律。克里斯塔勒认为中心地向外提供货物和服务的辐射范围是可变的，其最大范围取决于消费者意愿能够到达的最远距离（张贞冰，2014；姚士谋，2010）。同时，吸引消费者的距离因中心地的不同条件而呈现出等级性，影响中心地吸引力的主要因素包括市场、交通和行政等方面。中心地的等级从一级向外逐渐呈现出六边形网络结构，递减排列，这一理论在乡村旅游规划中有着重要指导意义。根据乡村所在的地理位置，可以分析周边乡村旅游的发展情况，定位自身的旅游核心吸引物，发掘并打造自身的优势产业，明确定位目标游客市场。通过大众媒体展开宣传，可以采用由近及远的策略来开拓市场，同时也需要积极发展合作，以形成一个能够吸引更多市场的中心地。

（二）田园城市理论

田园城市理论源自德国社会经济学家霍华德的城市规划理念。该理论倡导

创建一种全新的城乡结构，以代替传统的城乡分离模式。其核心主张在于城市和乡村之间的相互融合，乡村环绕城市，所有土地归集体所有，土地使用通过交付租金，土地增值收入归集体，消费者直接享受农产品，农产品同样就近进入市场（张宁，2018；陈昭，2017）。这一模式有助于充分发挥城市和乡村的优势，同时消除劣势，为城市问题提供了新颖的解决方案，也为乡村发展提供了有益的思路。在乡村旅游发展方面，田园城市理论实质上也呈现了一种城乡一体化的表现。因此，通过促进乡村旅游的发展，可以增进城乡或乡村旅游目的地之间的交流融合，推动人才、信息和资本的流动。此外，该理论对农业产业高质量发展、土地权益问题提供了参考思路。针对集体土地的开发，可以借鉴田园城市理论，将集体土地进行股份分配，以确保农民的权益得到保障。

（三）地租理论

马克思认为，地租是土地使用者由于使用土地而缴给土地所有者的超过平均利润的那部分剩余价值。马克思按照地租产生的原因和条件的不同，将地租分为三类：级差地租、绝对地租和垄断地租。土地的品质优劣直接影响着每单位面积土地的产出，从而影响了从土地中获得的收益（刘凤霞，2019）。因此，不同品质等级的土地会形成不同水平的地租差异，这也会影响到利润的获取。此外，土地的用途差异也会导致收益的不同（谢富胜，2021）。在乡村旅游发展过程中，土地的用途和价值差异同样应该呈现多样性。特别是在涉及较高收益的土地用途时，这种差异也会在地租方面体现出来。这种原则在乡村旅游开发建设中，特别是征地补偿和旅游设施建设方面具有重要的参考价值。在乡村旅游开发中，土地所带来的收益应根据土地增值情况进行合理的补偿。针对不同形式的开发，应因地制宜，制定差异化的补偿策略，以确保农民对土地的所有权和收益权得到保障。

（四）杜能环理论

杜能环理论源自德国农业经济学家杜能的农业区位理念，其以孤立国家为假设前提，提出农业经济类型呈同心圆分布，以城市为中心，划分为六大农业带（朱文哲，2015；王铮，2011）。这种分布模式不仅适用于城市周围，大范围以及不同国家和地区也同样存在。这种规律对乡村旅游规划具有有益的启示。目前,乡村旅游的规划受到城市经济、交通、文化等因素影响,发展模式应根据情况有所调整。对于邻近城郊的乡村旅游地区,其发展受城市发展的影响较大。因此,在旅游项目开发中,可以适当布局一些重游率较高的项目,比如采摘和农事体验等。而对于地理和交通位置并不优越的乡村旅游地,土地规划重点应放在文化特色和自然风光的宣传上,通过突出地方特色来增加对游客的吸引力。

二、乡村旅游土地利用规划的策略

(一)综合规划与多元土地利用并行

综合规划与多元土地利用在乡村旅游领域扮演着关键性的角色,旨在实现土地资源的最优配置以促进乡村旅游业的可持续发展。综合规划具体涵盖了多种土地利用类型,包括但不限于旅游景点、农业经济、生态保护区等,其目的在于塑造一个有机整合的地域空间,从而在合理分配土地资源的同时,达到促进社会经济、生态环境和文化传承的目标。在此维度下,综合规划致力于在有限的土地资源内,达成多元化利用的目标。其着眼点在于协调不同类型的土地用途,确保其相互协调,既满足经济效益的追求,又严守生态保护红线,同时兼顾当地非遗文化的传承与保护。通过将农业产业与旅游景点有机结合,不仅可以增加当地收入,还能为游客创造独特的体验,为当地居民创造多元化创业机会。

同时,多元土地利用的实践不仅具有经济效益,更兼顾了社会和生态效益。这种策略的成功实现需要在规划设计的过程中,平衡不同利益主体的需求,充分考虑地域特色和可持续性发展。在选择土地用途时,需依靠专业团队的力量,进行实地考察和科学评估,包括土地适宜性、环境影响、社会接受度等多方面因素的综合考虑。此外,有效的监测和调整机制,能够对规划实施过程进行动态管理,以确保规划目标的有效达成,最大限度地综合各种利益和要素,创造出一个综合性、多样性的土地利用模式,为地区的经济、环境和社会等多方面带来积极影响。

（二）实施村民股份制，实现新型集体经济模式

新型集体经济是在农村集体经济产权制度改革之后，形成的一种具有明确权责关系的产权制度，其特征是产权结构多元化的集体经济形态（王德刚，2021）。作为新型农村集体经济的关键组织形式，村民股份制在促进乡村经济增长、减少贫富差距及实现相关者利益公平分配方面起到显著推动作用，为共同富裕目标的实现提供了积极推动作用。针对持久性的旅游开发，政府应鼓励村民参与股份制，允许包括本村村民、邻村村民和外来商户等人员参与入股，实现现金、土地和技术等多种入股方式并存。为确保公平分配，当地政府应搭建专门的互联网平台，形成互惠共生的模式。在旅游业经营一段时间后，随着效益的增加和村民入股积极性高涨，可适度规定入股限制，尽量照顾到每一位村民的利益，进一步缩小贫富差距。综上所述，村民股份制作为新型集体经济模式的一种实践手段，为农村集体经济的创新和可持续发展提供了一条可行的途径。通过有效整合资源、鼓励村民参与和灵活应对市场需求，村民股份制既保证了村民利益，又在农村经济领域产生了深远的影响。

（三）因地制宜、差异化地规划乡村旅游用地

作为一项复杂而关键的任务，要求在规划实践中充分考虑乡村地域特征、可持续发展要求以及社会经济需求等多个因素的综合影响。这一策略旨在充分尊重和借助当地的自然、文化和社会资源，以及相关利益者的参与，为每一地区创造独特且有益的乡村旅游用地格局，以促进经济增长、环境保护和社会融合。在这一视角下，首先需要深入分析和理解各个地区的特征。包括自然地理、生态环境、历史文化、社会经济等多个方面的因素，以全面了解不同地域的优势和潜力。规划者应根据各地特点，制定个性化的用地规划策略，以确保用地规划的合理性和可操作性。

在实际规划过程中，规划者应做到将不同类型的乡村旅游用地进行差异化划分。这涉及景区、农业体验区、生态保护区等不同用地类型的划分与定位，以满足游客多样化的需求和期望。同时，还需要在不同区域内充分考虑资源的整合利用，以提高旅游用地的经济效益和社会价值。值得强调的是，因地制宜

的规划还需要注重与地方社区的合作与互动。社区作为地域内的基本单位，具有独特的社会文化和历史传承。因此，在规划过程中，应积极吸纳社区的意见和参与，确保规划既能够实现乡村旅游的经济目标，又能够尊重和维护当地居民的权益和利益。

综上所述，乡村旅游用地的规划是一项综合性任务，要求规划者在考虑自然、文化、社会等多方面因素的基础上，制定个性化、多元化的用地策略。这不仅能够促进乡村地区的可持续发展，还能够为乡村旅游业带来更多的机遇和潜力。

第五节　乡村旅游土地利用规划典型案例

一、玉带湾村概况

玉带湾村位于辽宁省葫芦岛市建昌县杨树湾子乡，距离县城35公里，全村区域总面积8.65平方公里。由于有六股河从村头绕过，所以由原来的河东村更名为玉带湾村，随着六股河漂流景区的发展，玉带湾村被越来越多的人所了解。

二、玉带湾村地区资源分析

（一）农业观光资源

玉带湾村全年粮食总产量达1158吨，主要种植玉米，耕地主要分布在六股河的两岸，受其位置之利，拥有灌溉条件良好、土地肥沃的优势，因此成为主要粮食作物产区。此外，村内还拥有一个300亩的棚菜区，应用高效农业技术，实施科技种植，主要种植果蔬等经济作物，其中的腌渍菜已在辽西地区形成了一定的声誉。南部地区新建有一个面积约270亩的南山采摘园，主要种植西红柿、苹果、葡萄等，并已注册商标。此外，村内还设有一个养殖场，成功创建了"杨树湾鸭蛋"品牌，致力于生态农产品的发展。

总体而言，尽管玉带湾村的农业观光资源具备较好的基础，但是观赏性和体验性方面存在改进的空间。在资源开发过程中，应重点关注农业观光资源的开发，扩大园地和林地的建设，倡导集约化和高效化的农业生产方式，同时加大对种植品种和质量的改进力度，以打造乡村旅游的重要项目。

（二）农业文化资源

玉带湾村是一个多民族聚居地，包括满族、蒙古族和汉族居民。村内保留了丰富的满蒙传统民族活动和文化，其中包括独具特色的婚俗文化和节庆仪式，展示了当地的传统特色。

满族的传统民居建筑呈现出独特的口袋形院落和青砖起脊，反映了满族的文化特征。现今，尽管人们在房屋内部进行了现代化改造，提供了现代化的卫生设施等服务，但仍保留了大量传统的民居建筑。这些民居不仅具有传统特色，还提供基础服务，适合用作接待服务设施。

村内的饮食文化深受满族传统文化影响，拥有丰富多样的特色菜肴，如酸菜血肠白肉、黏饽饽、豆面卷子以及"八大碗"等。此外，水豆腐也是建昌地区的特色食品。

皮影戏是建昌县的非物质文化遗产，经验丰富的老艺人们传承着皮影戏人物制作的技艺，通过当地语言演绎出引人入胜的表演。

农业文化资源中，满蒙文化和村落的形态具有明显的特色，应作为乡村旅游资源的首要开发对象。村内居住的满族传统民居、特色风俗、饮食以及非物质文化遗产都是宝贵的开发资源。在开发过程中，应以满族聚落为核心，更好地展示满族的风情文化，全面展示满族文化生活。

（三）农业生态资源

玉带湾村拥有四季分明的温带季风气候，降水主要集中在夏季，这使得全年都是适宜的旅游季节。村里主要的生态资源包括六股河和蟠龙山。

六股河位于村北部，是建昌县内较大的河流之一。水质清澈，水量充沛，两岸植被茂盛，河流在地形中蜿蜒流淌，适宜进行漂流活动，漂流线路长达5.8公里，主要集中在六股河的中下游，峡谷和两岸山崖陡峭，是市内唯一的漂流胜地，具有明显的旅游开发潜力。未来，可以考虑改进项目，增加适合儿童的娱乐项目，并在冬季开发冰上项目，以填补冬季旅游的空白。

蟠龙山位于六股河的东侧，被大山环绕，形似两条龙，山上植被茂密，野果丰富。虽然蟠龙山的生态环境脆弱，需要保护和整治，但这并不会制约当地乡村旅游的发展。在保护为主的前提下，可以修建健步道、露营地等对生态影响较小的设施，同时满足游客登山的需求。

三、玉带湾村区位分析

玉带湾村拥有丰富的自然环境资源，以山景和水景为主要特点，其独特的自然美景具有吸引游客的巨大潜力。这里可以与周边的山水风景旅游区和自然养生胜地展开合作，共同打造全域旅游的新格局。

建昌县正在积极推动全域旅游发展，玉带湾的六股河漂流景区已纳入了县域旅游体系。通过与旅行社的合作，建昌县旅游业已初步建立了原生态特色旅游发展模式。此外，玉带湾周边还拥有丰富的人文旅游资源和深厚的文化内涵，与这些景区相结合，可以实现优势互补。玉带湾村提供完善的食宿服务，可以延伸旅游线路，增加地域之间的联合，形成更多旅游线路组合选择。

玉带湾村周边资源丰富多样，可以与其他景区合作共同推广旅游，提高影响力，助力全域旅游的宣传和线路开发。

四、玉带湾村土地功能区规划及项目产品设计

（一）玉带湾村土地功能规划

根据玉带湾村的土地利用类型，可以将该地区划分为以下几个区域：农业体验区、农业观光区、农业设施区组成的农业观光体验区以及生态保护区、文化体验区和旅游体验区。农业体验区、农业观光区和农业设施区位于六股河以东，具备良好的灌溉条件，适合农业发展。在这些区域，可以合理规划农田种植区等农业项目，打造特色农业观光体验区。生态保护区主要位于蟠龙山景区，

有助于保护玉带湾村的森林资源。可以设计生态养生旅游线路，让游客在大自然中享受宁静的休闲体验。文化体验区位于玉带湾村居民聚集区和已建成的风情一条街，旨在充分展现村内的满蒙文化特色，并保护当地的民族文化建筑和风土人情。旅游体验区则是指玉带湾村的六股河漂流区，这个区域在发展过程中可以拓展更多旅游体验项目（见图10-1）。

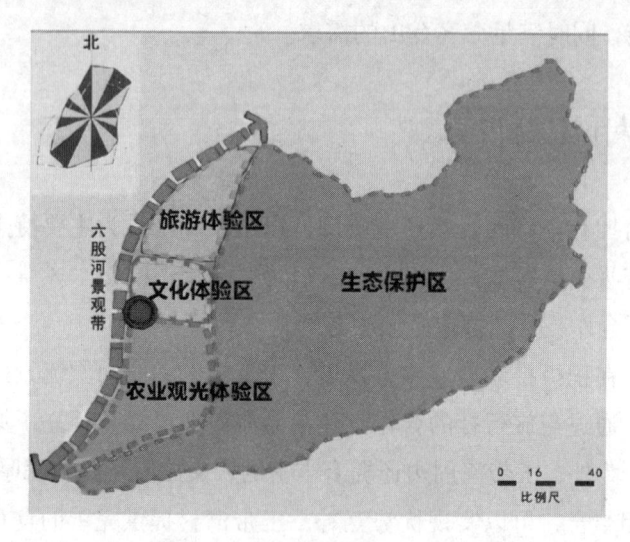

图10-1　玉带湾村旅游功能区分布

（二）玉带湾村旅游项目产品设计

基于土地利用规划和旅游功能区划，我们对玉带湾村的土地进行了项目设计。首先，玉带湾村一直以来都在种植玉米，产量丰富，可以进一步深化玉米生产，进行玉米深加工，打造具有乡村特色的品牌。由于玉带湾的自然条件良好，农用地保护得当，可以在旅游开发中突出该村的乡村农业特色。在现有的农田体验园的基础上，增加农业观光区，种植经济作物，供游客在旺季进行观光采摘，淡季则进行销售。这样做可以通过农作物种植来保障村民的粮食安全，同时确保经济收入的稳定。还可以设立农业科普园，提供亲子游戏和手工课、农活体验等体验式项目，以增加游客的参与度。

玉带湾的水域是一个显著特色，可以结合已经开发的漂流项目，并融入满蒙少数民族文化元素，发展满蒙风情园。将当地民居和居民的生活状态打造成为人文旅游观光资源,并在旅游服务设施中增设农家乐项目。这不仅提供了食宿服务,还让游客能够直接感受到传统的民风和满蒙文化的特色。在开发过程中,将玉带湾的乡村旅游与农业有机结合,有助于推动该地的农业产业升级。此外,可以分阶段进行开发,为未来乡村旅游的持续发展留下足够的空间。玉带湾村自然条件优越,人文特色鲜明,通过将村庄建设为山上—田间—水下的立体发展模式,建设五大农业园区,集生产、观光、体验、深度游于一体。

农业观光区既满足了乡村农民的粮食需求,又提供了农业观赏体验。围绕地块外围建设自行车道,供游客骑行观光。园区内放养着鸭、鹅、牛、羊等家禽和家畜,还有特色的水车灌溉和传统的茅草亭、作坊等乡村景观,满足游客的观光需求,同时也通过摄影和写生等项目吸引年轻游客。

农业体验区内种植了各种不同品种的经济作物、蔬菜和果树。一部分地块被划分为种植体验区,供游客亲自参与劳动,定期管理植物,并在体验农作业的过程中享用新鲜的蔬菜。还增设了手工课等课堂,教授农耕知识或邀请专业人士进行创意课程,为人们提供一个互动交流平台。园区内的果蔬产品可供游客购买,省去中间商,提高了产业价值。采摘园中种植了各种桃、油桃、梨、枣、杏等优良品种,实现了四季有花、全年有果。果园采用有机肥、草覆盖和放养鸡等生态措施管理,利用鸡粪还田来增强果园土壤肥力。这不仅有助于保持果园的水土,还减少了农药的使用,为农庄餐厅提供了优质土鸡和土鸡蛋。

农业设施园区可以种植各种瓜果蔬菜,如小番茄、小黄瓜、草莓、西瓜、甜瓜和野菜,供游客采摘和餐厅使用。对已有的简易日光温室大棚进行了改造,特别是新建了观光型玻璃温室,用于种植各种奇特的瓜果,保持四季常绿,具有很高的观赏性,并用于销售。通过科学种植和不同的光热水控制,还可以建设农业科普区,种植不同环境条件下的农作物,吸引游客,同时设立儿童课堂,将教育与娱乐相结合。

生态保护区将致力于维护现有的生态环境,特别是蟠龙山地区的森林资源。计划提高荒山的植被覆盖率,并引入适合当地生长的观叶类树种,以提升景观的观赏性。同时,修建游客健步道并加强安全措施,选择平坦地点建设设备齐全的露营地。在露营地，游客可以方便地享用农业区的产品，提供便捷的服务。

满蒙风情园是玉带湾村的特色项目之一。为了避免过高的投资和后续的高维护成本，以现有的农户集聚点为中心，逐步向四周扩展。在初期，将重点保护农户聚居区。然后，逐步建设演艺园和民族风情街，以增加游客对当地文化的了解。还将发展当地特色小吃和文化传统，同时推动农家乐，提供土鸡、土鸭、酸菜、各种时令鲜蔬以及当地的土特产，满足游客对乡村口味的需求。

（三）玉带湾村旅游特色及资源类型

自然风光观赏游是以六股河漂流和蟠龙山景区为核心的主题游，让游客放松身心。可参与的活动包括漂流、水上运动和拓展训练等，适合大多数人。游览线路包括参与漂流和水上运动，骑车游赏，滨水游憩，登山和林中休憩，品味山野之趣。晚上可以选择农家娱乐休憩，参与农家乐活动或欣赏乡村夜景。

满蒙民俗休闲游以玉带湾村优美的生态环境为基础，提供民俗体验、休养和避暑休闲等活动。主要吸引自驾游的市民，游客可以参观玉带湾村的民居，游览满族风情一条街，品尝特色美食，观赏皮影戏等。晚上可以住在民俗农居，参与篝火晚会。

生态农业观光游以玉带湾村的现代综合农庄为基础，提供农事体验、农业观光和采摘等活动。游客可以参与农事体验、农业观光和采摘，享受农村生活。

（四）玉带湾村居民就业保障规划

玉带湾村面临的主要问题是贫困家庭众多，他们主要依靠种植和养殖为生，收入来源单一，就业机会有限。因此，在扶贫工作中，需要根据不同家庭的贫困原因采取不同的帮助方式。此外，还存在大量小农户的就业和收入问题。

为了改善情况，玉带湾村发展旅游业，采用了农户参股的方式，以降低风险并提高劳动效率。通过公司与农户的合作，可以更好地管理农业生产，合理规划土地作物种植，引入各种观赏性植物，将其打造成乡村旅游的观光资源，并作为特色农产品销售。对于因景区建设而失去土地的农户，政府引导旅游企业进行管理，根据农民的意愿，采用易地就业和分红等方式合理安置他们。此外，景区所需的工作机会也会优先提供给玉带湾村的居民，并定期提供培训机会。

（五）玉带湾村旅游设施建设

1. 玉带湾村旅游基础设施建设

在道路交通方面，玉带湾村的外部交通已经相对便利，但需要改进一些路段的状况，并提升整体道路质量，以适应旅游景区的开发需求。内部交通方面，已经修建了通往六股河景区和南部采摘园的主干道，未来规划中会在各个农业区之间建设小道，以满足游客的游览需求。主要的道路布局以环形道路为主，连接各个旅游区域。在蟠龙山景区，建立登山道，并设置指路牌和转弯警示牌等交通标志。停车场安排在靠近村口的地方，这既有利于环境保护，也有利于景区的秩序和安全。

至于环卫设施，景区将确保内部有足够数量的公共卫生间，并雇用保洁人员负责景区的环境卫生。每个规划区都会有专人负责清扫和卫生设施的维护，以保障村庄的环境卫生和美化整洁。

2. 玉带湾村旅游服务设施建设

在农业旅游方面，将对农家乐进行规范管理，确保卫生和安全，统一经营标准和流程，提升服务质量。此外，鼓励发展特色民宿，以满足游客对农业文化体验的需求，并建立乡村公寓来缓解旅游旺季的住宿需求。在蟠龙山地区，计划建立露营地，确保供水和修复山路，以保障游客的通行安全。还将设立游客中心，提供旅游信息咨询服务，并展示玉带湾村的农产品，同时展示特色手工工艺品。

（六）玉带湾乡村旅游反馈机制

政府应该为不同乡村发展战略提供有针对性的指导，并加大对乡村发展的经济和政策方面的优惠支持。在玉带湾村进行旅游规划和开发后，村委会需要成立专门的小组，以监督乡村旅游规划的各个环节。这个小组应该及时发现问题，并与企业、政府和规划小组进行交流沟通，以找到解决问题的方法。无论是关于乡村旅游发展、村民生产生活问题，还是游客提出的建议和意见，都需要通过适当的渠道来制定解决机制，找到问题的症结，并逐一解决，以不断促进玉带湾村的乡村旅游发展。

第十一章 旅游规划研究与乡村旅游规划经典案例研究

第一节 旅游规划研究

旅游规划是地方行政部门或旅游企业进行旅游开发的重要依据与步骤，对区域旅游开发至关重要（杨敏，2004）。国内外关于旅游规划的研究成果颇多，主要集中在旅游规划理论体系研究、规划方法研究、规划对环境的影响、规划策略研究等几个方面（Fischer T B，2003；Dalkmann H，2004；Hedo D，1999；孙述海，2005；Chesworth N，2004）；对旅游规划本身质量的研究主要集中于旅游规划质量的影响因素（吴柏清，2008；王衍用，2011；刘德秀，2003；王连球，2013）、旅游规划质量较低的原因、提升旅游规划质量的建议（周文静，2012；郑群明，2003）等方面；而对旅游规划质量评价的研究较为少见。杨敏（2004）等构建了旅游规划评价的指标体系并试图运用模糊数学的方法对旅游规划进行评价；鲁小波（2014）等对旅游规划质量的评级和影响因素进行了讨论，提出了改善旅游规划质量评价机制的方法，指出规划主体的选择不必迷信权威和头衔，重点是考察规划团队的实力和经验等。鉴于旅游规划的复杂性，目前旅游规划基本采用专家评议的方法进行定性评价，缺乏从多个利益相关者角度对旅游规划进行评价的实例及方案,而这点对科学制定旅游规划、平衡旅游规划利益相关者多方利益尤为重要,因此有必要开展多重认知的旅游规划质量量化评价与比较研究。

本节以已经通过评审的某甲级资质旅游规划公司为某区域编制的某旅游规划为研究对象,从旅游规划的利益相关者出发,选取区域居民、游客和省内外旅游规划评审专家为调查实体,采取问卷与访谈等方式,主要研究旅游规划中不同利益相关者的评价特点和相互之间的差异,旨在为客观评价旅游规划质量提供参考方法,为旅游规划的团队组建提供科学依据。

一、研究方法与过程

(一)研究过程

本研究主要分四个阶段。第一阶段是深入研读分析某区域某旅游规划文本,咨询相关旅游规划编制与评审专家,形成量化评价该规划的指标体系调查问卷,拟定调查对象。第二阶段是居民和游客感知视角的旅游规划质量量化研究,主要采用问卷和访谈。2014年5月,课题组一行7人直接到达该规划建址所属镇,第一站来到当地政府部门,对所有在场公务人员进行一对一或一对二地发放规划文本和调查问卷,同时对问卷填写者提出的建议和看法进行记录。共收到问卷46份,其中有效问卷44份。第二站走访当地学校,采取同样的方式对学校教师进行问卷调查,共收到问卷58份,有效问卷54份。第三站到达镇上的村庄,采用同样的方式收到问卷151份,有效问卷143份。第四站到达项目规划所在地,采用同样的方式对游客进行问卷调查,收到问卷62份,有效问卷56份。随后,在11月中旬又一次对景区游客进行调查,共收到问卷27份,有效问卷26份,至此完成了旅游淡旺季景区游客的问卷调查。第三阶段是专家感知视角的旅游规划质量量化研究,其中省外专家课题组于2014年8—9月,首先通过电话或邮件的方式得到专家许可,再把电子版的该规划文本、区域概况说明及问卷发送给专家,共计38人,收到有效问卷36份;省内专家名单由省旅游局提供，共计25人，课题组于2014年10—11月，先后向他们发放问卷，收到有效问卷22份。第四阶段，2015年11月至今，主要是对调查问卷的整理、分析与比较。

（二）构建的规划量化评价指标体系

结合前人的研究成果以及旅游规划专家的意见，本节构建的规划量化评价指标体系共分三类：第一类主要是规划内容评价，包括13项指标，分别为"规划背景优缺点的利用与回避分析（C_1）""旅游资源总量的分析与评价（C_2）""稀缺性与独特性旅游资源的把握及利用（C_3）""旅游规划与上位规划的衔接分析（C_4）""战略目标与战略方向的确定（C_5）""主题形象与宣传口号的设计与分析（C_6）""旅游市场的定位分析及准确程度（C_7）""产品策划中独创性项目的设计（C_8）""产品策划中借鉴的成功性项目分析（C_9）""功能分区的策划与布局（C_{10}）""旅游要素系统的设计与分析（C_{11}）""规划实施中分阶段突破点的把握（C_{12}）""旅游规划中投资效益评估分析（C_{13}）"。第二类是规划整体评价，包括4项指标，依次为"规范性（C_{14}）""可靠性（C_{15}）""先进性（C_{16}）""可操作性（C_{17}）"。所有选项采用"优""良""中""及格""差"5个评价等级。第三类是开放性问题，"本地区旅游开发中您最关注的问题是，该旅游总体规划中该问题的解决程度（按上述五级分类判定）为"。

二、旅游规划质量

（一）居民感知视角的旅游规划质量

对于当地居民的调查，农民占50.8%，教师占22.3%，政府工作人员占18.2%，其他职业占8.7%，身份组成基本能够代表当地居民的意见。从被调查居民的人口统计学特征来看，女性比例略高于男性比例；年龄结构26~35岁和45岁以上这两个年龄段人口占绝大多数；学历主要集中在初中及以下和本科及以上；职业主要包括农民、教师及政府工作人员；居住年限以21年及以上的居多；年收入主要集中在15000元以下及25000元以上。

鉴于统计结果中的"优、良、中、及格、差"不是数值，在测算变异系数时，分别用"5、4、3、2、1"替换。

1. 整体评价

如表11-1所示，居民对各项评价指标的评价等级的占比中有12项指标"优"的占比较高和5项指标"良"的占比较高，其中"优"与"良"的占比之和基本超过了60%，说明区域居民对该规划整体上持肯定的态度；其中5项评价指标C_1、C_5、C_6、C_{10}和C_{14}的"优"与"良"的占比之和更是超过了80%，说明居民十分认可该规划中此五项指标内容的设计与规划；同时，只有两项指标C_{13}与C_{17}的"优"与"良"的占比之和低于60%，说明区域居民对规划内容中"旅游规划中投资效益评估分析"与"可操作性"认可程度一般；从各项指标"中"的占比较高的C_3、C_8、C_9、C_{13}与C_{17}来看，该规划在"稀缺性与独特性旅游资源的把握及利用""产品策划中独创性项目的设计""产品策划中借鉴的成功性项目分析""旅游规划中投资效益评估分析"以及"可操作性"方面还有提升空间，可能与规划团队来自外地，缺少当地人或者对当地熟悉的人的参与以及对当地经济发展水平、政府招商引资能力、目标群体的消费能力等调研不够深入有关。就变异系数而言，C_{12}、C_{13}及C_{17}三项指标的变异系数超过0.3，居民意见分歧较大且评价相对较低；变异系数较小的C_1和C_{14}两项指标，居民意见分歧较小。

从最关注的问题来看，关注度最高的问题是当地居民的受益问题，占被调查居民总数的36.8%，主要包括拆迁安置、征地补偿、参与旅游开发的途径和旅游发展对居民收入和生活水平的提升等；其次是工程进度问题，占12%，包括项目资金的落实和保障措施等。

第十一章 旅游规划研究与乡村旅游规划经典案例研究

表 11-1 居民、游客和专家的评价结果及变异系数

评价指标	居民 优(%)	良(%)	中(%)	及格(%)	差(%)	居民 变异系数	农民 变异系数	教师 变异系数	干部 变异系数	游客 优(%)	良(%)	中(%)	及格(%)	差(%)	变异系数	专家 优(%)	良(%)	中(%)	及格(%)	差(%)	专家 变异系数	省内专家	省外专家
C_1	50.0	33.5	14.0	1.7	0.8	0.19	0.19	0.19	0.20	40.5	47.6	9.5	2.4	0	0.17	24.0	60.5	15.5	0	0	0.15	0.14	0.13
C_2	43.4	35.1	17.4	2.9	1.2	0.22	0.21	0.21	0.20	47.6	33.3	16.7	0	2.4	0.21	28.2	61.5	8.6	1.7	0	0.15	0.12	0.17
C_3	31.8	35.5	25.7	3.3	3.7	0.26	0.26	0.25	0.30	28.6	47.5	16.7	4.8	2.4	0.23	28.0	28.9	36.2	6.9	0	0.25	0.14	0.26
C_4	43.0	29.8	20.1	5.0	2.1	0.25	0.24	0.25	0.20	57.1	33.4	7.1	2.4	0	0.16	20.7	32.7	39.7	5.2	1.7	0.25	0.25	0.19
C_5	53.7	30.2	11.5	2.1	2.5	0.22	0.21	0.22	0.20	47.6	28.6	19.0	2.4	2.4	0.23	19.1	29.1	39.7	12.1	0	0.26	0.27	0.20
C_6	50.4	31.4	12.0	3.7	2.5	0.23	0.22	0.22	0.20	42.9	38.0	9.5	4.8	4.8	0.26	5.2	17.3	53.4	22.4	1.7	0.27	0.31	0.22
C_7	47.9	29.3	16.2	5.4	1.2	0.23	0.23	0.23	0.20	52.4	28.5	11.9	4.8	2.4	0.23	6.9	17.3	36.2	37.9	1.7	0.32	0.34	0.30
C_8	31.4	33.9	25.2	5.0	4.5	0.28	0.28	0.27	0.30	26.2	21.4	40.5	11.9	0	0.28	5.2	24.2	51.7	15.5	3.4	0.27	0.28	0.26
C_9	32.2	30.2	26.0	9.5	2.1	0.28	0.27	0.28	0.30	33.3	47.6	16.7	0	2.4	0.21	3.4	24.2	55.2	15.5	1.7	0.25	0.28	0.19
C_{10}	52.1	28.9	11.6	4.5	2.9	0.24	0.23	0.25	0.20	50.0	28.6	19.0	2.4	0	0.20	25.8	46.6	25.9	1.7	0	0.19	0.21	0.13
C_{11}	38.0	35.5	19.9	5.8	0.8	0.23	0.23	0.23	0.20	40.5	35.7	21.4	2.4	0	0.20	6.9	56.9	29.3	6.9	0	0.20	0.13	0.22
C_{12}	30.2	34.3	20.2	9.1	6.2	0.31	0.31	0.30	0.30	14.3	45.2	38.1	2.4	0	0.20	12.0	20.8	43.1	22.4	1.7	0.31	0.31	0.27
C_{13}	25.2	31.0	25.6	11.6	6.6	0.33	0.33	0.33	0.30	16.7	28.6	33.3	11.9	9.5	0.35	6.9	41.4	25.9	22.4	3.4	0.30	0.27	0.26
C_{14}	58.3	28.1	10.3	2.9	0.4	0.19	0.18	0.19	0.20	52.4	42.8	4.8	0	0	0.13	47.0	49.6	3.4	0	0	0.13	0.13	0.11
C_{15}	40.1	36.8	17.7	2.5	2.9	0.24	0.23	0.23	0.20	19.0	52.5	19.0	9.5	0	0.22	19.0	63.8	13.8	3.4	0	0.17	0.16	0.18
C_{16}	45.9	29.8	19.3	3.3	1.7	0.23	0.22	0.23	0.20	35.7	45.2	16.7	2.4	0	0.19	17.1	31.2	44.8	5.2	1.7	0.25	0.26	0.22
C_{17}	24.4	29.8	29.3	12.0	4.5	0.31	0.31	0.30	0.30	21.4	28.6	35.7	14.3	0	0.27	12.0	19.0	39.7	25.9	3.4	0.33	0.32	0.26

2. 评价差异

统计发现，区域居民的收入、在当地的居住年限、学历等与居民职业之间存在明显的相关性，而且对该旅游规划的量化评价与居民职业基本一致，同时，不同职业的居民对于该旅游规划的评价分歧程度较为一致，但评价意见有所差别，故此这里只比较不同职业居民的评价差异。从居民对区域旅游规划评价内容的指标的占比来看，农民对于该规划表现出较强的认可度，各项评价指标的评价等级占比中，有 16 项为"优"，其中有 7 项的占比超过了 50%；干部对于该规划的认可程度稍低于农民，有 12 项评价指标为"优"，其中 6 项评价指标的占比达到 50% 及以上；教师对于该规划认可程度最低，各项评价指标中只有 2 项评价指标评价等级为"优"，13 项为"良"，还有 2 项为"中"。从居民不同职业的变异系数来看，农民、教师与干部有 4 项指标评价差异较大，分别是 C_3、C_4、C_{10} 与 C_{15}，其中农民与教师的差异较小，与干部的差异较大；就其他指标的评价差异来看，农民、教师与干部评价差异都较小。其原因可能是农民对该规划项目对当地经济发展的促进作用表示出强烈的期待，所以支持度和赞同度高，但由于受知识水平和消费水平的局限，对规划中的很多方面的评价表现出更多的感性成分；教师由于每年有较多的时间可供出游，有了一些相关旅游项目的知识积累，所以在独创性和先进性方面有更高的要求；干部由于多数在政府部门工作，出于工作性质等原因，对于一些问题即便存在疑问往往也会给予较高的评价等。就最关注的问题而言，农民、教师、干部也表现出明显的差异，其中农民最关注的是自身的受益问题，教师最关注的是开发过程中对生态环境和耕地的保护问题，而干部最关注的是工程进度问题以及当地居民的受益问题等。

（二）游客感知视角的旅游规划质量

该旅游规划的景区尚处于开发建设的初级阶段，规划内容中诸多项目还没实施，游客数量较少，分旅游淡季和旺季共收集有效问卷 82 份。分析游客的人口学特征后发现：女性比例略高于男性比例；年龄主要集中在 45 岁及以上；学历上本科及以上居多；职业以政府工作人员及其他职业居多；居住地以当地市区居民居多，规划目标地区的游客占比较少；年收入主要集中在 25000 元以上。

1. 整体评价

如表 11-1 所示，游客对各项评价指标的评价等级的占比中，有 8 项指标"优"的占比较高，6 项指标"良"的占比较高和 3 项指标"中"的占比较高，其中 13 项指标的"优"与"良"的占比之和超过 60%，更有 7 项指标 C_1、C_2、C_4、C_6、C_7、C_{14} 和 C_{16} 的"优"与"良"的占比之和超过 80%，说明游客十分认可此 7 项指标内容的设计与规划；有 4 项指标 C_8、C_{12}、C_{13} 和 C_{17} 的"优"与"良"的占比之和低于 60%，说明游客对"产品策划中独创性项目的设计""规划实施中分阶段突破点的把握""旅游规划中投资效益评估分析"和"可操作性"这 4 项指标内容的设计与规划认可度较低。原因可能与游客对景区游览和娱乐项目的要求高、比较关注景区建设进度有关。就变异系数而言，C_{13} 的变异系数为 0.35，意见分歧比较大，认可度较低；C_{14} 的变异系数为 0.13，说明游客对该规划的"规范性"意见分歧较小，并且十分认可。从最关注的问题来看，游客对该规划对当地产生的影响关注度最高，占被调查游客总数的 26.2%，主要涉及该项目对当地经济发展的推动作用和对周围环境产生的影响等。其次是参与性项目的设计，占比 14.3%，主要是希望增加游乐设施的种类等。

2. 评价差异

将游客对该规划的评价意见按照人口学特征归类对比发现，不同性别、区域、收入和年龄段游客的评价存在差异，但学历对游客评价的影响不大。从不同性别游客的评价来看，男性游客的意见分歧程度要低于女性游客，女性对于 C_6 意见分歧较大，且评价相对于男性游客要低；男性游客最关注的问题包括战略定位和市场定位，项目完工进度以及娱乐设施的设计和建设等，而女性游客最关注的问题为娱乐设施的建设、环境卫生、内外部的交通以及旅游开发对当地居民的影响；男性游客更关注规划项目的宏观层面，女性更关注微观层面的内容。从不同区域游客的评价来看，周边游客最关注的问题是交通问题、规划的可操作性以及项目能否如期完工，而当地游客则对交通问题关注的较少。从不同收入游客的评价来看，年收入较低的游客对于 C_1 和 C_{10} 这两项指标的评价明显高于年收入较高的游客。可能的原因是与收入较高者相比，收入较高者有相对多的出游机会，所以在对比分析的基础上对该规划中的这两项内容提出更高的要求。对于 C_5 这一指标，年收入较高的游客意见分歧明显大于年收入较低的游客，且评价较低。收入较高者的分歧主要体现在一部分游客认为根据战略目标建设高端景区能满足自身的需求，而另一部分游客认为建设高端景区与当地的经济发展和旅游消费市场不符。同时，低收入群体对该项目开发对当地经济的推动作用和开发过程中的环保问题最为关注，高收入群体除了对当地经济的推动作用和环保问题关注以外，还非常关注景区游乐设施的设计问题。从不同年龄段游客的评价来看，25岁及以下的游客对C_9评价较低，原因可能是年轻人对于新鲜事物比较敏感，对独创性的娱乐项目要求比较高；35~45岁的游客对于C_{13}和C_{17}评价相对于其他年龄段较低。就最关注的问题而言，26~35岁的游客对战略定位最为关注，45岁以上的游客对该项目开发过程中的环保问题最为关注，其他年龄段关注的问题较为分散。

（三）专家感知视角的旅游规划质量

从被调查专家的人口学特征来看，男性占72.4%；41~50岁年龄段占比最多，但总体年龄比较均衡；学历以博士为主；从事职业多为旅游专业或相关专业的教育及科研工作，其次是旅游及城市规划类工作；职称主要是教授及副教授以及高级工程师和策划师。

1. 总体评价

如表11-1所示，专家对各项评价指标的评价等级的占比中，有7项指标"良"的占比较高，9项指标"中"的占比较高和1项指标"及格"的占比较高，其中有11项指标的"优"和"良"的占比之和低于60%，有14项指标的"良"与"中"的占比之和超过60%，说明专家对于该规划整体上满意度较低；其中有1项C_{11}的"良"和"中"占比之和超过了80%，说明专家对该规划的"旅游要素系统的设计与分析"比较认同且意见集中度最高，同时还有4项指标C_1、C_2、C_{14}和C_{15}的"优"和"良"占比之和超过80%，说明专家十分认同规划内容中此4项指标内容的设计与规划；另外还有4项指标C_6、C_7、C_8和C_9的"优"和"良"占比之和低于30%，说明专家对规划内容中此4项指标内容的设计与规划不满意。原因可能是专家基于对旅游规划行业的认识，对旅游规划项目的评价往往能够用到专业的知识和高标准的要求。就变异系数而言，有4项指标C_7、C_{12}、C_{13}和C_{17}的变异系数超过0.3，分歧较大。就最关注的问题而言，省内外专家表现出较高的一致性，主要集中在项目的市场预测与战略定位、可行性以及原居民生活品质和传统民俗的保护传承等方面。

2. 评价差异

统计发现，性别、学历和职业类型对专家评价意见的影响不明显，而不同年龄段、省内外专家的评价意见存在差异。就不同年龄段的专家的评价而言，30岁及以下的专家与其他年龄段专家的意见差别明显，在C_5、C_8和C_{17}这3项指标上评价明显高于其他年龄段专家，在C_{11}这一指标上评价明显低于其他年龄段专家，说明30岁及以下的专家对于"战略目标与战略方向的确定""产品策划中独创性项目的设计"和"可操作性"的认可度相对较高，而对于"旅游要素系统的设计与分析"评价相对较低。原因可能是这一年龄段的专家在专业积累上相对于其他专家较少，对于项目的战略性、独创性以及可操作性的评价要求较低。从变异系数来看，31~40岁年龄段的专家在意见分歧程度上与其他几个年龄段专家表现出明显的区别，尤其是对于指标C_3"稀缺性与独特性资源的把握及利用"，变异系数超过0.35，其他专家的变异系数在0.25左右，说明这一年龄段的专家对指标C_3的意见分歧程度明显大于其他专家；对于指标C_{10}"功能分区的策划与布局"这一年龄段专家的变异系数低于0.1，其他专家的变异系数在0.2左右，说明这一年龄段的专家对C_{10}的意见分歧程度明显低于其他专家。同样，就省内外专家的评价差异来看，省外专家对于该规划给予的评价整体高于省内专家。省外专家的评价有1项指标的"优"、8项指标的"良"和7项指标的"中"占比最高，评价等级主要集中在"良"和"中"。省内专家的评价有5项指标的"良"、8项指标的"中"和4项指标的"及格"占比最高，评价等级整体低于省外专家。原因可能是省内专家和省外专家对于该规划所在地的情况了解程度不同，省内专家对项目所在地的资源禀赋、省内的相关上位规划、经济发展水平和居民消费习惯、项目所在地周边旅游景区的竞争情况、当地政府招商引资能力等方面的了解程度往往比省外专家要高。从变异系数来看，省内专家在C_7、C_{12}和C_{17}这3项的变异系数超过0.3，分歧较大，但省外专家意见的变异系数均在0.3以下，分歧相对较小。原因可能是省内专家对项目所在地经济发展、居民出游偏好以及项目进展情况有较充分的了解，更容易做出自己的判断，而省外专家由于了解情况相对较少，更多地从规划文本提供的信息进行分析，得出的结果较为一致。

三、居民、游客与专家多重感知视角的旅游规划质量对比

（一）整体比较

整体而言，居民、游客和专家的评价有一致的地方，但也存在较大的差异。首先，居民、游客和专家都对该旅游规划持较为肯定的态度，但是相对而言，居民对该规划的看法更积极，"优"的评价等级占比最高，游客的评价低于居民，评价等级主要集中于"优"和"良"，专家的评价相对较低，各指标的评价等级主要集中于"良"和"中"。其次，从对该规划的评价意见分歧程度来看，专家的意见分歧最大，居民次之，游客的分歧最小。其原因可能是游客偏重于从游览的角度出发，关注项目的进展和游玩体验；居民比较支持当地发展旅游业，给予的评价普遍较高；专家从专业的角度分析该规划中存在的问题，由于包含省内外专家，存在学科背景、从事工作以及对当地了解程度的差异，所以在一些评价指标上意见分歧较大。最后，从变异系数来看（见图 11-1），对于旅游规划中投资效益评估分析 C_{13} 和可操作性 C_{17} 这 2 项评价指标，三者意见的变异系数在 0.3 左右，说明三者对于投资效益评估和项目可操作性共同存在质疑；对于规划背景优缺点的利用与回避 C_1 以及规范性 C_{14} 这 2 项评价指标，三者意见的变异系数低于 0.2，分歧小且认可度较高。

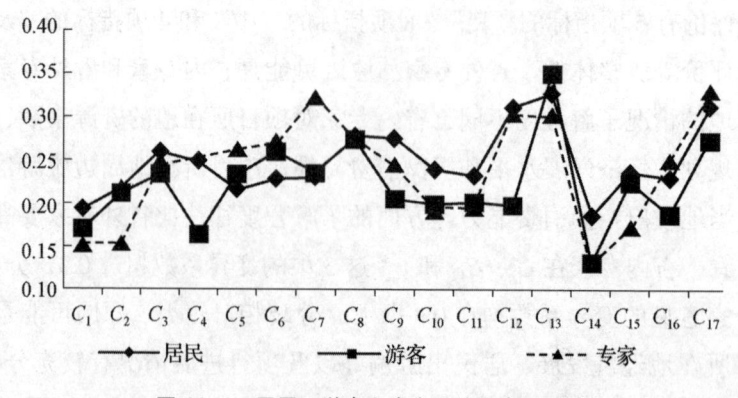

图 11-1　居民、游客和专家评价的变异系数

（二）典型分项比较

评价等级差别较大的项为"先进性 C_{16}"指标（见图 11-2）。专家、游客、居民三者意见截然不同，居民评价等级主要为"优"，游客主要为"良"，专家主要为"中"。原因可能与知识水平、经验、眼界等因素有关，这些因素影响了评价标准，区域居民由于具备的旅游规划知识较少，游览的景区较少，所以评价较高；经常出游的游客往往会将游览过的各个景区之间进行对比，对于新颖的独特的旅游产品及项目等有比较清晰的认识；而专家作为行业的从业者或者研究人员，对于旅游规划的先进性有非常清晰的认识，所以专家的评价要求标准往往会比居民和游客要高。

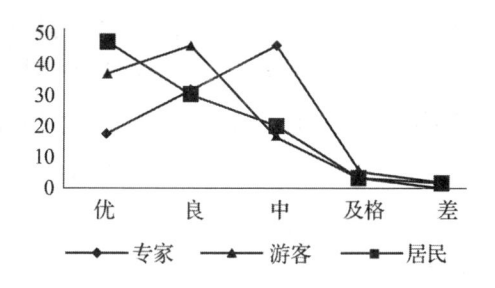

图 11-2　专家、游客和居民对"先进性"的评价

游客和居民的意见较一致，但与专家意见差别较大的项为"旅游市场的定位分析及准确程度的评价 C_7"。对于旅游市场的定位分析及准确程度的评价，游客和居民的意见较为一致，评价等级主要集中在"优"，而专家的认可程度偏低，评价等级主要集中在"中"和"及格"。原因可能是规划当中的市场定位比较符合游客和当地居民的期望，专家在对当地及周边市场的经济发展状况及居民消费结构等因素分析权衡后，对该规划中的市场定位做出了较低评价。

专家和游客意见较鲜明，居民意见较分散的项为"产品策划中借鉴的成功性项目分析 C_9"。对于该评价指标，专家和游客的意见较鲜明，专家普遍认为产品策划中借鉴的成功性项目分析为"中"，游客普遍对该项指标评价为"良"，但是居民对于该项指标的评价态度不鲜明，意见分散。原因可能是区域居民对于旅游规划中成功性项目的认识不足，在识别和评价该规划中借鉴的项目时存在困难等。

专家、游客、居民评价等级上较一致的项为"可操作性C_{17}"指标。对于规划项目的可操作性，三者的意见较为一致，普遍认为评价等级为"中"。说明三者对于该规划能否落地都存在质疑，并且专家对于该规划能否落到实际的乐观程度比居民和游客要低。

四、讨论与结论

目前旅游规划领域无论在编制、评审和执行层面，都明显存在着科学性、规范性、操作性、实效性等问题的制约。本节所采用的评价指标体系在综合前人研究的基础上经过旅游规划专家们反复推敲，涉及规划最基本的共同问题，包括环境、资源、战略、产品、市场、可持续发展等，具有一定的理论意义与实践意义，在对比旅游规划利益相关者的意见方面具有可操作性。本节选取居民、游客、专家三个不同旅游规划的利益相关者，量化评价已经通过评审的某区域旅游规划，旨在为客观公正地量化旅游规划提供参考依据与方法。研究发现不同的利益相关者对于同一规划的评价存在差异，而且在同一利益相关群体内部也存在明显分歧。从本节的分析可以得出，对旅游规划质量评价而言，仅通过单一主体的感知和看法进行评价是不合理的。

在旅游市场日趋成熟的今天，旅游规划的核心目的由旅游者的需求决定（廖培，2010），能否满足游客的需求直接决定着旅游规划的成功与否，所以旅游规划有必要听取目标市场游客的意见和建议。旅游规划地的居民在分享旅游利益的同时也会分担旅游开发带来的负面影响，如环境破坏、资源流失等，为此旅游规划要充分考虑区域居民的利益和意见，让区域居民参与旅游规划的过程和重大决策的制定，充分考虑区域居民尤其是拆迁原住居民的就业问题以及开发过程中可能带来的环境破坏问题等，不仅能够减少项目实施过程中的反感情绪和冲突，而且能更好地促进当地经济的发展。另外，旅游规划团队在规划中的地位至关重要，直接决定旅游规划的质量，专家和高等级规划单位的规划能力往往被认为有较好的保障，但迷信"外来的和尚好念经"，倾向于请外地规划团队已成为当前旅游规划中凸显的问题。事实上，规划团队最好由跨地区、跨行业、多学科的专家组成，避免专业和地域的局限，做到取长补短的同时，还应邀请区域居民代表、目标市场的潜在游客团体以及其他的利益相关者参与，这样既有利于保证旅游规划的质量，还可以减少利益相关者的矛盾和冲突。

鉴于旅游规划的复杂性，本节仅选取了区域居民（与该旅游规划直接相关的部分）、游客以及没有参与该规划的省内外旅游规划与评审专家，而没有考虑区域旅游规划组织编制单位、开发商以及旅游规划编制单位等利益相关者，而这些利益群体对旅游规划的认识可能不同于居民、游客以及规划评审专家，这将是下一步需要继续深入研究的问题。

第二节 乡村旅游规划经典案例研究

一、实例分析一——陇南市康县庄科美丽乡村规划

庄科村位于陇南市康县西南部，东西向分别与岸门口镇和豆坝镇相邻，气候属北亚热带向暖温带过渡区，年均气温11℃。

（一）资源条件解读

1. 自然资源条件

（1）区位条件。康县境内层峦叠嶂，流水纵横，冬无严寒，夏无酷暑，山色水光迷人，素有甘肃"万宝山"和"陇上江南"之美称。境内有花桥村景区、白云山森林公园、阳坝景区等重要旅游景区，庄科村是康县到阳坝旅游景区旅游线路上重要的节点，位于岸门口镇西侧。

（2）地质地貌。康县地处西秦岭南侧陇南山中，地质构造为昆仑秦岭地槽褶皱地带，地势西高东低、中部高、南北低。最高海拔2483米，大龙王山为境内最高峰；最低海拔560米。康县全境处于南秦岭加里东褶皱带内，该带间发育有两套复理石变质岩系。一套大致分布在武都陈家坝至四川昭化、白水街间，叫"碧口群"，其下部为基性火山岩系，上部为千枚岩、板岩系，总厚达1000米。另一套分布在武都两水镇至两河口间，叫"白龙江群"，其

下部为砂砾岩系，中部为板岩、石灰岩系，上部为千枚岩、板岩系，总厚度5000～6000米。

（3）气候条件。康县境内气候属亚热带向暖温带过渡区域，雨量充沛，气候湿润，光照充足，年总降水量968.1毫米，年均气温11.8℃，年总日照时数1801.5小时，无霜期213天。

（4）水文条件。康县属于长江流域外流地区，嘉陵江水系，境内沟道交错，流水纵横。积水面积在50平方公里以上，极端最枯流量不少于0.05立方米/秒的大小河流15条。以万家大梁为界分别流向南北，组成两组小河系——西汉水河系和燕子河河系，最终汇流于嘉陵江水系，各河径流主要依靠降水补给。

（5）自然资源。生物资源：康县素有"万宝山"之美称，境内有高等植物172科1000余种，活立木蓄积量800多万立方米，森林覆盖率高达60%以上；有国家和省列珍贵树种如香樟、银杏、红豆杉等28种，各种菌类96种；有天麻、杜仲等野生药材576种，其中龙神茶、黑木耳等产品和薇菜、核桃仁等上百种山野食品在国内外享有盛誉。动物资源：康县境内共有野生动物300余种。其中，两栖动物32种，爬行动物63种，鸟类100多种，哺乳动物163种。有大熊猫、金丝猴、麝、猞猁等世界珍稀动物，并对梅花鹿、大鲵进行人工饲养。野生动物中，属于国家保护的陆生野生脊椎动物105种。其中，一级保护动物30种；二级保护动物75种。属于省重点保护的陆生野生动物18种。

2. 社会经济条件

康县是"黑木耳之乡"，康县黑木耳2008年以来获得国家市场监督管理总局、质检总局证明商标、地理标志产品。同时康县也是甘肃茶叶的主产地，康县茶园面积6.48万亩，茶农6500余户，年产绿茶42万千克，产值达4200万元，其他当地其他特产有核桃、板栗、龙须菜、花椒、土蜂蜜、樱桃、猴头菇、蕨菜、猕猴桃、五味子、天麻等。近年来，凭借天然的旅游资源和山水环境优势，旅游业成为地方发展的支柱产业。

庄科村辖4个合作社93户325人，全村有林地6049亩，耕地面积743亩，经济收入主要以林业生产、乡村旅游、食用菌金耳生产、中蜂养殖为主，2017年人均纯收入为5200元。2018年被评为国家2A级旅游景区，农家乐有唐家大院，云水小筑被评为2019年陇南十佳民宿。

3. 文化基因

庄科村的文化基因可分为物质文化基因与非物质文化基因，物质文化基因包括农耕文化、建筑文化、自然景观；非物质文化基因包括民俗文化、饮食文化、方言、手工技艺文化，具体包括民族文化（康县唢呐、康中唱书）、戏曲音乐（木笼歌）、民俗活动（康县羊皮扇舞）、康庄方言、饮食文化、特色食物、手工艺记忆文化以及土法造纸等方面。

（二）总体定位

（1）发展定位。全力打造全县乡村旅游升级发展示范村，形成以精品民宿度假、艺术田园体验、亲子共享互动、自然科普教育为品牌的城郊型乡村度假旅游目的地。

（2）发展目标。经济目标：到 2023 年，实现年接待游客 10 万人次，旅游人均消费达到 450 元 / 人，旅游综合收入达到 5000 万元 / 年的发展目标，成功创建国家 3A 级旅游景区。到 2025 年，实现庄科村旅游高质量升级发展，重点以提高人均旅游消费为目标，达到人均旅游消费 700 元 / 人，旅游综合收入突破 8000 万元 / 年。社会目标：到 2023 年，实现庄科村农业非遗文化活态传承目标，形成以民艺聚落博物馆为载体的文化展示、传承载体。通过乡村旅游发展合作社，进一步壮大集体经济规模，实现旅游富民。环境目标：到 2023 年，修复庄科村水岸生态环境，恢复生态堤岸；对宅前屋后环境进行精细化整治，补栽绿植、保护农田、水系，形成庄科村山水林田环境的保护体系，实现垃圾分类收集、水冲式旅游厕所全覆盖。

（3）形象定位：梦中田园，画中庄科。

（三）空间规划

（1）规划总平面布局。

（2）功能分区：根据旅游景区活动安排，规划形成新驿站民宿体验区、儿童游乐区、休闲茶园区、农园采摘区、农事体验区、度假帐篷体验区、民艺工坊体验区、滨河休闲观光区、民宿改造游览区（见图 11-3）。

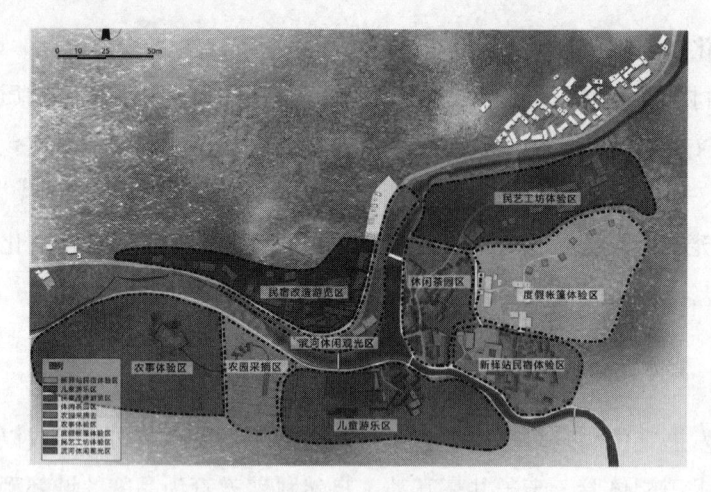

图 11-3　庄科村规划图

（3）主题游线规划：按照庄科村的生活特点和景区旅游项目，对游览线路进行细化分类，规划形成民宿观光度假游、农事活动体验游、户外徒步观光游、民艺工坊体验游、民俗文化体验游五大主题游线。配合差异化讲解的导游服务，丰富庄科村旅游景区游览内容。

（4）标志系统规划：标志系统按照导览全景牌、景物介绍牌、道路导向指示牌、警示关怀牌、服务设施名称标志五大类型进行设计。

①导览全景牌（景区总平面图）：包含景区全景地图、景区文字介绍、游客须知、景点相关信息、服务管理部门电话等全景导游图；主要位于村庄入口区、新驿站综合服务中心、农事体验区。

②景物介绍牌：指景点、景物牌介绍，包括景点、景物的相关来历、典故介绍；主要位于各景点周边，包括重要建筑物、个性化店铺等人文景点。

③道路导向指示牌：内容包括道路标志牌、公共卫生间指示牌、停车场指示牌等；主要位于停车场、公共卫生间、主要街巷内。

④警示关怀牌：提示游客注意安全及保护环境等一些温馨提示牌、警戒、警示牌；主要位于滨河沿岸，户外徒步线路等需要说明、指示游览方式，警示旅游安全的地段。

⑤服务设施名称标志：如出入口、医疗点、购物中心、公共卫生间等一些公共场所的提示标志牌。

（四）节点设计

1. 新驿站民宿体验区

结合村庄东南侧现有民宿院落，打造庄科特色民宿体验区，形成以休闲驿站、亲子度假、公共休闲交往为主题的特色民宿。设计利用现有台地空间，通过踏步设计将各个民居院落有机联系，对周边小场地进行景观营造，形成不同规模的景观节点（见图11-4）。

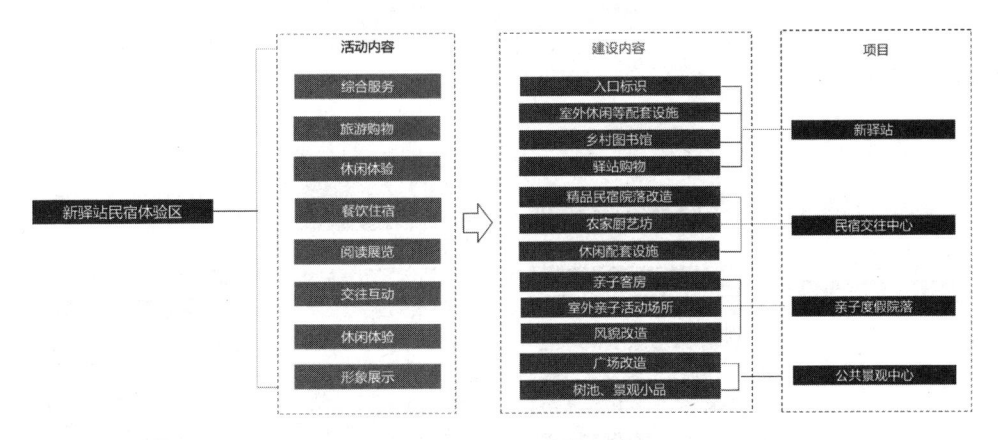

图 11-4 新驿站民宿体验流程

2. 儿童游乐区

水体、砂石、植物、阳光……这些自然元素给了孩子千变万化的游乐体验，乡村儿童乐园可以帮助孩子对自然界产生认知。利用孩子爱玩的天性，在村庄现有游乐场地的基础上，对场地及其周边进行儿童活动设施打造，增设不同主题的亲子体验活动，包括水上儿童乐园、亲子农园、攀爬乐园等室外体验活动场所。同时利用周边农家院落，策划室内体验项目，增加科普研学内容（见图11-5）。

3. 休闲茶园区

康县素有"中国有机茶之乡"之称。以庄科中部滨水农居为基础，结合陇南茶文化打造为游客提供休闲游览，茶艺学习，茶道、茶文化了解，采茶、制茶体验，以茶会友交流活动以及与茶相关的轻食小吃等活动的休闲茶园片区。在为游客提供休闲娱乐片区的同时宣传陇南茶文化，也为康县带来一定的经济收益（见图11-6）。

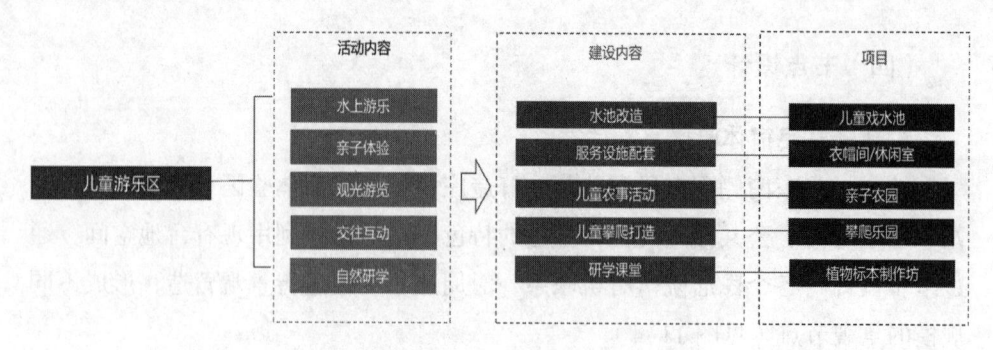

图 11-5 儿童游乐体验流程

图 11-6 休闲茶园体验流程

4. 农园采摘区

依托庄科村自然资源优势，打造一处游客乡村乐趣的体验地，发展"旅游+采摘体验"。在村庄现有采摘大棚的基础上，扩大规模，合理组织采摘体验方式和参观活动，使游客充分体验乡村采摘乐趣，发展成为庄科村吸引游客的重要载体。同时建设草莓创意工坊，打造成集草莓产品加工、展览、体验于一体的综合服务功能，成为游客游览购物的主要场所。草莓加工产品主要包括草莓汁、草莓酱、草莓罐头、草莓酒等产品。可通过举办"草莓节"等文化旅游活动，促进品牌宣传（见图 11-7）。

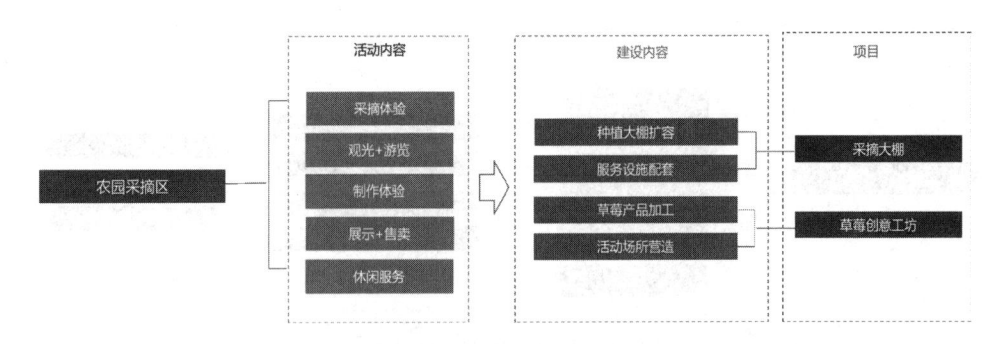

图 11-7　农园采摘体验流程

5. 农事体验区

在庄科西侧大片农田的基础上，开展休闲农事体验活动，让游客参与农耕、感受农趣。同时也将农事活动、农耕文化与农业知识相结合，在传承农耕文明的同时，通过原乡、原俗的农事体验，展现农业生产劳动热烈场面，让游客体验农业劳动生活。同时在农田中打造一处乡村厨艺学堂，以生态农产品为原料，以当地特色小吃制作为体验项目，吸引游客品尝乡村美食制作、共享休闲时光（见图 11-8）。

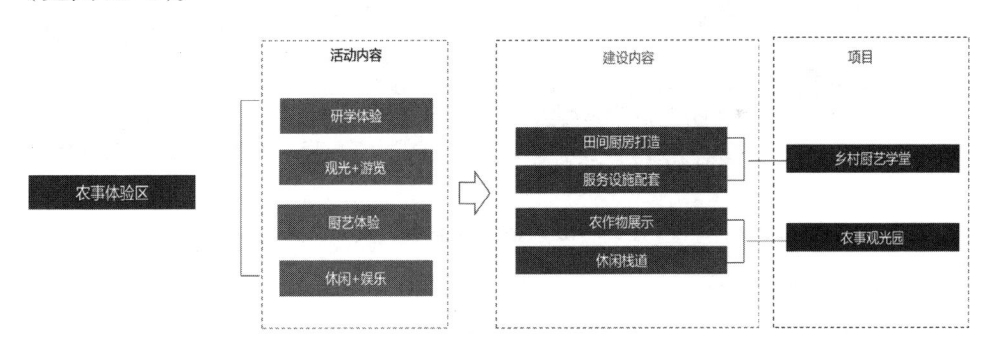

图 11-8　农事体验流程

6. 度假帐篷体验区

结合村庄的自然景观、在地文化体验、活动参与和野奢度假开发不同主题的度假酒店，并保证具有良好的私密性和文化属性。同时在区域内开展一系列以酒店服务为基础的活动植入，如户外早餐等（见图 11-9）。

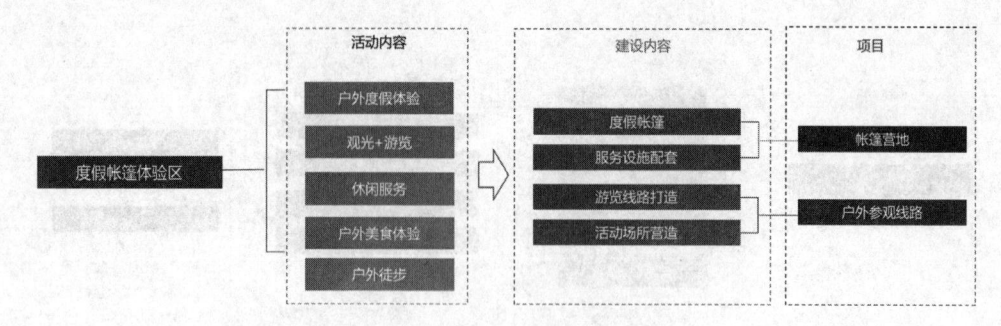

图 11-9　度假帐篷体验流程

7. 民艺工坊体验区

民艺工坊、乡村博物馆从一定角度展现了一个村庄的文化，是一个村庄富有文化自信的表现。民艺工坊体验区在庄科村庄文化的基础上，在村庄东部设置民艺街、乡村博物馆以及乡村手工作坊，旨在为村民和游客提供休闲、游览、购物、展览活动以及参与体验活动（见图 11-10）。

图 11-10　民艺工坊体验流程

8. 滨河休闲观光区

为打造美丽乡村，构造生态自然的滨河景观带，在庄科村入口东侧现有建造的人工砌筑的硬质驳岸基础上，改造设计宾格网生态驳岸、特色景观种植带、亲水平台、休闲健康步道，串联山水风光、村庄街区、特色景点的滨河生态绿道，推进庄科村人居环境治理，打造宜居、宜业、宜游的生态环境，为游客与村民带来休闲观光、健身散步、亲水游乐的好去处（见图 11-11）。

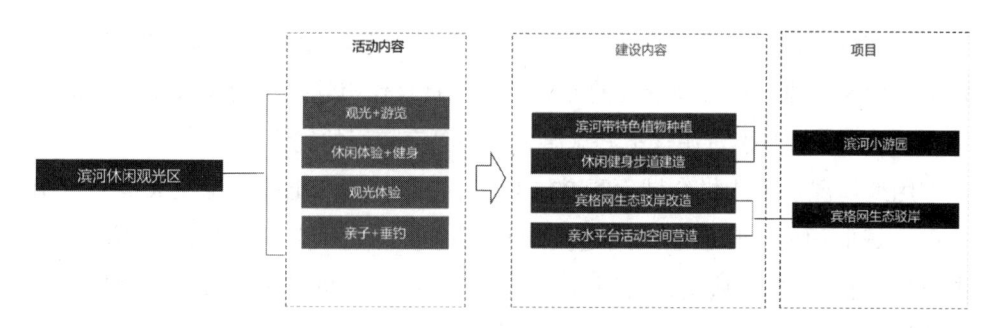

图 11-11　滨河休闲体验流程

9. 民宿改造游览区

庄科村民宿改造游览区围绕唐家大院古色古香的韵味——木阁楼、红灯笼、青砖瓦，对其进行建筑风貌改造和沿街景观提升，将其打造成一个风格统一、业态清晰、环境优美的游览区；为游客带来集休闲观光、特色住宿、当地特色美食于一体的美丽乡村体验（见图 11-12）。

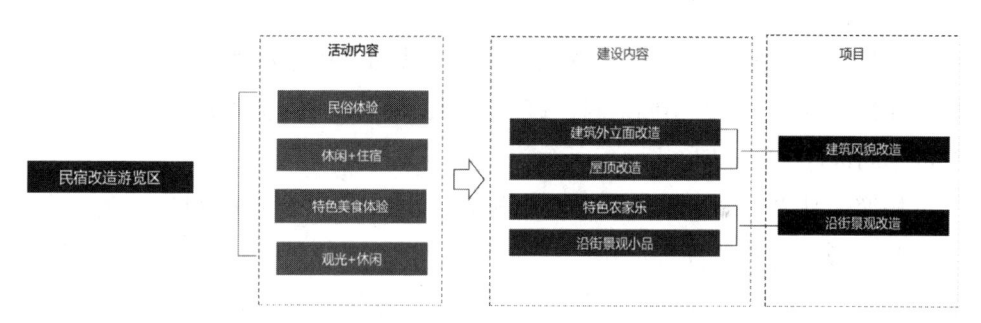

图 11-12　民宿改造游览体验流程

二、实例分析二——甘肃省甘南藏族自治州合作市美武村村庄规划

（一）现状概况

区位条件。美武村是合作市佐盖曼玛镇下辖的行政村，位于合作市市区东北部，距市区 11 公里。县道 406 从村庄穿境而过，是村庄对外联系的主要道路。村庄处于高山高原区向山地丘陵区的过渡地带，东侧为美仁草原，南部为腊利大山。村内有季节性河流贯穿村庄，发源于腊利大山北麓的美武河及其多

条支流在俄合拉村汇合最终汇入格河。美武村生态环境良好，自然景观优美，是美仁国家草原自然公园景区的西大门，也是合作市连接冶力关大景区通道上的重要节点，在自然资源保护和旅游发展上具有较好的优势。

用地情况。美武村全域面积93.74平方公里，按照土地资源三大类，农用地占全域面积的99%，建设用地及未利用地较少，两者合计约1.2平方公里，占全域面积的1%。从土地资源本身来看，美武村牧草资源丰富，同时具有一定数量的耕地，农牧生产互补，相得益彰。

人口与社会经济现状。美武村下辖9个自然村，总户数334户，共计1962人，人口集中分布在西北部河谷丘陵地带，东部及南部的高原山地区分布较少。村庄现状主导产业为养殖业，2018年村民人均可支配收入6150元，低于全州平均水平。

（二）主要内容及成果

1. 村域分类发展：精准赋能村庄活力，分类引导村庄发展

在发展方式上要对不同的村庄区别对待，根据其发展阶段的不同、实际情况的不同进行区别处理。

按照《甘肃省乡村振兴战略实施规划（2018—2022年）》村庄分类要求，美武村行政村为集聚提升型村庄，同时通过综合考量美武村各自然村的发展程度、乡村建设成效以及村庄发展潜力，又可将自然村分为综合服务型村庄、旅游带动型村庄、生态宜居型村庄三类，根据类型的不同确定相应的发展重点与发展模式，为下一步的村庄用地布局、产业引导、设施配套等提供指导依据。

2. 村域国土空间布局：整合全域自然要素资源，优化国土空间格局

（1）国土空间资源环境本底分析。美武农业适宜、较适宜区域主要分布于北部河谷缓坡地带，其中适宜区、一般适宜区分别占村域面积的9.29%、27.48%；美武村生态保护重要性整体较高，其中极重要区、重要区、一般重要区分别占村域面积约30%、35%、35%。

（2）建立"三区格局引导，三线底线约束空间管控体系"。以美武村资源本底为基础，结合美武村现状用地条件与未来发展方向，按照《甘肃省村庄规划编制导则（试行）》要求，划定"三区"：建设空间、农业空间、生态空间，"三线"：生态保护红线、永久基本农田保护红线和村庄建设边界，并提出相应的"三区三线"管控规则。在此基础上，结合美武村用地条件和用地性质，划定村庄建设区、文化遗产保护区、农业用地区、风景旅游用地区、牧业用地区、林业用地区以及生态保护区七大土地用途分区，并提出相应的土地用途分区空间管制规则和准入机制，建立村庄土地精细化管理机制。

（3）优化全域国土空间要素布局。

以第三次国土调查的行政村界线为规划范围，按照《国土空间调查、规划、用途管制用地用海分类指南（试行）》（自然资办发〔2020〕51号），细化现状调查和评估，落实规划项目用地。按照统一的图层和数据标准，形成村庄规划数据库，逐级纳入省、市、县国土空间规划数据库；同时按照国家相关要求调整村庄用地结构，优化全域国土空间要素布局。

①国土空间用地结构调整和布局。九分草原一分村田：美武村用地总体格局按照建设用地不增加、耕地不减少、生态用地不侵占的用地调整原则，对村域范围内的用地结构进行相应的调整。

②村庄空间结构规划。一核两轴四片区多节点：综合考虑美武村发展条件，规划形成以佐盖曼玛镇区为核心、自然村为节点、冶—合公路和Y577乡道为村庄发展辅线，结合其生态保护要求、村庄发展要求、产业布局结构等因素，最终形成"一核两轴四片区多节点"的空间结构。

3. 村域产业发展布局：一二三产融合发展，构建现代乡村产业体系

（1）构建思路及体系框架。美武村现代产业体系应深入推进农业供给侧结构性改革，以增加绿色、优质、安全农产品供给为目标，充分发挥美武村的资源优势、区位优势、文化优势等，通过优化产业结构，围绕独特的资源和现有优势产业（畜牧业），加强现代化产业体系的构建，推动一二三产融合发展，打造以现代农牧业、人力资源输出、国家自然公园门户社区为核心的现代产业体系。同时促进种养结合、生态循环、三产融合发展，强化区域旅游品牌。

（2）美武村庄三产融合产业发展模式。合作市美武村属于半农半牧区，实现产业发展与生态保护的兼容是美武村提高产业发展、提升社会经济效益、促进美武村农牧民增收的必然路径。构建新型的生态经济发展模式，是美武村实施乡村振兴战略、解决乡村产业—生态—文化多元融合发展的必然选择。

（3）美武乡村现代产业经营模式。以现代乡村产业发展为目标，培育壮大新型经营主体，加快经营体系现代化，推进农牧业与旅游、文化、教育、服务等产业深度融合，构建现代乡村产业经营体系。

4. 村域旅游发展：发挥资源优势，实现旅游业"优越"向"优质"跨越

本次规划充分利用美武村特有的草原景观和特色民族文化特征，形成以合—冶公路为主体的旅游风景道体系，在各个旅游片区分别形成电瓶车旅游线路、油菜花海游览观光线路、高原徒步旅游线路、6公里骑乘体验游览观光线路、10公里骑乘体验游览观光线路、深度自驾旅游线路等旅游精品线路及特色旅游产品。

5. 村域居民点布局与建设管控：优化居民点布局，保障村庄住房建设需求

（1）居民点布局。在落实上位规划确定的村庄居民点布局和建设用地管控要求的同时，结合村庄布局现状，充分考虑村庄户数及人口规模、宅基地面积标准、产业布局需求、公共服务设施和基础设施建设需求等因素，合理划定村庄建设边界，确定各类建设用地规模和布局，预留发展空间，并明确建设管控要求。

（2）风貌引导。参照《甘肃省编制城镇风貌规划指南（试行）》，结合村庄原有建筑风格，对各类建设的风貌进行管控，凸显村庄地域特色。

6. 村域基础设施和公共服务设施布局：提升乡村人居环境，建设生态宜居美丽乡村

依据《甘肃省村庄规划编制导则（试行）》相关内容，依据上位国土空间规划的要求，结合乡村需求建设，避免重复规划建设。根据人口和服务半径分级配置，结合实际补齐基础设施和公共服务设施短板。

7. 村域历史文化保护与传承：传承创新乡村文化内涵，激发乡村"内动力"治理

（1）物质文化遗产的保护。村域文保单位以不破坏、不干扰历史建筑风貌为原则，保护古建筑及其原有环境，恢复原有格局，对部分文物保护单位进行必要性的修缮，文物保护范围内任何建设工程必须报合作市人民政府批准。

（2）非物质文化遗产的传承。美武村是藏族诗集《水树格言》的发源地，具有丰厚的文化底蕴，是藏民族记忆和藏民族文化的传承地。同时流传于美武的"南木特"藏戏、藏鹰笛演奏技艺、藏铜箫演奏技艺等传统戏剧与音乐，以及锅庄舞等传统舞蹈，也是甘南州重要的非物质文化遗产。将这些独特的非物质文化与旅游发展相结合，能够更好地实现非物质文化遗产的传承与保护。

8. 村域综合整治：加快全域国土综合整治，提高土地综合利用效率

美武村山势地貌整体呈东南向西北倾斜，河谷与山体交错分布。南部为陡峭山区，中部为山前平缓滩地，东部为夷平高原面，西北部为低缓丘陵河谷。南部、东部草场连片分布，形成完整的草原景观，但是由于地形的不同景观略有差异；西北部农田与草原交错分布，形成了农牧复合的嵌套景观，美武河南北贯穿村域，合—冶公路由西向东从村域北部穿过，形成美武村两条重要景观廊道。

（1）田：提升耕地质量、优化耕地布局，规整耕地斑块形态，引导和塑造具有美武特色的农田景观格局。

（2）水：加强美武河沿岸生态河堤建设、湿地及植被恢复、生态环境整治与湿地多样性保护。

（3）路：从路面整治、沟渠清理、增设标志及照明系统等方面入手，改善村庄道路状况。

（4）草：结合村庄草原现状，从生态系统和人文景观两个层面进行草原综合整治。

（5）村：统筹村庄各类建设用地，开展农村宅基地及其他低效闲置建设用地整理。

（三）探索与思考

1. 探索一：明晰村庄地域结构系统，探寻村庄发展驱动因素

乡村发展的影响因素分为外源性因子和内源性因子。外源性因子通过乡村地域系统外部的环境、政策、市场、技术手段等对乡村重构过程起到诱发、催化、推动或阻碍作用。自然资源、区位条件、经济基础、社会行为主体、文化特质等是影响乡村重构的内源性因子，直接决定着乡村产业发展路径的选择、发展水平的高低和重构速度的快慢。村庄规划的重点是挖掘村庄的外源性因子和内源性因子，探寻其发展驱动要素，科学合理确定村庄发展方向。

2. 探索二：规划与建设相结合，实现村庄规划与生态文明小康的充分衔接

甘南州省级村庄规划试点项目在符合县级、乡镇级国土空间规划相关内容的前提下，按照《甘肃省村庄规划编制导则（试行）》相关要求，总结近年来生态文明小康村建设经验，探索可实施性的村庄规划编制方法，秉持"自下而上"的规划项目传导机制。实现了村庄规划内容与甘南州生态文明小康村建设标准的相结合，由此更有利于村庄规划内容在生态文明小康村建设中的落地。

3. 探索三：依托现代新技术，探索高寒地区乡村基础设施建设新路径

以技术改善生产生活，倡导村庄基础设施建设由传统方式向现代化新技术应用的转变。在村庄能源规划中提出高寒采暖中应用石墨烯电炕板、太阳能等清洁能源进村入户措施；在村庄污水处理规划中按照村庄分类不同，对村庄生活污水集中处理进行不同设计；在村庄环卫规划中提出乡村垃圾分类收集、转运、处理措施，提出粪尿分集式户厕建设模式，助推高寒地区"厕所革命"的全面实施。通过多个现代新技术的引入与推广，解决多年来高寒藏区乡村基础设施建设难的瓶颈问题。

4. 探索四：探索农村宅基地管控办法，结合多元管理措施分阶段实施

按照《甘肃省实施中华人民共和国土地管理法办法》规定，明确村庄宅基地占地面积不得超过330平方米，且不得对周边现状和规划的宅基地造成不利影响。提出将闲置宅基地转变为集体经营性建设用地入市，建立农村宅基地有偿退出机制等措施，在解决村庄现有宅基地偏大、一户多宅等问题的同时，助推村庄产业发展，提高村民收入。

5. 探索五：规划编制团队的全专业配置，陪伴式全过程指导乡村建设

规划编制团队包括国土、城规、建筑、景观、生态环境保护、地理、经济学等多专业人员。通过规划编制团队的全专业配置，确保规划编制的全面性和系统性。同时规划编制团队在规划建设过程中，通过驻村调研、现场规划、指导施工等方式全程陪伴，广泛协商，听取民意，重视村庄各类人群的需求，让村庄各方群体能参与到规划的全过程，确保规划建设的落地性和实用性，保障村庄规划与建设管理的有效衔接。

（四）实施状况

团队在总结近年来生态文明小康村建设经验的基础上，以新时期国土空间规划体系为指导、以推进乡村全面振兴为目标、以"十四五"发展规划为依据，通盘考虑土地利用、产业发展、居民点布局、人居环境整治、生态保护和历史文化传承，编制本次省级村庄试点规划，村庄规划指导下的建设实践如下。

建设前：项目建设前梳理村庄发展脉络与生态文化基底，充分了解村庄特征，深入每户倾听村民声音，充分认识村庄发展困境与群众需求

建设中：项目建设过程中，设计团队全程参与，遵循陪伴式乡建。建设中根据实际情况调整方案，确保规划方案与村庄实际的相互契合。

建设后：项目建成后，规划团队追踪服务，关注项目的整体发展状态，助力项目后期运营，对旅游发展项目在运营过程中的不足及时指导与策划，确保村庄产业项目的可持续发展和村民生活条件的有效改善。

三、实例分析三——九居谷地质文化村总体规划

（一）指导思想

九居谷地质文化村旅游发展总体规划坚持以习近平新时代中国特色社会主义思想为指导，深入贯彻"四个全面"发展战略和"五位一体"总体布局，牢固树立创新、协调、绿色、开放、共享的发展新理念；紧紧围绕甘肃省委、省政府及定西市旅游发展战略目标、漳县旅游发展方向及区域乡村旅游发展有关决策与精神，立足漳县特殊的地理区位优势、丰富的历史文化和自然生态等旅游资源，以九居谷创建国家级地质生态文化示范村和全国乡村旅游示范村为机遇，以推动地质生态文化体验活动服务国家乡村振兴战略为导向，以重点旅游项目和旅游产品为引擎，统筹全县和全村两个发展层面，从全域视角促进九居谷地质文化村生态旅游及其相关产业发展，打造甘肃省全省乃至全中国地质生态文化体验特色村，开创中国地质生态文化体验＋乡村旅游发展的新模式。

（二）规划性质

九居谷地质文化村旅游发展的总体规划，是全面统筹九居谷地域自然资源、生态环境资源、人文历史资源、区域发展资源等各类旅游资源的总体发展规划，是保护九居谷自然生态环境、发展九居谷旅游产业经济、提高村民收入、增进区域认同的重要手段，是漳县旅游发展的重要支撑和强力引擎，是定西旅游产业发展的重要动力和未来乡村旅游发展的典范；是西北地质生态文化体验发展的重要指向标杆，是九居谷地质生态文化体验旅游开发、建设、管理、运营和发展的纲领性文件，其相关开发管理及运营等系列行动均应符合本规划的基本要求。

（三）区位分析

（1）地理区位。"山河之间，望见未见；九居之巅，未见山峦。"九居谷地质生态文化体验村位居中国西部内陆，隶属于甘肃省定西市漳县。九居谷地质文化村，北邻陇西县、渭源县，南接岷县；地形主要以山地和高原山地为主，平均海拔为1860~2580米，光照充足，气候宜人。九居谷距漳县县城约6公里，距离甘肃省会兰州约200公里，距离定西120公里，距离渭源80公里，距离临洮112公里；交通便利，优势明显。九居谷以其便利的交通区位条件、独特的地质文化资源、极富创意的人文景观构成了西部地区独具特色的地质文化村；加之其陇中区位的辐射优势，为九居谷旅游发展带来了极大的发展空间。

（2）交通区位。九居谷地质文化村周边交通便利，有乡村公路、209省道、312国道可直达定西市区、兰州市等地；G310国道、G30连霍高速直通天水、西安，交通优势明显。铁路：从陇西可转乘火车到全国各地。高速：兰海高速、陇漳高速，由陇西可进入连霍高速、陇渭高速。

（四）市场分析

1. 空间市场锁定

（1）一级市场。近程市场，包括兰州、天水、武威和本市的客源市场。这些地区近年来经济飞速发展，人民的生活水平快速提高，旅游需求日渐增强。

随着兰新高铁的通车,进一步增大了游客可选性。尤其兰州是甘肃省会城市,人口超过 400 万人,消费能力强,是甘肃省主要的旅游客源输出地。

(2)二级市场。包括省内的其他地区以及陕西、江苏、四川、北京、湖北等地。兰渝铁路通车运行,使二级旅游市场进一步延伸至四川中部和北部地区,包括成都、阿坝、绵阳、广元等地区;郑州西安—兰州的高速铁路以及"十堰天水"高速的建成,使二级旅游市场进一步延伸至陕西的西安、渭南以及河南中部和西部的三门峡、洛阳、郑州以及湖北省西北部的十堰、襄阳等地区。

(3)三级市场。国际市场主要依赖前来丝绸之路的海外游客、海外李氏寻根游客以及甘肃省旅游的国外游客。国外游客的主体来自我国台湾地区、港澳地区和东南亚。

2. 从旅游发展趋势看市场

从旅游发展趋势来看,我国旅游市场呈现观光旅游向休闲度假旅游、农业休闲旅游、探险旅游、亲子旅游、自驾旅游等多样化、深层次体验游转变的发展趋势。

(1)休闲度假旅游。近年来,都市人群面临着工作压力大、生活节奏快等问题,对回归自然、放松心情的需求日益迫切,休闲度假旅游越来越受到都市人群的喜爱。

(2)农业休闲旅游。城市人口因长久远离自然,而产生了走进乡村、亲近自然、舒缓压力的共性心理需求,渴望体验田园生活。游田园风光、尝特色美食、体验农耕生活,农业休闲旅游成为越来越多人的选择。

(3)探险旅游。探险旅游因其具有的新奇性、刺激性而日益受到旅游者的喜爱,成为年轻人的旅游新时尚。特别是近年来随着地质旅游的兴起,科考探险更是成为旅游新热点。

(4)亲子旅游。随着父母对孩子教育的逐渐重视,在新的教育思维熏陶下,"70 后""80 后"的父母将旅游视为亲子互动中必备的元素,以家庭为单位的亲子游逐渐成为旅游市场的宠儿。

(5)自驾旅游。随着旅游观念的转变和私家车的普及,人们已经不再满足于走马观花式的跟团游,更具深度的自驾游应时兴起,自驾游已经成为主流出游方式之一。

（五）发展定位

1. 总体定位

依托九居谷独特的地质优势和淳朴的乡土风情，通过环境整治、文化挖掘、服务提升、完善旅游基础配套等措施，打造以乡土风情文化体验为特色的旅游产品，树立区域乡村旅游品牌，构筑集地质风貌游览、民俗文化体验、农事活动体验、休闲娱乐运动、地质科普研学等功能于一体的地质生态文化体验地。

2. 形象定位

地质观园：九居谷处于天然丹霞地貌中，奇峰罗列，千姿百态，各不相同。

康养福地：九居谷环境秀丽、气候宜人，是放松心境、重归自然的胜地。

（六）发展战略

1. 双峰战略

依托九居谷"丹霞地质地貌"核心资源，凭借当地民俗文化特色、突出的区位优势、优越的自然环境，创建省级旅游度假区，打造国内地质研学的典范。与九居谷丹霞地貌观光旅游目的地形成"九居谷自然山水观光、地质文化研学体验"双峰格局，推动九居谷旅游产品全面转型升级，打造甘肃乃至全国旅游产业转型升级的标杆。

2. "聚合观光、动态度假"战略

以九居谷为度假核心，联合漳县众多旅游景点，如贵清山、遮阳山、牡丹园等，开展"聚合观光、动态度假"旅游模式，打造"1+N"的区域旅游聚合体，满足游客多元化的旅游需求。"聚合观光、动态度假"有助于带动周边景区的持续发展，同时带动县城提升旅游服务设施和公共服务设施，改善城市生活环境质量，增强城市综合吸引力。

3. 精品建设战略

旅游区核心项目的品质最终决定景区品质。以国际视野、国际标准高水平规划，高水平建设高端度假民宿、地质科普研学、山谷户外生态休闲区等重大项目，创建世界一流的旅游区精品，打造国内旅游区的品牌。坚持在统一规划的前提下分步实施、滚动推行，确保项目完成质量，避免低水平建设和重复建设。

4. 可持续发展战略

九居谷旅游资源丰富，自然环境良好，广泛学习、吸收、借鉴遮阳山、贵清山生态开发的经验，协调开发与保护的关系，严格控制旅游设施的密度、建筑风格，避免项目建设对生态环境造成的破坏和影响。同时，旅游区的发展要与当地乡村发展相结合，加强对村民的培训、宣传、教育，引导当地村民参与旅游开发、建设、经营，促进当地村民的就业，加强惠民富民政策，促进村民和谐；应注重文化传承，体现文化自身的价值，尊重文化本身的规律，实现旅游区健康、可持续发展。

（七）空间结构与功能分区

（1）空间结构。根据九居谷地质文化村的资源类型和空间分布，为集中打造重点项目，突出九居谷旅游特色，形成区内流畅的旅游线，实现不同的旅游功能，所以将景区的旅游空间布局划分为"114"（一心、一带、四片区）的空间格局（见图11-13），项目分布如图11-14所示。

图11-13 九居谷地质文化村空间格局

（2）功能分区。地质文化探秘区主要依托独特的丹霞地质地貌资源以及开阔的景观视野。山间谷道幽深，迂回曲折，难以一眼望尽，充满了深藏不露的幽秘感，仿佛在经历一场地质文化的探秘。在地质文化探秘区可以充分利用天赐有利的观景视野和观景地带优势建造"侏罗纪公园",开发地质地层科学知识普及基地。九居康养区主要依托错落有致的山林资源与风景秀丽的田园风光。在养生健康的主题下,充分利用天然林木氧吧资源与山间流水景观共同打造养生地,同时还充分利用乡村慢节奏生活,归园田居的"淳"和远离喧嚣的"朴"来打造"忆乡"的乡愁主题资源景观区。九居印象区主要依托开合有序的山体和潺潺的流水以及当地独具特色的景观植被。充分利用基地的山势、水势以及绿植形成九居谷和谐、静美、宁谧的大印象,给游客初识九居谷一个惊喜与美丽的回忆。乡创核心区主要依托乡创九院。乡创九院是休闲创意文化的集中体现,这九所院落由内而外散发着自然与文明以及生活融合后的美与独具一格的魅力。九所院落各自主打一个文化主题,交相辉映。乡创九院在各显其美的同时又美美与共,像一曲和谐的鸣奏。

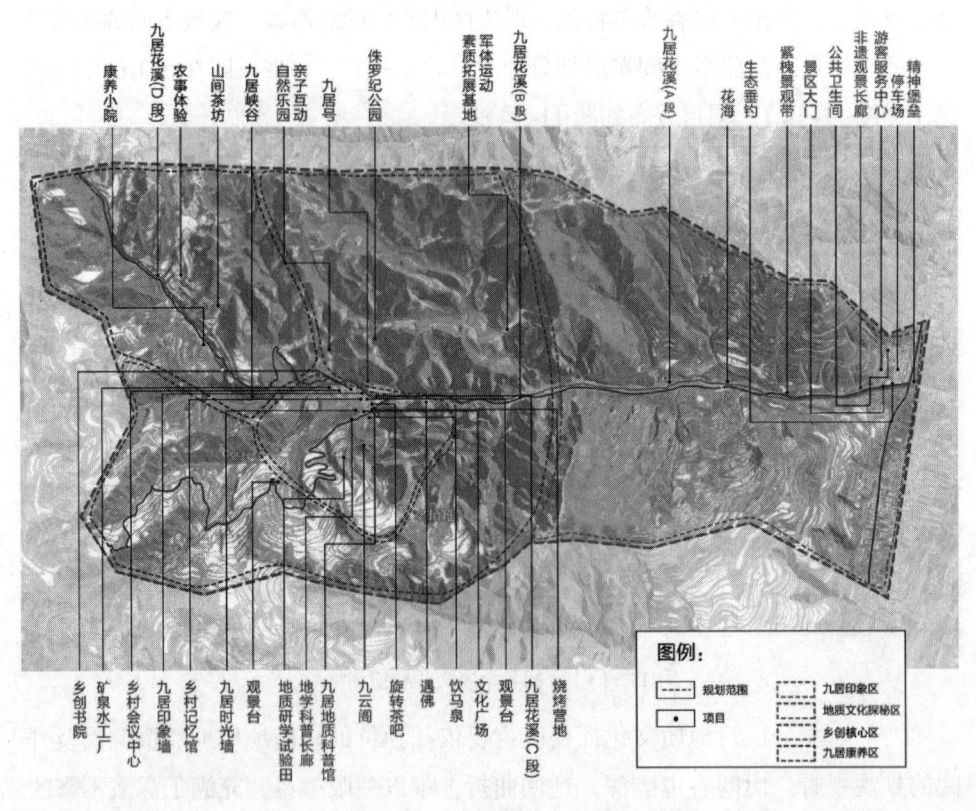

图 11-14 项目分布

（八）营销策划

1. 营销目标

凭借西北生态旅游发展和地质文化旅游发展优势，借助国家级地质文化村（镇）示范村建设的重大历史机遇，建立九居谷地质文化村旅游发展的鲜明形象，宣传"地质观园、康养福地"的国家级特色品牌，扩大九居谷在漳县、定西市乃至全省乡村旅游市场中的影响力，做响、做强乡村旅游生态文化体验游的旅游品牌；将九居谷打造成为甘肃全省乃至全中国地质文化村，开创中国地质生态文化体验+乡村旅游发展的新模式。进一步提升"九居谷地质文化村"的知名度和影响力，强化九居谷与甘肃、青海、陕西、宁夏、西藏、新疆等地的合作，实现资源共享与互补。

以九居谷地质文化村特色地质文化和生态自然资源为核心，以丝绸之路经济带建设、西北生态文化旅游产业建设为重点，构建九居谷地质文化村全业态产业园，以地质观光、地质研学、生态康养、非遗传承、蔬果采摘、植物识别、饮食品鉴、工艺体验、"欢乐之夏"帐篷节、"金色田园"丰收节、生态旅游年等为重要形式，融入最新地质研究和农业科学技术，打造全省地质、生态、文化、体验与旅游深度融合的领先区。

通过系列化的专项宣传推广，优化九居谷旅游市场营销的微观和宏观环境，大力吸引投资商的关注和进入，通过高起点、高端化的项目招商运作，实现九居谷旅游项目的即时实施，成功打造九居谷地质文化村系列特色旅游精品项目。

2. 营销策略

品牌建设：完善品牌调性、功能定位、宣传核心，提升品牌认知度。立体营销：因地制宜，选取、组合最高效的营销手段。渠道建设：异业整合、线上线下双线联动，扩大宣传覆盖面，搭建复合型市场营销网络。

3. 营销手段

全国营销：从全国视野出发，举办全国推介和组织合作等方式，展现九居谷特色，将九居谷旅游推向全国市场。节事营销：通过举办系列大型会议、赛事、展览等方式，从高端人群入手，渗透大众市场。以节事为中介点，植入九居谷景区，引导消费旅游相关产品，拉动九居谷旅游产业发展。整合营销：针对不同的景区和产品，整合事件营销、口碑营销、明星营销等多种营销打法，具体问题具体分析，调动所有合适营销手段联合推介。体验营销：在新营销时代，用体验营销这种最符合旅游产业特性的方式，分阶段分主题分区域邀请游客体验九居谷其他区域旅游产品或景区，让游客产生深度游消费需求。

（九）政策保障

（1）建立区域协调机制。建立旅游协作机制，加强在市场监管、品牌营销、产品建设、旅游救援、信息服务和交通设施共享等领域的通力合作。鼓励旅游企业开展合作经营、收购兼并等，培育跨区域市场主体。建立旅游行业联盟，搭建旅游企业合作平台，鼓励开展旅游人才、就业、培训、教育等方面的交流合作。

（2）合理保障用地需求。在国土空间总体规划编制中，统筹考虑旅游业发展用地，科学合理保障旅游基础设施、服务配套设施和重点旅游项目用地需求，落实支持旅游业发展用地政策。充分盘活利用"空心村"闲置宅基地、废弃学校、废弃厂房，腾挪出农业用地等发展旅游业。

（3）加大资金支持力度。国家通过现有经费渠道，支持旅游基础设施、公共服务设施和生态环境监测网络建设，扶持漳县精神文化产品、乡村旅游产品、生态旅游产品开发。鼓励地方统筹相关资金支持旅游业发展，因地制宜地规范推广运用政府和社会资本合作模式（PPP模式），鼓励有条件的地方按照市场化方式设立运作旅游产业促进基金。积极推进国有旅游景区市场化改革，引导各类股权基金投资旅游项目。

（4）加强统一宣传推广。加强旅游统一宣传，积极开展推广活动。推动成立"漳县旅游推广联盟"，完善区域旅游推广机制，拍摄一部旅游宣传片，设计一本旅游图册。

（5）强化规划组织实施。按照"政府协调、部门联系、县级推动"的方式和"一事一议"办法，切实推动旅游规划实施工作。细化落实地方责任分工，建立九居谷旅游项目储备库，加强与相关部门的沟通协调，确保各项任务措施有效落实。各部门定期对规划实施进展及相关情况进行跟踪协调和评估，确保规划目标任务完成落实。

参考文献

[1] Butler R W. The concept of a tourist area life cycle of evolution [J]. Canadian Geographer, 1980, 24 (1): 1-5.

[2] Fischer T B. Strategic environmental assessment in post-modern times [J]. Environmental Impact Assessment Review, 2003, 23 (2): 155-170.

[3] Dalkmann H, Herrera R J, Bongardt D. Analytical strategic environmental assessment (ANSEA) developing a new approach to SEA [J]. Environmental Impact Assessment Review, 2004, 24 (4): 385-402.

[4] Hedo D, Bina O. Strategic environmental assessment of hydrological and irrigation plans in Castilla y Leon, Spain [J]. Environmental Impact Assessment Review, 1999, 19 (3): 259-273.

[5] Chesworth N. Tourism planning: basics, concepts, cases [J]. Tourism Management, 2004, 25 (2): 287-288.

[6] Boarnet, Marlon G. Spillovers and locational effects of public infrastructure [J]. Journal of Regional Science, 1998, 38 (3): 381-400.

[7] Campbell C K. An approach to research in recreational geography [D]. University of British Columbia, 1967.

[8] Cohen C P, Morrison C P. The impacts of transportation infrastructure on property values: A high-order spatial econometrics approach [J]. Journal of Regional Science, 2007 (3): 457-478.

[9] Crouch. Demand elasticities for short-haul versus long-haul tourism [J]. Journal of Travel Research, 1994, 33 (2): 56-69.

[10] Dickison J E, Lumsdon L M, Robbins D. Slow travel: Issues for tourism and climate change [J]. Journal of Sustainable Tourism, 2011, 19 (3): 281-300.

[11] IEA. World Energy Outlook 2009, 2009.

[12] Kimbu A. The role of transport ad accommodation infrastructure in the development of Eco/Nature tourism in Cameroon [J]. Tourism Analysis, 2011, 16 (2): 137-156.

[13] Page S J, Yeoman I, Connell J, et al. Scenario planning as a tool to understand uncertainty in tourism: the exeample of transport and tourism in Scotland [J]. Current Issues in Tourism, 2010, 13 (2): 99-137.

[14] Prideaux B. The role of the transport system in destination development [J]. Tourism Management, 2000, 21 (1): 53-56.

[15] Richard C Cline, Terry A Ruhl, Geoffrey D Gosling, David W Gillen. Air transportation demand forecasts in emerging market economies: a case study of the Kyrgyz Republic in the former Soviet Union [J]. Journal of Air Transport Management, 1988 (4): 11-22.

[16] Spencer D M. Airport stops and flights on small airplanes as inhibitors of tourism-related air travel: a case study [J]. Torism Management, 2009, 30 (6): 838-846.

[17] William H K Lam, Zhi-Chun Li, Hai-Jun Huang. The impact of stopmaking and travel time reliability on commute mode choice [J]. Transportation Research Part B, 2006, 40 (9): 709-730.

[18] McMurry K C. The use of land for recreation [J]. Annals of the Association of American Geographers, 1930, 20 (1): 7-20.

[19] Hammes D L. Resort, department impact on labour and land market [J]. Annals of Tourism Research, 1994, 21 (5): 729-744.

[20] Faché W. Transformations in the concept of holiday villages in Northern Europe [J]. Tourism and Spatial Transformations, 1995: 109-128.

［21］Sharpley R. Rural tourism and the challenge of tourism diversification: the case of Cyprus［J］. Tourism Management, 2002, 23（3）: 233-244.

［22］Cucari N, Wankowicz E, De Falco S E. Rural tourism and Albergo Diffuso: A case study for sustainable land-use planning［J］. Land Use Policy, 2019（82）: 105-119.

［23］Ayhan C K, et al. Land use suitability analysis of rural tourism activities: Yenice, Turkey［J］. Tourism Management, 2020（76）: 103949.

［24］Ayad Y M. Remote sensing and GIS in modeling visual landscape change: a case study of the northwestern arid coast of Egypt［J］. Landscape and Urban Planning, 2005, 73（4）: 307-325.

［25］刘滨谊. 旅游规划三元论——中国现代旅游规划的定向·定性·定位·定型［J］. 旅游学刊, 2001（5）: 55-58.

［26］刘易斯芒福德. 城市发展史: 起源、演变与前景［M］. 倪文彦, 等, 译. 北京: 中国建筑工业出版社, 1989.

［27］昝廷全, 艾南山. 环境科学的一个新原理——极限协同原理初探［J］. 甘肃环境研究与监测, 1985（2）: 6-8.

［28］李长生. 环境科学理论研究的兴起［J］. 自然辩证法通讯, 1981（3）: 49-50.

［29］卢秀丽, 刘秀红, 刘永立. 浅谈乡村旅游景观规划［J］. 科技视界, 2016（1）: 138+216.

［30］刘黎明. 乡村景观规划的发展历史及其在我国的发展前景［J］. 农村生态环境, 2001（1）: 52-55.

［31］刘德谦. 关于乡村旅游、农业旅游与民俗旅游的几点辨析［J］. 旅游学刊, 2006（3）: 12-19.

［32］王崑, 王超, 张金丽. 乡村旅游景观规划设计初探［J］. 北方园艺, 2010（8）: 107-109.

［33］吴良镛. 人居环境科学与新发展观［J］. 国际融资, 2004（11）: 15-16.

［34］史蒂文·布拉萨. 景观美学［M］. 彭锋, 译. 北京: 北京大学出版社,

2008.

［35］王静.生态保护视阈下乡村旅游景观的规划与设计［J］.建筑经济，2021，42（5）：147-148.

［36］尹龙.基于乡村文化的乡村旅游景观设计研究［D］.华中师范大学，2020.

［37］邢艳华.乡村休闲旅游视角下的旅游景观规划与设计［J］.建筑结构，2021，51（15）：149-150.

［38］刘黎明，曾磊，郭文华.北京市近郊区乡村景观规划方法初探［J］.农村生态环境，2001（3）：55-58.

［39］杨兴柱，王群.我国城乡旅游地居民参与旅游规划与发展研究［J］.旅游学刊，2006（4）：32-37.

［40］欧阳勇锋，谈燕君.乡村旅游规划的共生与有机更新途径——以南宁市伶俐镇渌口坡乡村旅游规划为例［J］.旅游论坛，2009，2（4）：521-524+529.

［41］孙雄燕.乡村生态旅游规划的程序与内容研究［J］.生态经济，2014，30（6）：99-102.

［42］张捷，钟士恩，卢韶婧.旅游规划中的共性与多样性博弈——乡村旅游规划规范及示范的若干思考［J］.旅游学刊，2014，29（6）：10-11.

［43］李云，林果.基于景观生态法的彭州市湔江河谷乡村旅游规划研究［J］.资源开发与市场，2012，28（7）：650-653+674.

［44］唐代剑，池静.中国乡村旅游研究述评［J］.杭州师范学院学报（社会科学版），2006（2）：59-63.

［45］郭风华，王琨，张建立，等.成都"五朵金花"乡村旅游地形象认知——基于博客游记文本的分析［J］.旅游学刊，2015，30（4）：84-94.

［46］刘春燕.试论旅游规划中的旅游形象策划［J］.商场现代化，2016（17）：232-233.

［47］周家杰.设计助力海南乡村旅游形象塑造研究［D］.海南大学，2022.

［48］尹建国，吴志军，那成爱.产品可持续设计的要素与方法［J］.湖南

科技大学学报（自然科学版），2018，33（3）：65-68.

［49］涂犠.旅游形象设计的理论与方法研究［M］.昆明：云南师范大学出版社，2007.

［50］赵继荣，蔡国英.乡村振兴背景下甘肃省乡村旅游品牌形象设计研究［J］.商业经济，2022（8）：58-60.

［51］庄志民.论旅游意象属性及其构成［J］.旅游科学，2007（3）：19-26.

［52］杜顺斌.大同旅游形象研究［D］.华东师范大学，2010.

［53］赖启福，刘森茂，黄源财.福州乡村旅游配套设施研究［J］.林业经济问题，2009，29（6）：534-538.

［54］陈梅.乡村旅游规划核心内容研究［D］.苏州科技学院，2008.

［55］董丹丹.乡村旅游基础设施建设研究［J］.农业经济，2020（4）：43-45.

［56］张婷婷.产业转型升级背景下的乡村旅游规划研究［D］.重庆交通大学，2017.

［57］杨凯.基于传统手工艺资源的旅游型乡村规划策略研究［D］.长安大学，2017.

［58］刘慧.嫩江县繁荣村乡村旅游规划研究［D］.东北农业大学，2015.

［59］常德军，孙海军，李翠萍，等.乡村旅游生态环境保护系统的构建及规划设计研究［J］.南方农业，2020，14（33）：208-213.

［60］李伟.乡村旅游开发规划研究［J］.地域研究与开发，2003（6）：72-75.

［61］毕会娜，孟佳林，袁合静.乡村旅游地环境的生态性规划策略——评《乡村旅游目的地环境生态性规划与管理》［J］.环境工程，2021，39（3）：231-232.

［62］孙殿武，张弘.关于环境保护规划的概述［J］.环境保护科学，1995（1）：31-33.

［63］张卫军，王传震.乡村旅游规划生态环境保护策略探析［J］.环境科学与管理，2018，43（4）：154-157.

［64］周作明，卢玉平．旅游规划学［M］．北京：旅游教育出版社，2008．

［65］许学强，周一星，宁越敏．城市地理学［M］．北京：高等教育出版社，1997．

［66］高琳．旅游交通及其管理策略研究［D］．长安大学，2014．

［67］杨敏，李君铁．旅游规划的模糊综合评价［J］．云南师范大学学报（自然科学版），2004（4）：57-60．

［68］孙述海．旅游专项规划环境影响评价研究［D］．吉林大学，2005．

［69］吴柏清，何政伟，高青．现行旅游规划中存在的问题分析及对策研究［J］．生态经济（学术版），2008（1）：338-341．

［70］王衍用，王旭科．区域旅游发展与管理研究［M］．北京：中国旅游出版社，2011．

［71］刘德秀．旅游规划质量管理刍议［J］．学术论坛，2003（3）：68-71．

［72］王连球，刘伟辉，陈国生．从利益相关者理论视角看旅游规划质量的长效管理机制［J］．中国—东盟博览，2013（8）：52．

［73］周文静．全面质量管理视角论旅游规划法规体系的完善［J］．市场论坛，2012（9）：83-84．

［74］郑群明，吴海珍．对旅游规划管理的几点思考［J］．社会科学家，2003（3）：84-87．

［75］廖培．基于利益相关者理论的旅游规划评价初探［J］．财经问题研究，2010（6）：135-139．

［76］杨瑞霞．交通与旅游发展的关系分析［J］．商业经济，2004（5）：127-129．

［77］江立鹏．浅谈公路交通与乡村旅游的关系［J］．经贸实践，2015（15）：45．

［78］朱鲤．特大城市乡村旅游交通规划研究与实践［J］．城市公用事业，2009，23（2）：37-40+55．

［79］浙江省台州市仙居县人民政府．神仙居 诗画路［J］．中国公路，2023（16）：68-71．

［80］仙居：打造"诗和远方"品质生活新画卷［J］．浙江经济，2023，

（4）：80-81.

[81] 关宏志，任军，刘兰辉. 旅游交通规划的基础框架［J］. 北京规划建设，2001（6）：32-35.

[82] 黄琳，金海龙，包瑞. 新疆旅游交通现状及发展研究［J］. 新疆师范大学学报（自然科学版），2008（1）：103-106.

[83] 林双成. 天水市旅游交通开发构想［J］. 天水师范学院学报，2005（3）：45-48.

[84] 林哲. 浅论风景旅游城市道路规划设计［J］. 规划师，1999（2）：63-65+90.

[85] 马靖莲. 旅游交通发展战略研究［D］. 长安大学，2008.

[86] 潘培玉，张梅青. 基于灰色关联分析的新农村交通基础设施建设研究——以安徽省为例［J］. 内蒙古农业大学学报（社会科学版），2014，16（4）：25-29.

[87] 邱玉华. 地理设计的理论与实证研究［D］. 华中师范大学，2014.

[88] 万德梅. 试论武汉市城市旅游功能［J］. 华中理工大学学报（社会科学版），1997（3）：110-113.

[89] 金颖若. 旅游地形象定位及形象口号设计的要求［J］. 北京第二外国语学院学报，2003（1）：45-47.

[90] 王俊. 晋中市农村公路建设与养护研究［D］. 山西农业大学，2013.

[91] 王宁宁. 农村公路区域路网养护管理决策研究［D］. 重庆交通大学，2008.

[92] 吴元新. 南京旅游交通的现状、问题及发展对策［D］. 南京师范大学，2007.

[93] 肖波. 农村公路路网规划布局及建设探究［J］. 低碳世界，2019，9（9）：295-296.

[94] 闫晓燕. 旅游城市交通模式发展研究［D］. 长沙理工大学，2012.

[95] 张宏宇. 旅游交通规划的理论与方法研究［D］. 大连交通大学，2010.

[96] 赵紫云. 基于QFD的洛阳市乡村旅游交通服务质量研究［D］. 浙江

海洋大学，2020．

［97］朱止波．乡村旅游道路设计探析［J］．交通标准化，2014，42（12）：85-87．

［98］罗文斌，雷洁琼，楚雪莲．乡村转型视域下农村土地旅游化利用行为驱动机理——基于计划行为理论和人际行为理论的整合框架［J］．长江流域资源与环境，2023，32（1）：221-233．

［99］梅燕，肖晓．基于土地流转新政策的乡村旅游发展研究［J］．安徽农业科学，2009，37（24）：11796-11797+11800．

［100］王新亚．基于乡村旅游效用的河南省农村土地资源利用研究［J］．中国农业资源与区划，2017，38（6）：71-76．

［101］杜彩云，谭留洋，彭卫民．旅游开发地的农民土地问题研究——以湖南省张家界为例［J］．经济研究导刊，2009（1）：55-56．

［102］于丽娟，王昌全，张素兰．双流县土地利用动态变化与社会经济发展关系研究［J］．西南农业学报，2006（5）：871-874．

［103］王涌涛．乡村旅游对提高土地利用效率及经济效益研究——以常熟市蒋巷村为例［J］．中国农业资源与区划，2017，38（7）：159-163．

［104］鲁小波，陈晓颖．旅游规划的质量评价及影响因素分析［J］．贵州商业高等专科学校学报，2014，27（2）：34-39．

［105］刘聪，张陆，罗凤．乡村旅游开发理念批判［J］．人文地理，2005（6）：60-63．

［106］金颖若．更新定位，一种新的旅游形象定位方法——以贵州为例［J］．北京第二外国语学院学报，2002（4）：24-27．

［107］于飞．乡村旅游地形象策划研究［D］．首都师范大学，2009．

［108］杨森林，郭鲁芳，等．中国旅游业国际竞争策略［M］．上海：立信会计出版社，1999．

［109］谢亚萍．海南乡村旅游品牌营销研究［D］．西南石油大学，2016．

［110］卢绍香，殷红梅．乡村旅游地的旅游形象定位策划［J］．太原师范学院学报（自然科学版），2006（4）：112-115．

［111］赵小燕．对旅游目的地可持续性发展的几点看法［J］．旅游学刊，

2006（6）：9-10.

［112］张立建，甘巧林. 旅游形象定位词面面观及错误根源剖析［J］. 旅游学刊，2006（6）：48-51.

［113］罗璇，徐悦. 江南稻作文化景观模式探索——以南京溧水郭兴村为例［J］. 江苏农业科学，2019，47（21）：33-37.

［114］丁杰，沈新. 旅游型乡村空间活力的分布特征及其影响机制：基于多源数据的宏村实证分析［J］. 旅游科学，2023，37（5）：61-79.

［115］汪德根，陆林，陈田，等. 基于点—轴理论的旅游地系统空间结构演变研究——以呼伦贝尔—阿尔山旅游区为例［J］. 经济地理，2005（6）：904-909.

［116］卢小丽，周梦. 从"核心—边缘"到空间正义：乡村旅游推动共同富裕的理论逻辑与实践路径［J］. 西北农林科技大学学报（社会科学版），2023，23（6）：84-93.

［117］王云才. 中国乡村旅游发展的新形态和新模式［J］. 旅游学刊，2006（4）：8.

［118］黄金火，吴必虎. 区域旅游系统空间结构的模式与优化——以西安地区为例［J］. 地理科学进展，2005（1）：116-126.

［119］杜学，蒋桂良. 旅游交通教程［M］. 北京：旅游教育出版社，1993.

［120］周新年，林炎. 我国旅游交通现状与发展对策［J］. 综合运输，2004（11）：49-52

［121］卞显红，王苏洁. 交通系统在旅游目的地发展中的作用探析［J］. 安徽大学学报，2003（6）：132-138.

［122］孙有望，李云清. 论旅游交通与交通旅游［J］. 上海铁道大学学报（理工辑），1999（10）：65-69.

［123］黄柯，祝建军，蒲素. 我国旅游交通发展现状及研究述评［J］. 人文地理，2007（1）：23-27.

［124］柴彦威，林涛，刘志林，等. 旅游中心地研究及其规划应用［J］. 地理科学，2003（5）：547-553.

［125］张文兵，王凯，陈文捷，等. 乡村振兴背景下河道旅游设施环境设

计探析［J］.家具与室内装饰,2023,30（5）：56-61.

［126］王志民,谢园方.苏南地区农村文化旅游资源价值评估与开发利用［J］.湖北农业科学,2014,53（20）：5049-5053.

［127］杨美霞.新旅游时代乡村旅游目的地构建中应关注的若干问题——以泰州为例［J］.社会科学家,2020（4）：75-79.

［128］李涛,王磊,王钊,等.乡村旅游：社区化与景区化发展的路径差异及机制——以浙江和山西的两个典型村落为例［J］.旅游学刊,2022,37（3）：96-107.

［129］邓谋优.我国乡村旅游生态环境问题及其治理对策思考［J］.农业经济,2017（4）：38-40.

［130］许黎,曹诗图,柳德才.乡村旅游开发与生态文明建设融合发展探讨［J］.地理与地理信息科学,2017,33（6）：106-111+124.

［131］赵琴琴,许林玉,刘烊铭.生态系统视角下的乡村旅游发展研究［J］.农村经济,2017（6）：76-81.

［132］李莺莉,王灿.新型城镇化下我国乡村旅游的生态化转型探讨［J］.农业经济问题,2015,36（6）：29-34+110.

［133］李渌.乡村旅游实现可持续发展的伦理探讨［J］.中国商贸,2009（11）：134-136.

［134］陈琦.政府行为与乡村旅游地的生态保护——以长沙市开福区为例［J］.安徽农业科学,2011,39（5）：2920-2922.

［135］姜辽,毛长义,张述林,和丕禅.乡村旅游空间规划设计的基础理论及实证分析——以重庆市为例［J］.水土保持通报,2009,29（3）：211-215.

［136］岳文泽,王田雨,甄延临."三区三线"为核心的统一国土空间用途管制分区［J］.中国土地科学,2020,34（5）：52-59+68.

［137］朱晓翔,乔家君.乡村旅游社区可持续发展研究——基于空间生产理论三元辩证法视角的分析［J］.经济地理,2020,40（8）：153-164.

［138］王建英,黄远水,邹利林,叶新才.生态约束下的乡村旅游用地空间布局规划研究——以福建省晋江市紫星村为例［J］.中国生态农业学报,

2016, 24（4）: 544-552.

［139］张隆隆, 朱晓华, 邢志军, 李海礁, 张晓辉. 乡村生态空间规划实践探索［J］. 地质通报, 2021, 40（9）: 1592-1600.

［140］王德刚, 于静静. 旅游开发与居民感知态度影响因素实证研究［J］. 旅游科学, 2007（4）: 49-56.

［141］陶慧, 张梦真. 乡村遗产旅游地"三生"空间的主体价值重塑——以广府古城为例［J］. 旅游学刊, 2021, 36（5）: 81-92.

［142］李珊珊. 美丽乡村视野下特色旅游村镇景观规划的原则与策略研究［J］. 农业经济, 2019（1）: 61-63.

［143］李高成. 河南省信阳市郝堂村乡村旅游基础设施建设研究［D］. 华中师范大学, 2021.

［144］王瑜, 李世泰. 城郊快速城市化地区乡村旅游定位与空间规划策略［J］. 建筑经济, 2021, 42（S1）: 346-349.

［145］王永利. 贵阳市乌当区"美丽乡村"示范带旅游设施规划研究［J］. 绿色科技, 2022, 24（11）: 137-141.

［146］赵兵, 郑志明, 王智勇. 乡村旅游视角下的新农村综合体规划方法——以德阳市新华村综合体规划为例［J］. 规划师, 2015, 31（2）: 138-142.

［147］朱佩娟, 王楠, 张勇, 等. 国土空间规划体系下乡村空间规划管控途径——以4个典型村为例［J］. 经济地理, 2021, 41（4）: 201-211.

［148］范春, 李斌. 基于景观生态学视角的乡村旅游空间规划探析［J］. 经济地理, 2009, 29（4）: 683-687+697.

［149］傅丽华, 谢美, 彭耀辉, 莫振淳. 旅游型乡村生态空间演化与重构——以茶陵县卧龙村为例［J］. 生态学报, 2021, 41（20）: 8052-8062.

［150］冯群超, 彭晓果. 土地政策约束下的乡村旅游空间规划探析——以湖北省天梯村为例［J］. 湖北文理学院学报, 2021, 42（5）: 60-63.

［151］贾广亮. 基于乡村性评价的北镇市乡村旅游空间规划策略［D］. 沈阳建筑大学, 2019.

［152］兰伟, 陈兴. 地方性视角下乡村旅游地的空间表征［J］. 地理与地

理信息科学，2022，38（4）：82-87.

［153］刘彦随.中国乡村振兴规划的基础理论与方法论［J］.地理学报，2020，75（6）：1120-1133.

［154］刘逸，黄凯旋，保继刚，等.近邻旅游目的地空间竞合关系演变的理论修正［J］.旅游科学，2018，32（5）：44-53.

［155］朱俊飞.旅游型新农村空间规划研究［D］.广西大学，2014.

［156］周梦，卢小丽，李星明，张祥.乡村振兴视域下旅游驱动民族地区文化空间重构：一个四维分析框架［J］.农业经济问题，2021（9）：68-79.

［157］何建民，陈志军.乡村旅游聚落用地与空间结构模式演变研究——以婺源篁岭为例［J］.江西师范大学学报（哲学社会科学版），2023，56（3）：58-71.

［158］席建超，王首琨，张瑞英.旅游乡村聚落"生产—生活—生态"空间重构与优化——河北野三坡旅游区苟各庄村的案例实证［J］.自然资源学报，2016，31（3）：425-435.

［159］朱哲，巧巧.乡村旅游高质量发展与土地利用转型耦合及政策创新［J］.社会科学家，2023（6）：41-47.

［160］罗文斌，丁德孝，楚雪莲，等.乡村振兴视阈下农户土地多功能利用对旅游生计策略选择的影响——来自长沙市城郊乡村旅游地的实证分析［J］.中国土地科学，2023，37（7）：89-99.

［161］黄葵.基于农地发展权理论的乡村旅游商业用地途径研究［D］.四川大学，2007.

［162］吴必虎，黄琢玮，马小萌.中国城市周边乡村旅游地空间结构［J］.地理科学，2004（6）：757-763.

［163］张贞冰，陈银蓉，赵亮，等.基于中心地理论的中国城市群空间自组织演化解析［J］.经济地理，2014，34（7）：44-51.

［164］姚士谋，李青，武清华，等.我国城市群总体发展趋势与方向初探［J］.地理研究，2010，29（8）：1345-1354.

［165］王昱.乡村旅游地区公共交通体系的优化研究［D］.浙江工商大学，2018.

［166］张宁.田园城市理论的内涵演变与实践经验［J］.现代城市研究，2018（9）：70-76.

［167］陈昭.新型城镇化的"和平道路"：基于田园城市理论原型的解读与猜想［J］.国际城市规划，2017，32（4）：53-59.

［168］刘凤霞，吕云峰.马克思地租理论对我国农村土地流转的启示［J］.农业经济，2019（3）：94-95.

［169］谢富胜，王松，李直.当代国外马克思主义城市地租理论：研究进展与前景展望［J］.中国人民大学学报，2021，35（6）：102-114.

［170］朱文哲，杜萍萍，吴娜林，等.传统农区蔬菜生产区位研究——以河南省开封市为例［J］.人文地理，2015，30（2）：89-96.

［171］王铮.《城市对称分布与中国城市化趋势》评述［J］.地理学报，2011，66（8）：1008.

［172］王云才，王书华.景观旅游规划设计核心三力要素的综合评价［J］.同济大学学报（自然科学版），2007（12）：1724-1728.

［173］曹国新.从极性思维到多元互动：乡村旅游规划模式的变迁［J］.旅游学刊，2008（7）：8-9.

［174］方增福.乡村旅游规划的基本原则与方法［J］.玉溪师范学院学报，2000（6）：25-27.

［175］王雪逸，胥兴安.云南省乡村旅游空间格局发展研究［J］.云南农业大学学报（社会科学版），2013，7（2）：22-27.

［176］刘海艳，王学勇.生态旅游示范型新农村规划研究初探——以费县小湾村整治规划为例［J］.山东农业大学学报（自然科学版），2013，44（4）：585-589.

［177］邓倩婷，咸春龙，任向宁.村镇建设用地再开发景观生态环境保护规划研究初探［J］.广东农业科学，2014，41（2）：167-170.

［178］陈睿智，董靓.四川盆地边缘乡村生态旅游景观规划研究［J］.生态经济，2013（3）：148-151.

［179］曹瑞祺，寇明婷.乡村生态旅游规划研究［J］.安徽农业科学，2010，38（24）：13413-13415.

[180] 张倩.美丽乡村建设视域下的农村休闲旅游规划研究[J].农业经济,2020(5):54-56.

[181] 王德刚,孙平.农民股份制新型集体经济模式研究——基于乡村旅游典型案例的剖析[J].山东大学学报(哲学社会科学版),2021(1):142-151.

[182] 郭焕成,韩非.中国乡村旅游发展综述[J].地理科学进展,2010,29(12):1597-1605.

[183] 孙妮娜.乡村振兴战略下乡村旅游景区规划中视觉艺术设计的原则与实践应用[J].江苏农业科学,2023,51(1):238-247.

[184] 吴佳璇.乡村视觉审美意识语境下的旅游景区规划设计[J].建筑结构,2022,52(21):170-171.

[185] 姚旻,赵爱梅,宁志中.中国乡村旅游政策:基本特征、热点演变与"十四五"展望[J].中国农村经济,2021(5):2-17.

[186] 邝玉春.乡村生态旅游景观资源开发与规划研究[J].建筑经济,2021,42(2):143-144.

[187] 于法稳,黄鑫,岳会.乡村旅游高质量发展:内涵特征、关键问题及对策建议[J].中国农村经济,2020(8):27-39.

[188] 朱华.乡村旅游利益主体研究——以成都市三圣乡红砂村观光旅游为例[J].旅游学刊,2006(5):22-27.

[189] 娄宇,宫兴兴.乡村旅游交通的发展研究[J].住宅与房地产,2021(4):251-252.

[190] 王云才,刘滨谊.论中国乡村景观及乡村景观规划[J].中国园林,2003(1):56-59.

[191] 刘滨谊,陈威.关于中国目前乡村景观规划与建设的思考[J].小城镇建设,2005(9):45-47.

[192] 田雯.乡村旅游景观规划研究[D].河北农业大学,2016.

[193] 王兵.从中外乡村旅游的现状对比看我国乡村旅游的未来[J].旅游学刊,1999(2):38-42+79.

[194] 何景明,李立华.关于"乡村旅游"概念的探讨[J].西南师范大

学学报（人文社会科学版），2002（5）：125-128.

［195］卢云亭.两类乡村旅游地的分类模式及发展趋势［J］.旅游学刊，2006（4）：6-8.

［196］杨胜明.贵州旅游：重在保护原生态［J］.西部大开发，2003（4）：20-22.

［197］刘岩，张珞平，洪华生.生态旅游资源管理中社区参与激励机制探讨——以厦门岛东海岸区生态旅游开发为例［J］.农村生态环境，2002（4）：60-62.

［198］张翼.美丽乡村建设背景下乡村旅游景观规划研究［D］.南京农业大学，2017.

项目策划：张芸艳
责任编辑：张芸艳
责任印制：钱　宬
封面设计：武爱听

图书在版编目（CIP）数据

乡村旅游规划理论与实践 / 王耀斌主编；周婧，王耀华副主编 . -- 北京 : 中国旅游出版社 , 2024. 12.
ISBN 978-7-5032-7513-5

Ⅰ . F592.3

中国国家版本馆 CIP 数据核字第 20240K7L91 号

| 书　　名 | 乡村旅游规划理论与实践 |

主　　编	王耀斌
副 主 编	周　婧　王耀华
出版发行	中国旅游出版社
	（北京静安东里 6 号　邮编：100028）
	http://www.cttp.net.cn　E-mail:cttp@mct.gov.cn
	营销中心电话：010-57377103，010-57377106
	读者服务部电话：010-57377107
排　　版	北京天韵科技有限公司
经　　销	全国各地新华书店
印　　刷	三河市灵山芝兰印刷有限公司
版　　次	2024 年 12 月第 1 版　2024 年 12 月第 1 次印刷
开　　本	720 毫米 × 970 毫米　1/16
印　　张	15.25
字　　数	238 千
定　　价	49.80 元
ISBN	978-7-5032-7513-5

版权所有　翻印必究
如发现质量问题，请直接与营销中心联系调换